ハングル一覧表

		ㅏ a	ㅑ ya	ㅓ ɔ	ㅕ yɔ	ㅗ o	ㅛ yo	ㅜ u	ㅠ yu	ㅡ ɯ	ㅣ i	ㅐ ɛ	ㅒ yɛ	ㅔ e	ㅖ ye
ㄱ	k/g	가	갸	거	겨	고	교	구	규	그	기	개	걔	게	계
ㄴ	n	나	냐	너	녀	노	뇨	누	뉴	느	니	내	냬	네	녜
ㄷ	t/d	다	댜	더	뎌	도	됴	두	듀	드	디	대	댸	데	뎨
ㄹ	r	라	랴	러	려	로	료	루	류	르	리	래	럐	레	례
ㅁ	m	마	먀	머	며	모	묘	무	뮤	므	미	매	먜	메	몌
ㅂ	p/b	바	뱌	버	벼	보	뵤	부	뷰	브	비	배	뱨	베	볘
ㅅ	s/ʃ	사	샤	서	셔	소	쇼	수	슈	스	시	새	섀	세	셰
ㅇ	-	아	야	어	여	오	요	우	유	으	이	애	얘	에	예
ㅈ	tʃ/dʒ	자	쟈	저	져	조	죠	주	쥬	즈	지	재	쟤	제	졔
ㅊ	tʃʰ	차	챠	처	쳐	초	쵸	추	츄	츠	치	채	챼	체	쳬
ㅋ	kʰ	카	캬	커	켜	코	쿄	쿠	큐	크	키	캐	컈	케	켸
ㅌ	tʰ	타	탸	터	텨	토	툐	투	튜	트	티	태	턔	테	톄
ㅍ	pʰ	파	퍄	퍼	펴	포	표	푸	퓨	프	피	패	퍠	페	폐
ㅎ	h	하	햐	허	혀	호	효	후	휴	흐	히	해	햬	헤	혜

日本語の「かな」をハングルで表記する方法

かな					ハングル	
					語頭	語中・語末
ア	イ	ウ	エ	オ	아 이 우 에 오	
カ	キ	ク	ケ	コ	가 기 구 게 고	카 키 쿠 케 코
サ	シ	ス	セ	ソ	사 시 스 세 소	
タ	チ	ツ	テ	ト	다 지 쓰 데 도	타 치 쓰 테 토
ナ	ニ	ヌ	ネ	ノ	나 니 누 네 노	
ハ	ヒ	フ	ヘ	ホ	하 히 후 헤 호	
マ	ミ	ム	メ	モ	마 미 무 메 모	
ヤ		ユ		ヨ	야 유 요	
ラ	リ	ル	レ	ロ	라 리 루 레 로	
ワ				ヲ	와 오	
		ン				ㄴ
ガ	ギ	グ	ゲ	ゴ	가 기 구 게 고	
ザ	ジ	ズ	ゼ	ゾ	자 지 즈 제 조	
ダ	ヂ	ヅ	デ	ド	다 지 즈 데 도	
バ	ビ	ブ	ベ	ボ	바 비 부 베 보	
パ	ピ	プ	ペ	ポ	파 피 푸 페 포	
キャ		キュ		キョ	갸 규 교	캬 큐 쿄
ギャ		ギュ		ギョ	갸 규 교	
シャ		シュ		ショ	샤 슈 쇼	
ジャ		ジュ		ジョ	자 주 조	
チャ		チュ		チョ	자 주 조	차 추 초
ニャ		ニュ		ニョ	냐 뉴 뇨	
ヒャ		ヒュ		ヒョ	햐 휴 효	
ビャ		ビュ		ビョ	뱌 뷰 뵤	
ピャ		ピュ		ピョ	퍄 퓨 표	
ミャ		ミュ		ミョ	먀 뮤 묘	
リャ		リュ		リョ	랴 류 료	

これで話せる

이제 말할수 있다! 한국어

韓国語
STEP

入佐信宏・金孝珍 著

白帝社

はじめに

　ヨロブン、アンニョンハセヨ！(みなさん、こんにちは)『これで話せる韓国語STEP1』へようこそ！皆さんと一緒に韓国語の勉強ができることを心から嬉しく思います。

　韓国語のことわざに「시작이 반이다(始めることが半分)」というのがあります。何かをやろうと思ったら、「とにかく始めてみることが大切 (始めてしまえば半分やったようなもの)」という意味です。始めたら、あとは少しずつ続ければいいのです。

　毎日少しずつ勉強することが心地よい習慣になってしまえば、韓国語能力もぐんぐん上がっていくことでしょう。韓国語は日本語と似ている部分が多いだけに、上達のペースは他の外国語とは比べようもありません。新しい発見と驚き、そして韓国語が話せることの快感をぜひとも体感してください！

　韓国語を学ぶのが初めての方は、まず準備編で「韓国語の文字と発音」に慣れていきましょう。大切なのは「習うより慣れる」ことです。毎日少しずつやり続けましょう。最初は記号のようにしか見えなかったハングルが、いつの間にかはっきりと文字として認識できるようになるはずです。そうなったらもう韓国語の学習は半分終わったようなものです。

　テキストの本文は、韓国人留学生のユジン(女)とチュンス(男)が日本に留学し、日本人学生の隼人と理沙と出会うところから始まります。4人が織りなす会話には、初級レベルの単語と表現、文法、そして韓国語特有の言い回しをふんだんに取り入れてあります。第1課から第26課まで繰り広げられる4人の生き生きとした会話をどうぞお楽しみください。

　このテキストの最大の特徴は、どのような順序で勉強していけばいいかが明示されている点です。(1)あらすじをチェック ⇒ (2)単語と表現をチェック ⇒ (3)本文を聞いてみよう ⇒ (4)文法と表現をチェック ⇒ (5)単語を書いてみよう ⇒ (6)韓国語で書いてみよう ⇒ (7)発音の練習をしよう ⇒ (8)日本語に翻訳してみよう ⇒ (9)韓国語で話してみよう ⇒ (10)Practiceの順に勉強することによって韓国語を効率よく学ぶことができるようになっています。

　目標は、主人公たちと同じようなリズムと速さで話せるようになることです！さあ、それでは一緒に韓国語の勉強を始めましょう！

2015年 3月

入佐信宏・金孝珍

皆さんと一緒に韓国語を勉強するパートナーを紹介します

ユジン　　理沙　　隼人　　チュンス

韓国語の勉強、화이팅!(頑張ってください)
<small>ファイティン</small>

ユジン

19歳。大学2年生、日本語教育専攻。小、中、高は合唱部に所属。高校の第2外国語で日本語を勉強したのがきっかけで、日本語と日本文化に関心を持ち、留学を決心。将来、日本語教師になるのが夢。頭の回転が速く、性格も明るい。人の世話をするのが大好き。

理沙

19歳。大学2年生、韓国語専攻。中、高の時はバレーボール部で活躍した。韓国ドラマから聞こえてくる韓国語の響きに魅了され、韓国語学科に進学。将来の目標はまだ決まっていないが、旅行が好きで、在学中に世界中を旅行するのが夢。元気で明るく、人と話をしたり、交流するのが大好き。

隼人

20歳。大学3年生、日本史専攻。料理が得意。日韓両国の歴史に関心がある。大学に入ってから学び始めた韓国語がおもしろくて、現在猛勉強中。将来、韓国の歴史を研究するために韓国に留学し、日韓の歴史について教える大学教授になるのが夢。好奇心が強く、何事にも積極的。

チュンス

22歳。大学3年生、経済学専攻。コンピューターの知識が豊富。大学1年終了後に休学して、2年間軍隊で兵役についた。日本語はその間に独学で勉強。兵役終了後、日本の大学に留学。特に東アジアの経済に関心があり、卒業後は新聞記者になるのが夢。落ち着いた性格で、責任感が強く、何事にも意欲的。

本書の構成と使い方

● イラスト

　イラストを見れば、チュンス、ユジン、隼人、理沙の4人が、どんな場面において、どんな表情で話しているかがわかります。「あらすじをチェック」と併せて会話の内容を想像してください。

① あらすじをチェック

　まずは日本語で会話の「あらすじ」を確認しましょう。日本語で会話の流れをしっかり理解しておくと、韓国語会話の目標がわかります。「あらすじ」を日本語で声に出して読んでおくと、より効果的です。

② 単語と表現をチェック

　韓国語会話を理解するのに最も重要なのが「単語と表現」です。単語や表現の表記(文字)・意味・音声(音)がわかれば、次の「本文」の内容が無理なく理解できるようになります。表記と意味を見ながら、音声に続けて大きな声で発音してみましょう。

③ 本文を聞いてみよう

　「本文」は本テキストにおける韓国語学習の中心部分であり、各課の目標でもあります。最終的に「本文の通りに話せる」、「本文を聞いて理解できる」、「本文の通りに書ける」、「本文を読んでその意味が理解できる」ようになることを目指します。

　(1) 音声を聞いてみましょう。　　🔵韓
　(2) 本文を見てもう一度聞いてみましょう。　🔵韓
　(3) 一文ずつ音声に続いて発音してみましょう。　🔵日→韓

　この段階では、よく理解できない部分があっても構いませんし、発音がうまくできなくても全く問題ありません。韓国語の音声を楽しんでください!

④ 文法と表現をチェック

　「本文」を正確に理解するためには、韓国語の「文法と表現」を理解する必要があります。それぞれの項目では以下の順序で勉強しましょう。

　(1) テキストの右端 (または左端) にある解説を読んで、その内容を理解しましょう。
　(2) 本文での例を音声に続いて発音してみましょう。
　(3)「作ってみよう」を韓国語で書いて、答え合わせをしましょう。
　(4)「作ってみよう」の文章を音声に続いて発音してみましょう。

⑤ 単語を書いてみよう

　本文で使われている主要な単語を書く練習です。発音しながら書いてみましょう。

⑥ 韓国語で書いてみよう

　本文で使われている主要な文章を書く練習です。発音しながら書いてみましょう。

⑦ 発音の練習をしよう

　本格的な発音練習をします。最初はテキストを見ても構いません。慣れてきたらテキストを見ないで練習しましょう。
　⑴ 一文ずつ止めながら、音声に続いて発音してみましょう。
　⑵ 慣れてきたら、声優の声に少し遅れるようについて発音(シャドーイング)してみましょう。声優と同じようなリズムと速さで話せるようになるまでシャドーイングを繰り返すことをお勧めします。

⑧ 日本語に翻訳してみよう

　上の⑦の会話を日本語に翻訳してみましょう。なるべく他のページは見ないで自力で翻訳してみましょう。

⑨ 韓国語で話してみよう

　上の⑧で翻訳した日本語文を見ながら、韓国語で話してみましょう。本文に登場する主人公たちと同じようなリズムと速さで話せるようになるまで何度も練習してみましょう。
　最終的に「本文」を全て覚えて言えるようになることを目指して下さい。

● Practice

　Practiceでは、その課で学んだ文法や表現を使った練習をします。指示に従って韓国語で書き、読み、聞き、話してみましょう。適度な声量とリズムを意識しながら、韓国語での会話を楽しんでください。

漢字語で語彙力アップ!

　韓国語の漢字語の語彙は日本語と共通のものがたくさんあります。漢字の音を覚えると語彙力アップにつながります。付録の「韓国語漢字音&用例集」と併せて活用してください。

ティータイム

　韓国の文化や生活習慣について紹介してあります。勉強の息抜きにどうぞ!

音声データのダウンロードについて

　『これで話せる韓国語STEP1』の音声データ (MP3) を無料でダウンロードすることができます。PCやスマートフォン(別途解凍アプリが必要)などにダウンロードしてご利用ください。

パソコンからアクセス	「白帝社」で検索、または以下からアクセス http://www.hakuteisha.co.jp/audio/koredehanaseru1.html
携帯電話からアクセス ※右のQRコードを読み取ってください。	

目　次

はじめに
本書の構成と使い方

準備編	韓国語の文字と発音　2	
第1課	私はイユジンです。　18	저는 이유진입니다.
第2課	これプレゼントです。　24	이거 선물이에요.
第3課	どこの出身ですか。　32	어디 출신이에요?
第4課	この人は誰ですか。　38	이 사람은 누구예요?
第5課	ソウルに韓国人の友達がいるんです。　44	서울에 한국인 친구가 있어요.
第6課	私は図書館にいます。　50	저는 도서관에 있어요.
第7課	普通休みの日は何しますか。　56	보통 쉬는 날에 뭐 해요?
第8課	今週の土曜日に何しますか。　64	이번 주 토요일에 뭐 해요?
第9課	映画は何時に始まりますか。　72	영화는 몇 시에 시작해요?
第10課	週末に何しましたか。　80	주말에 뭐 했어요?
第11課	電話番号は何番ですか。　88	전화 번호가 몇 번이에요?
第12課	今電話大丈夫ですか。　94	지금 전화 괜찮아요?
第13課	学校の授業は難しくないですか。　102	학교 수업은 어렵지 않아요?
第14課	あの映画どうでしたか。　110	그 영화 어땠어요?
第15課	理沙さんがたくさん教えてくださいね。　116	리사 씨가 많이 가르쳐 주세요.
第16課	二人とも韓国語本当にうまいですよ。　124	두 사람 한국어 정말 잘해요.
第17課	僕も韓国に帰るつもりだよ。　130	나도 한국에 돌아갈 거야.
第18課	一緒に韓国に行きませんか。　138	같이 한국에 안 갈래요?
第19課	参鶏湯を食べたいです。　146	삼계탕을 먹고 싶어요.
第20課	何になさいますか。　154	뭘로 하시겠어요?
第21課	本当においしいですね。　160	정말 맛있네요.
第22課	美味しくいただきました。　166	맛있게 먹었습니다.
第23課	遊覧船から夜景を見ることができますか。　174	유람선에서 야경을 볼 수 있어요?
第24課	漢江遊覧船乗ったことがありますか。　182	한강 유람선 타 봤어요?
第25課	明日は何しましょうか。　188	내일은 뭐 할까요?
第26課	思い出たくさん作ってくださいね。　194	추억 많이 만드세요.

付録　日本の都道府県名のハングル表記　202
　　　発音の変化について　203
　　　動詞の文体(現在形：207 / 過去形：208)
　　　形容詞・存在詞の文体(現在形：209 / 過去形：210)
　　　韓国語漢字音&用例集　213
　　　文法事項索引　224
　　　単語索引(韓国語⇒日本語)　225
　　　単語帳(日本語⇒韓国語)　234

『これで話せる韓国語 STEP1』 文法と表現　名⇒名詞、動・形・存⇒動詞・形容詞・存在詞の語幹

	文法と表現		学習内容
	韓国語	日本語	
第1課　p18 私はイユジンです。	① 名+는/은	① は	助詞(主題)
	② 名+입니다/입니까?	② です/ですか	名詞文(합니다体)
	③ 名+예요/이에요(?)	③ です/ですか	名詞文(해요体)
第2課　p24 これプレゼントです。	① 이,그,저	① この、その、あの	指示詞
	② 이거 ~	② 無助詞	新しい話題に興味を引く
	③ 名+가/이	③ が	助詞(新しい情報)
	④ 뭐	④ 何	疑問詞
	⑤ 그런데	⑤ ところで	接続詞
	⑥ 그래요?	⑥ そうなんですね	あいづち
第3課　p32 どこの出身ですか。	① 名+하고	① と	助詞(列挙)
	② 어디	② どこ	疑問詞
	③ 고향 사진	③ 名詞A　名詞B	助詞「の」の省略
第4課　p38 この人は誰ですか。	① 누구	① だれ	疑問詞
	② 아버지,어머니…	② 父、母…	家族の呼び名
	③ 그리고	③ それから	接続詞
	④ 이름이 뭐예요?	④ 名前は何ですか?	名前を尋ねる
第5課　p44 ソウルに韓国人の友達が いるんです。	① 있어요 　없어요	① あります/います 　ありません/いません	存在詞
	② 名(場所)+에	② に	助詞(存在する場所)
	③ 아니에요	③ 違いますよ	受け入れられない
第6課　p50 私は図書館にいます。	① 어디예요?	① どこですか	居場所を尋ねる
	② 일,이,삼…	② 1,2,3…	漢語の数詞
	③ 층,호,번,월,일… 　몇(+助数詞)	③ 階、号、番、月、日… 　何+助数詞	助数詞 疑問詞
第7課　p56 普通休みの日は 何しますか。	① 가다,먹다,하다…	① 行く、食べる、する…	動詞の辞書形
	② 가요,먹어요,해요…	② 行きます、食べます、 　します…	動詞の해요体
	③ グループ1・2・3の動詞と해요体の作り方		
	④ 名(時)+에 　名(時)+에는	④ に 　には	助詞(とき) 助詞の連続
	⑤ 名+를/을	⑤ を	助詞(対象)
	⑥ 名(場所)+에서	⑥ で	助詞(動作の場所)
	⑦ 名+도	⑦ も	助詞(追加)
第8課　p64 今週の土曜日は 何しますか。	① グループ4・不規則動詞(ㄷ不規則)と해요体の作り方		
	② 動詞の해요体の4つの機能		
	③ 안+動詞(해요体)	③ ～しません	動詞の否定形
	④ 名(場所)+에	④ に	助詞(目的地)
	⑤ 왜	⑤ どうして、なぜ	疑問詞
第9課　p72 映画は何時に 始まりますか。	① 하나,둘,셋…	① 一つ、二つ、三つ…	固有語の数詞
	② 한 시,두 시,세 시…	② 1時,2時,3時…	時間(～時)
	③ 시,개,명,분,살… 　몇(+助数詞)	③ 時,個,人,名様,歳… 　何+助数詞	助数詞 疑問詞
	④ ○시 ○분	④ ○時○分	時刻
	⑤ 앞에서,앞에…	⑤ 前で,前に…	位置を表す

第10課　p80　週末は何しましたか。	① 動詞(해形)+ㅆ어요	① 〜しました	動詞の過去形
	② 혼자서,둘이서,셋이서…	② 一人で、二人で、三人で…	何人で(〜する)
	③ 名+만	③ だけ	助詞(限定)
	④ 子音で終わる人名+이		語調を整える
	⑤ 名(人)+한테	⑤ (誰々)に	助詞(着点)
第11課　p88　電話番号は何番ですか。	① 안+動詞(過去形)	① 〜ていません　〜ませんでした	動詞の過去形(否定)
	② 080-1234-5678		電話番号
第12課　p94　今電話大丈夫ですか。	① 많다,멀다,깨끗하다…	① 多い、遠い、清潔だ…	形容詞の辞書形
	② 많아요,멀어요,깨끗해요…	② 多いです、遠いです、清潔です…	形容詞の해요体
	③ グループ1・2・3の形容詞と해요体の作り方		
	④ 動・形・存+지요?	④ 〜しますよね?でしょう?	確認・同意を求める
第13課　p102　学校の授業は難しくないですか。	① 바쁘다,기쁘다,덥다…	① 忙しい、嬉しい、暑い…	形容詞の辞書形
	② 바빠요,기뻐요,더워요…	② 忙しいです、嬉しいです、暑いです…	形容詞の해요体
	③ グループ4・不規則形容詞(ㅂ不規則)と해요体の作り方		
	④ 形+지 않아요	④ 〜くないです(か)	形容詞の否定形①
	⑤ 안+形容詞(해요体)	⑤ 〜くないです(か)	形容詞の否定形②
第14課　p110　あの映画どうでしたか。	① 形容詞(해形)+ㅆ어요	① 〜かったです	形容詞の過去形
	② 名(人)+한테서	② (誰々)から	助詞(起点)
	③ 그	③ あの	指示詞
	● 名 아니에요	● じゃないですよ	名詞文(否定)
第15課　p116　理沙さんがたくさん教えてくださいね。	① 名+로/으로	① で	助詞(手段・道具)
	② 名+(이)라고 해요	② 〜と言います	引用
	③ 動詞(해形)+보세요	③ 〜てみてください	一度やるように促す
	④ 動詞(해形)+주세요	④ 〜てもらえますか	依頼する
	⑤ 얼마나	⑤ どのくらい	疑問詞
	● 名(場所)+에도	● にも	助詞の連続
第16課　p124　二人とも韓国語本当にうまいですよ。	① 잘해요	① 上手です、よくできます	上手・得意
	② 못해요	② できません、苦手です	不可能・苦手
	③ 動+지 마세요	③ 〜ないでください	禁止する
	● 언제	● いつ	疑問詞
	● 그러니까	● だから	接続詞
第17課　p130　僕も韓国に帰るつもりだよ。	① 動詞+ㄹ/을 거예요	① 〜するつもりです	意志・予定
	② 먹어,많아,있어	② 食べる、多い、ある	動詞・形容詞等の해体
	③ 名+야/이야	③ 〜だ、〜だよ	名詞文の해体
	④ 名(時)+부터　名(時)+까지	④ から　まで	助詞(開始時点)　助詞(終了時点)
	⑤ 人名+야/아	⑤ 敬称なしで名前を呼ぶ	
	⑥ 動+자	⑥ 〜しよう	誘う
	⑦ 名(場所)+에서　名(場所)+까지	⑦ から　まで	助詞(出発地点)　助詞(到着地点)
	● 名(場所)+로/으로	● に、へ	助詞(目的地、方向)
	● 그래서	● それで	接続詞

課			
第18課 p138 一緒に韓国に 行きませんか。	① 動+ㄹ/을래요(?)	① ～します(か)	意向を尋ねる・表す
	② 動+(으)려고 해요	② ～しようと思っています	意志
	③ 名+랑/이랑	③ と	助詞(行動を共にする相手)
第19課 p146 参鶏湯を食べたいです。	① 動+고 싶어요	① ～したいです	希望・願望
	② 動+ㄹ게요/을게요	② ～しますね	意志・約束
	③ 名+엔	③ には	助詞の連続→縮約
	④ 動詞(해形)+보다	④ ～てみる	試み
第20課 p154 何になさいますか。	① ～주세요	① ○○ください	食事等を注文する
	② 名+요/이요	② 丁寧に表現する語尾	
	③ ～요/이요	③ ○○お願いします	食事等を注文する
	● 名+로/으로 (하다)	● に(する)	助詞(選択・決定)
第21課 p160 本当においしいですね。	① 形・存+지요?	① ～でしょう?	確認・同意を求める
	② 形+네요	② ～ですね	今感じたこと・感嘆
	③ 動・存+ㄹ/을 거예요	③ ～すると思いますよ	予測
第22課 p166 美味しくいただきました。	① 갑니다 좋습니다	① 行きます いいです	動詞、形容詞の합니다体 (現在)
	② 먹었습니다 좋았습니다	② 食べました よかったです	動詞、形容詞の합니다体 (過去)
	● 얼마	● いくら	疑問詞
第23課 p174 遊覧船から夜景を見る ことができるんですか。	① 動+ㄹ/을 수 있어요 動+ㄹ/을 수 없어요	① ～することができます ～することができません	可能/能力 不可能
	② 名+로/으로	② として	助詞(資格・立場)
	③ 動+러/으러 가다	③ ～しに行く	移動の目的
	● 名(地名)+의	● の	助詞(所在地)
第24課 p182 漢江遊覧船乗った ことがありますか。	① 動詞(해形)+봤어요	① ～たことがあります	経験
	② 名+에	② ～当たり、～に付き	助詞(基準)
	③ 形+ㄹ/을 거예요	③ ～と思いますよ	予測
第25課 p188 明日は何しましょうか。	① 動+ㄹ/을까요?	① ～しましょうか	提案して意見を求める
	② 名 어때요?	② ～はどうですか	具体的に提案する
	③ 形+ㄴ데요/은데요	③ ～ですね	感想を伝える
第26課 p194 思い出たくさん作って くださいね。	① 名 덕분에	① ～のおかげで	恩恵
	② 動+세요/으세요	② ～してください	行動を促す(尊敬)
	● 名(場所)+에서도	● でも	助詞の連続

※●は「文法と表現をチェック」の学習項目ではないが、新出の文法事項を表す。

これで話せる韓国語
STEP 1

準備編：文字と発音

1. 韓国語について

　韓国語は主に韓国(大韓民国)および北朝鮮(朝鮮民主主義人民共和国)で使用されている言語です。韓国では「韓国語(ハングゴ)」、北朝鮮では「朝鮮語(チョソノ)」と呼ぶのが一般的です。両者は、文字の表記法・発音・語彙等に若干の違いはありますが、基本的には同じ言語です。韓国の人口が約5,000万人、北朝鮮の人口が約2,500万人ですので、朝鮮半島以外の地域で韓国語を使用している人を含め、世界で約8,000万人の人々が日常的に韓国語を使用していることになります。

2. 韓国語と日本語の類似点

	韓国語は	日本語と	語順が	同じです。(日本語)
①	韓国語는	日本語와	語順이	같아요.(漢字ハングル併用)
②	한국어는	일본어와	어순이	같아요.(ハングル表記)

(1) 韓国語の語順は日本語とほぼ同じ。
(2) 韓国語の漢字語は日本語と同じものが多い。
　　例　韓国語：한국어【韓國語】　　日本語：일본어【日本語】
　　　　語順：어순【語順】
(3) 韓国語には助詞があり、日本語の助詞と対応しているものが多い。
　　例　は：는[nun]　　と：와[wa]　　が：이[i]

結論 ⇒ 韓国語は日本人にとって大変学びやすい言語です。

3. ハングル

　ハングル(韓国語の文字)は、朝鮮王朝第4代国王である世宗(セジョン)大王の命により1443年に創られ、1446年に『訓民正音(フンミンジョンウム：国民に教える正しい音)』として公布されました。世宗大王は序文で以下のようにハングルを創った目的を述べています。

　「わが国の言葉の音は、中国語とは異なるため、漢字では十分に表現できない。そのため、知識のない民は、言いたいことがあっても、それを表現できない者が多い。私はこれを哀れに思い、新たに28字を制定した。人々が簡単に学び、日々便利に用いることを願うばかりである。」

　韓国語は主に韓国と北朝鮮で使われている言語です。

　以前は、新聞・雑誌等、様々な出版物が①のように漢字とハングルの併用で書かれていました。現在ではほとんどの出版物が②のようにハングルだけで書かれています。外来語もすべてハングルで書きます。

● 韓国で用いられる漢字は日本語の旧字体とほぼ同じです。

● 現在では新聞、書籍等は横書きが主流です。看板等の表示には縦書きも使われます。

ティータイム

ハングルの日

『訓民正音』が公布された10月9日はハングルの日()で、世宗大王がハングルを創ったことを記念する祝日です。ハングルの日には各種の記念行事が行われます。

4. ハングルの仕組み

(1) ハングルとは、韓国語の音を表記するのに使われる文字のことです。

音	ハングル	意味
annyɔŋhaseyo	안녕하세요	こんにちは

(2) ハングルは、子音記号と母音記号の組み合わせで音を表します。

기무라　하야토
ki mu ra　ha ya to
き む ら　は や と

(3) 子音記号と母音記号の組み合わせは2通りです。

① 子音記号を左に、母音記号を右に書く　[左右型]

子音記号	母音記号	文字	発音
ㄱ	ㅣ	기	ki
ㄹ	ㅏ	라	ra
ㅎ	ㅏ	하	ha
ㅇ	ㅑ	야	ya

② 子音記号を上に、母音記号を下に書く　[上下型]

子音記号	母音記号	文字	発音
ㅁ	ㅜ	무	mu
ㅌ	ㅗ	토	to

ハングルというのは文字名です。日本語の「ひらがな」「カタカナ」「漢字」に当たります。言語名は韓国語(または朝鮮語)です。

● 本書では、子音を表す文字記号を子音記号、母音を表す文字記号を母音記号と呼ぶことにします。

● 子音記号と母音記号の組み合わせで一つの文字になります。

● ハングルの仕組みはローマ字の仕組みと似ています。

ローマ字の仕組み

子音記号	母音記号	文字
k	i	ki
m	u	mu
r	a	ra
h	a	ha
y	a	ya
t	o	to

ハングルの仕組み

子音記号	母音記号	文字
ㄱ	ㅣ	기
ㅁ	ㅜ	무
ㄹ	ㅏ	라
ㅎ	ㅏ	하
ㅇ	ㅑ	야
ㅌ	ㅗ	토

● 子音記号は左または上に書きます。母音記号は右または下に書きます。

① 子音記号を左に、母音記号を右に書く場合　[左右型]
例　ㄱ+ㅣ=기

② 子音記号を上に、母音記号を下に書く場合　[上下型]
例　ㅁ+ㅜ=무

※左右型か、上下型かは、母音記号の種類によって決まっています。

日本語では、a,o,u,i,e という母音を「あ,お,う,い,え」という文字で表します。

● 韓国語ではa,ɔ,o,u,ɯ,i,ɛ,eという母音を「ㅏ,ㅓ,ㅗ,ㅜ,ㅡ,ㅣ,ㅐ,ㅔ」という母音記号で表します。

● 韓国語の文字は、すべて子音記号＋母音記号で表す決まりがあります。したがって、母音を文字として書く時には、子音がないことを表す子音記号「ㅇ」を母音記号の左または上に書きます。

① ㅇを左に書く文字
　아 어 이 애 에
② ㅇを上に書く文字
　오 우 으

● 元々애[ɛ]は에[e]よりも口をやや開けて発音する音でしたが、現在では両者の違いはなくなり、共に日本語の「エ」と同じように発音されます。

● 韓国語の母音記号は縦線と横線でできています。
① 長い縦線＋短い横線
　ㅏ ㅓ ㅐ ㅔ
② 長い横線＋短い縦線
　ㅗ ㅜ
③ 長い横線のみ
　ㅡ
④ 長い縦線のみ
　ㅣ

5. 母音＆母音記号＆文字

● 日本語の母音＆文字

母音	a	o	u	i	e
母音記号	\multicolumn{5}{c}{なし}				
文字	あ	お	う	い	え

● 韓国語の母音＆母音記号＆文字　00-01

母音	a	ɔ	o	u	ɯ	i	ɛ	e
母音記号	ㅏ	ㅓ	ㅗ	ㅜ	ㅡ	ㅣ	ㅐ	ㅔ
文字	아	어	오	우	으	이	애	에
口の形	◯	◯	◯	◯	◯	◯	◯	◯
発音の仕方	大きく開けて「ア」	あごを引いて「オ」	とがらせて「オ」	とがらせて「ウ」	横に引いて「ウ」	横に引いて「イ」	日本語の「エ」	日本語の「エ」

✎ 書いてみましょう

音	a	ɔ	o	u	ɯ	i	ɛ	e
文字	아	어	오	우	으	이	애	에

4　文字と発音

6. ヤ行音&文字

母音	a	ɔ	o	u	ɯ	i	ɛ	e
文字	아	어	오	우	으	이	애	에
	短い線を加える　↓						短い線を加える↓	
文字	야	여	요	유			얘	예
ヤ行音	ya	yɔ	yo	yu			yɛ	ye
発音の仕方	大きく開けて「ヤ」	あごを引いて「ヨ」	とがらせて「ヨ」	とがらせて「ユ」			やや開けて「イェ」	やや細めて「イェ」

✎ 書いてみましょう　00-02

ヤ行音	ya	yɔ	yo	yu		yɛ	ye
文字	야	여	요	유		얘	예

まとめ　母音&ヤ行の音を表す文字　00-03

a	ya	ɔ	yɔ	o	yo	u	yu	ɯ	i
아	야	어	여	오	요	우	유	으	이

ɛ	yɛ	e	ye
애	얘	에	예

練習1　読んでみよう&書いてみよう　00-04

1	아이	子供		
2	오이	きゅうり		
3	우유	牛乳		
4	이유	理由		
5	여우	キツネ		
6	여유	余裕		

韓国語にも日本語のヤ行音(ヤ,ユ,ヨ)のような音があります。ヤ行音を文字で表すには、母音を表す文字に短い線を加えます。

① 母音を表す文字
　아 어 오 우 애 에

② ヤ行音を表す文字
　야 여 요 유 얘 예

아야어여오요우유으이の順に覚えておくと、辞書を引くときに便利ですよ。

韓国語の単語を読んでみましょう。

韓国語の子音と子音記号は以下のとおりです。

	子音	子音記号	似ている音	
1	k/g	ㄱ	カ行 ガ行	平音
2	n	ㄴ	ナ行	
3	t/d	ㄷ	タ行 ダ行	
4	r	ㄹ	ラ行	
5	m	ㅁ	マ行	
6	p/b	ㅂ	パ行 バ行	
7	s/ʃ	ㅅ	サ行	
8	‐	ㅇ		
9	tʃ/dʒ	ㅈ	チャ行 ジャ行	
10	tʃʰ	ㅊ	チャ行	激音
11	kʰ	ㅋ	カ行	
12	tʰ	ㅌ	タ行	
13	pʰ	ㅍ	パ行	
14	h	ㅎ	ハ行	
15	ʔk	ㄲ	カ行	濃音
16	ʔt	ㄸ	タ行	
17	ʔp	ㅃ	パ行	
18	ʔs	ㅆ	サ行	
19	ʔtʃ	ㅉ	チャ行	

平音 息を強く出さずにソフトに発音する音
激音 息を強く出しながら強く発音する音
濃音 「っか」「った」「っぱ」「っさ」「っちゃ」のような「っ」の後の詰まった音

7. 子音&子音記号&文字例　　平音・激音

(1) 子音記号　ㄱ(カ/ガ行) ㄴ(ナ行) ㄷ(タ/ダ行) ㄹ(ラ行)　　00-05

子音	子音記号	文字例	発音	文字例	発音
k/g	ㄱ	가	ka/ga	고	ko/go
n	ㄴ	나	na	노	no
t/d	ㄷ	다	ta/da	도	to/do
r	ㄹ	라	ra	로	ro

✎ 書いてみましょう　※子音記号と母音記号の組みあわせ

		a 아	ɔ 어	o 오	u 우	ɯ 으	i 이	ɛ 애	e 에
k/g	ㄱ	가		고					
n	ㄴ	나		노					
t/d	ㄷ	다		도					
r	ㄹ	라		로					

※ ○の部分に子音記号を書きます。

練習2　読んでみよう&書いてみよう　00-06

1	나라	国		
2	노래	歌		
3	다리	橋/脚		
4	도로	道路		
5	누나	姉(弟から見て)		

(2) 子音記号　ㅁ(マ行) ㅂ(パ/バ行) ㅅ(サ行) ㅇ(子音なし)　00-07

子音	子音記号	文字例	発音	文字例	発音
m	ㅁ	마	ma	모	mo
p/b	ㅂ	바	pa/ba	보	po/bo
s/ʃ	ㅅ	사	sa	소	so
‐	ㅇ	아	a	오	o

6　文字と発音

書いてみましょう　※子音記号と母音記号の組みあわせ

	a	ɔ	o	u	ɯ	i	ɛ	e
	아	어	오	우	으	이	애	에
m	ㅁ	마		모				
p/b	ㅂ	바		보				
s/ʃ	ㅅ	사		소				
-	ㅇ	아		오				

練習3　読んでみよう＆書いてみよう　00-08

1	머리	頭/髪		
2	배	船/腹/梨		
3	어머니	母		
4	교사	教師		
5	뉴스	ニュース		
6	보리	麦		
7	버스	バス		

(3) 子音記号　ㅈ(チャ行)　ㅊ(チャ行：激音)　ㅋ(カ行：激音)
　　　　　　ㅌ(タ行：激音)　ㅍ(パ行：激音)　ㅎ(ハ行)　00-09

子音	子音記号	文字例	発音	文字例	発音
tʃ/dʒ	ㅈ	자	tʃa/dʒa	조	tʃo/dʒo
tʃʰ	ㅊ	차	tʃʰa	초	tʃʰo
kʰ	ㅋ	카	kʰa	코	kʰo
tʰ	ㅌ	타	tʰa	토	tʰo
pʰ	ㅍ	파	pʰa	포	pʰo
h	ㅎ	하	ha	호	ho

子音記号は発声器官(唇、歯、口の中、舌の位置)の様子を模して作られています。

ㄱㅋ	
ㄴㄷㄹㅌ	
ㅁㅂㅍ	
ㅅㅈㅊ	
ㅇㅎ	

激音は、息を強く出しながら発音しましょう。

文字と発音　7

書いてみましょう　※子音記号と母音記号の組みあわせ

	a	ɔ	o	u	ɯ	i	ɛ	e
	아	어	오	우	으	이	애	에
tʃ/dʒ　ス	자		조					
tʃʰ　ㅊ	차		초					
kʰ　ㅋ	카		코					
tʰ　ㅌ	타		토					
pʰ　ㅍ	파		포					
h　ㅎ	하		호					

練習4　読んでみよう&書いてみよう　00-10

1	주세요	ください	
2	차	お茶, 車	
3	치마	スカート	
4	고추	唐辛子	
5	커피	コーヒー	
6	케이크	ケーキ	
7	표	チケット	
8	피아노	ピアノ	
9	노트	ノート	
10	아파트	マンション	
11	하나	ひとつ	

韓国語の単語を読んでみましょう。

まとめ　00-11

ka/ga	na	ta/da	ra	ma	pa/ba	sa	a	tʃa/dʒa	tʃʰa
가	나	다	라	마	바	사	아	자	차

kʰa	tʰa	pʰa	ha
카	타	파	하

가 나 다 라 마 바 사 아 자 차 카 타 파 하は、日本語の「アカサタナハマヤラワ」に該当します。この順に覚えておくと、辞書を引くときに便利ですよ。

8　文字と発音

8. 子音&子音記号&文字例　　濃音

子音記号　ㄲ(カ行) ㄸ(タ行) ㅃ(パ行) ㅆ(サ行) ㅉ(チャ行)

00-12

子音	子音記号	文字例	発音	発音の仕方
ˀk	ㄲ	까	ˀka	「がっかり」の「っか」に似た音
ˀt	ㄸ	따	ˀta	「ゆったり」の「った」に似た音
ˀp	ㅃ	빠	ˀpa	「やっぱり」の「っぱ」に似た音
ˀs	ㅆ	싸	ˀsa	「あっさり」の「っさ」に似た音
ˀtʃ	ㅉ	짜	ˀtʃa	「へっちゃら」の「っちゃ」に似た音

濃音は、前に小さな「っ」があるつもりで、音をためるような感じで発音するとうまく発音できますよ。

練習5　読んでみよう&書いてみよう　00-13

1	아까	さっき		
2	어깨	肩		
3	때	時(とき)		
4	이따가	あとで		
5	오빠	お兄さん		
6	바빠요	忙しいです		
7	리사 씨	理沙さん		
8	싸요	安いです		
9	짜요	塩辛いです		
10	찌개	チゲ(鍋物)		

韓国語の単語を読んでみましょう。

まとめ　平音・激音・濃音　00-14

平音	가	다	바	사	자
激音	카	타	파		차
濃音	까	따	빠	싸	짜

日本人が普通に「カ」「タ」「パ」「チャ」と発音すると、韓国語の激音に近いやや強い音になるので、平音はなるべくソフトに発音しましょう。激音は息を強く出しながら発音します。濃音は前に小さな「っ」があるつもりで、音をためるような感じで発音しましょう。

文字と発音　9

日本語では濁音[ga, da, ba, dʒa]等を文字として表す時には、「が,だ,ば,じゃ」のように表しますが、韓国語には濁音を表す「゛」のようなものはありません。

● 「ㄱ,ㄷ,ㅂ,ㅈ」の4つの子音記号は、語頭(単語の最初)に来たら清音(濁らない音)で発音され、語中(単語の2文字目以降)に来たら濁音(濁った音)で発音されます。

● 濁音化(「ㄱ,ㄷ,ㅂ,ㅈ」が語中で濁音として発音される)は無意識のうちに行われ、韓国語母語話者は濁音で発音しているとは認識していません。

● 韓国語で濁音として発音される子音記号は「ㄱ,ㄷ,ㅂ,ㅈ」だけです。また、韓国語には語頭が濁音になる単語はありません。

9. 濁音(ガ行、ダ行、バ行、ジャ行)&文字

子音	子音記号	文字例	語頭での発音	語中での発音
k/g	ㄱ	가	ka	ga
t/d	ㄷ	다	ta	da
p/b	ㅂ	바	pa	ba
tʃ/dʒ	ㅈ	자	tʃa	dʒa

00-15

子音	子音記号	語頭の例	語中の例
k/g	ㄱ	가수 kasu 歌手	휴가 hyuga 休暇
t/d	ㄷ	다리 tari 橋/脚	바다 pada 海
p/b	ㅂ	부모 pumo 父母	주부 tʃubu 主婦
tʃ/dʒ	ㅈ	지도 tʃido 地図	바지 padʒi ズボン

ワ行音(wa, wi, we, wɛ, wɔ)を表す文字は、以下のようにできています。

① [w]を오で表して、ㅏ,ㅐ,ㅣと組み合わせるタイプ
　　　　와　왜　외

② [w]を우で表して、ㅓ,ㅔ,ㅣと組み合わせるタイプ
　　　　워　웨　위

● ワ行音は口を丸くとがらせて、「ウァ」「ウィ」「ウェ」「ウォ」のように一息で発音しましょう。

● 왜, 외, 웨は口を丸くとがらせて「ウェ」と発音します。発音の違いはほとんどありません。

韓国語の単語を読んでみましょう。

10. ワ行音&文字

ワ行音	wa	wɛ	we	wɔ	we	wi
組み合わせ	오+ㅏ	오+ㅐ	오+ㅣ	우+ㅓ	우+ㅔ	우+ㅣ
	↓	↓	↓	↓	↓	↓
文字	와	왜	외	워	웨	위
発音の仕方	とがらせて「ウァ」	とがらせて「ウェ」	とがらせて「ウェ」	とがらせて「ウォ」	とがらせて「ウェ」	とがらせて「ウィ」

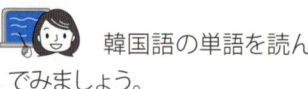 練習6 読んでみよう&書いてみよう　00-17

1	와요	来ます		
2	사과	りんご		
3	왜요?	なぜですか		
4	돼지	豚		

10　文字と発音

5	해외	海外		
6	회사	会社		
7	더워요	暑いです		
8	쉬워요	簡単です		
9	뭐예요?	何ですか		
10	웨이터	ウェイター		
11	위	上		
12	귀	耳		

 練習7 読んでみよう&書いてみよう(日本語の五十音)

1	아이우에오		
2	나니누네노		
3	마미무메모		
4	라리루레로		
5	하히후헤호		

 日本の五十音をハングルで表したものです。
解答集 p.2

 練習8 読んでみよう&書いてみよう(日本の県名)

1	야마나시		
2	아오모리		
3	사이타마		
4	도야마		
5	후쿠오카		
6	구마모토		
7	아이치		
8	미에		
9	후쿠시마		
10	시마네		
11	와카야마		
12	이시카와		

 日本の県名をハングルで表したものです。
解答集 p.2

日本の県名(濁音がある)をハングルで表したものです。 解答集 p.2

● 日本の都道府県名のハングル表記はp.202を参照。

 練習9　読んでみよう＆書いてみよう(日本の県名)

1	나가노		
2	시가		
3	야마구치		
4	사가		
5	가고시마		

11. 二重母音＆文字

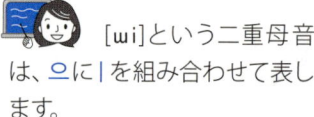 [ɯi]という二重母音は、으にㅣを組み合わせて表します。

으+ㅣ ⇒ 의

● 口を横に引いて、으を発音してすぐに이を発音します。一つの音のように発音するのがポイントです。

二重母音	ɯi
組み合わせ	으+ㅣ
	↓
文字	의
発音の仕方	横に引いて一息に「ウイ」

00-18

 韓国語の単語を読んでみましょう。

 練習10　読んでみよう＆書いてみよう　00-19

1	의사	医者		
2	의자	椅子		

「의」の3つの発音　00-20

● 「의」は①単語の語頭にある時、②語中にある時、③助詞として使われる時で発音が異なります。

	例		発音＆発音の目安
語頭	의사	医者	[ɯisa] ウイサ
語中	주의	注意	[tʃui] チュイ
助詞	리사의	理沙の	[risae] リサエ

12　文字と発音

12. 日本語の「かな」をハングルで表記する方法

かな	ハングル	
	語頭	語中・語末
ア イ ウ エ オ	아 이 우 에 오	
カ キ ク ケ コ	가 기 구 게 고	카 키 쿠 케 코
サ シ ス セ ソ	사 시 스 세 소	
タ チ ツ テ ト	다 지 쓰 데 도	타 치 쓰 테 토
ナ ニ ヌ ネ ノ	나 니 누 네 노	
ハ ヒ フ ヘ ホ	하 히 후 헤 호	
マ ミ ム メ モ	마 미 무 메 모	
ヤ ユ ヨ	야 유 요	
ラ リ ル レ ロ	라 리 루 레 로	
ワ ヲ	와 오	
ン	ㄴ	
ガ ギ グ ゲ ゴ	가 기 구 게 고	
ザ ジ ズ ゼ ゾ	자 지 즈 제 조	
ダ ヂ ヅ デ ド	다 지 즈 데 도	
バ ビ ブ ベ ボ	바 비 부 베 보	
パ ピ プ ペ ポ	파 피 푸 페 포	
キャ キュ キョ	갸 규 교	캬 큐 쿄
ギャ ギュ ギョ	갸 규 교	
シャ シュ ショ	샤 슈 쇼	
ジャ ジュ ジョ	자 주 조	
チャ チュ チョ	자 주 조	차 추 초
ニャ ニュ ニョ	냐 뉴 뇨	
ヒャ ヒュ ヒョ	햐 휴 효	
ビャ ビュ ビョ	뱌 뷰 뵤	
ピャ ピュ ピョ	퍄 퓨 표	
ミャ ミュ ミョ	먀 뮤 묘	
リャ リュ リョ	랴 류 료	

練習11 自分の名前を書いてみましょう

ローマ字	例 Kimura Hayato
ハングル	例 기무라 하야토

日本語(主に人名、地名)をハングルで表記する方法は「外来語表記法」で左記のように決まっています。

① アイウエオは **아이우에오** と書く。

例	キムラ	기무라
	ウエノ	우에노

② 濁音は常に平音の記号で書く。

例	ナガノ	나가노
	オザワ	오자와
	ヤマダ	야마다
	ババ	바바

③ 語中のカ行、タ行、キャ行、チャ行は激音の記号で書く。

例	タナカ	다나카
	ナガタ	나가타

④ ス, ツ, ズ, ヅは以下の通り。

例	ス	스
	ツ	쓰
	ズ	즈
	ヅ	즈

例 スズキ 스즈키

⑤ 長音は表記しない。※ローマ字と同じです。

例	オオタ	오타
	サトウ	사토

⑥ 「ン」は「ㄴ」で表記する。
例 シンジ 신지

⑦ 「ッ」は「ㅅ」で表記する。
例 サッポロ 삿포로

氏名は「名字⇒名前」の順に書きます。日本人の名前の場合は、名字と名前の間を一文字空けましょう。

音節というのは、ひとまとまりの音として発音される単位のことです。

● 日本語は、ほとんどの音節が母音(アイウエオの音)で終わりますが、韓国語は、母音で終わる音節と子音で終わる音節があります。

● 子音で終わる音節の最後の子音を 終声 と言います。

● 終声は以下の7つです。

文字	発音	終声
김	kim	m
안	an	n
강	kaŋ	ŋ
집	tʃip	p
곧	kot	t
박	pak	k
말	mal	l

終声[m,n,ŋ]は、息が鼻を抜けて、余韻が残る音です。(鼻音)

● 김のㅁ、안のㄴ、강のㅇのように、下に書く子音記号のことを 받침(パッチム:下敷きの意)と言います。

● 全ての子音記号がパッチムとして使われますが、発音は7種類です。

韓国語の単語を読んでみましょう。

🔍 単語

부산【釜山】釜山(プサン)
※韓国第2の都市、人口346万人

13. 母音で終わる音節&子音で終わる音節

(1) 母音で終わる音節　　　　　　　　　　00-21

例 이【李】　서【徐】　고【高】　※名字

文字	이	서	고
発音	i	sɔ	ko

(2) 子音で終わる音節　　　　　　　　　　00-22

例 김【金】　안【安】　강【姜】　※名字

文字	김	안	강
発音	kim	an	kaŋ

14. 終声&子音記号

(1) 終声[m] [n] [ŋ]を表す子音記号　　　　00-23

終声	子音記号	文字例	発音	発音の仕方
m	ㅁ	김	kim	後ろに[ma]を付けるつもりで[m]で止める。口は閉じる。
n	ㄴ	안	an	後ろに[na]を付けるつもりで[n]で止める。舌先は上の歯茎に付ける。口は閉じない。
ŋ	ㅇ	강	kaŋ	後ろに[a]を付けるつもりで[かん]と発音。口は閉じない。

 練習12　読んでみよう&書いてみよう　00-24

1	김치	キムチ		
2	사람	人		
3	안내	案内		
4	부산	釜山		
5	동생	弟/妹		
6	가방	かばん		

⑵ 終声[p] [t] [k] を表す子音記号 その1　00-25

終声	子音記号	文字例	発音	発音の仕方
p	ㅂ	집	tʃip	後ろに[pa]を付けるつもりで[p]で止める。口は閉じる。
t	ㄷ	곧	kot	後ろに[ta]を付けるつもりで[t]で止める。舌先は上の歯茎に付ける。
k	ㄱ	박	pak	後ろに[ka]を付けるつもりで[k]で止める。

終声[p,t,k]は、英語の[p,t,k]のように、音を外に破裂させずに、破裂する直前で止める音です。

🔍 **単語**
집 家
곧 すぐに
박 朴 ※名字

 練習13 読んでみよう&書いてみよう　00-26

1	밥	ご飯		
2	집	家		
3	곧	すぐに		
4	책	本		
5	한국	韓国		

⑶ 終声[l]を表す子音記号　00-27

終声	子音記号	文字例	発音	発音の仕方
l	ㄹ	말	mal	後ろに[la]を付けるつもりで[l]で止める。舌先は上の歯茎の少し上に付ける。

韓国語の単語を読んでみましょう。

🔍 **単語**
말 言葉

練習14 読んでみよう&書いてみよう　00-28

| 1 | 일본 | 日本 | | |
| 2 | 서울 | ソウル | | |

⑷ 終声[p] [t] [k] を表す子音記号 その2　00-29

終声	子音記号	文字例
p	ㅍ	앞 前
t	ㅌㅅㅆㅈㅊㅎ	끝 終わり　옷 服　있다 ある　낮 昼　꽃 花　히읗 ㅎの名称
k	ㅋㄲ	부엌 台所　밖 外

 00-30

ハングルの子音記号の名称

子音記号	名称	発音の目安
ㄱ	기역	キヨック
ㄴ	니은	ニウン
ㄷ	디귿	ティグッ
ㄹ	리을	リウル
ㅁ	미음	ミウム
ㅂ	비읍	ピウップ
ㅅ	시옷	シオッ
ㅇ	이응	イウン
ㅈ	지읒	チウッ
ㅊ	치읓	チウッ
ㅋ	키읔	キウック
ㅌ	티읕	ティウッ
ㅍ	피읖	ピウップ
ㅎ	히읗	ヒウッ

※音節の初めに来た時の音と、音節の最後に来た時の音(終声)を表しています。

文字と発音　15

終声の後ろに母音が来ると、終声の子音は、その母音と一緒に発音されます。これを 連音化 と言います。

● 表中の青色の部分が連音化が起こった部分です。

● 名詞で連音化が起こるのは次のような場合です。

① 終声のある名詞の後ろに、母音で始まる助詞が来た時。

  은(は)・이(が)・에(に)

② 終声のある名詞の後ろに 이에요(です)/입니다(です) が来た時。

③ 終声のある漢字の後ろに、母音で始まる漢字が来た時。

15. 終声の後ろに母音が来た時の発音　　連音化

終声のある語(子音で終わる語)の後ろに母音で始まる語が来たら、連音化が起こります。表記は2つの語を続けて書きますが、発音は2つの語を別々に発音するのではなく、終声の子音を後ろの母音と一緒に発音します。

例1　　　　　　　　　　　　　　　　　　　　　00-31

終声のある語	母音で始まる語	表記	発音
한국 韓国	+ 에 に	한국에	[한구게] ハングゲ
일본 日本		일본에	[일보네] イルボネ
서울 ソウル		서울에	[서우레] ソウレ
집 家		집에	[지베] チベ

例2　　　　　　　　　　　　　　　　　　　　　00-32

終声のある語	母音で始まる語	表記	発音
한국 韓国	+ 이에요 です	한국이에요	[한구기에요] ハングギエヨ
일본 日本		일본이에요	[일보니에요] イルボニエヨ
서울 ソウル		서울이에요	[서우리에요] ソウリエヨ
집 家		집이에요	[지비에요] チビエヨ

例3　　　　　　　　　　　　　　　　　　　　　00-33

終声のある語	母音で始まる語	表記	発音
한국 韓国	+ 어 語	한국어	[한구거] ハングゴ
일본 日本	어 語	일본어	[일보너] イルボノ

16　文字と発音

これで話せる韓国語
STEP 1

本編

第1課　私はイユジンです。　저는 이유진입니다.

今日は、隼人と理沙が韓国の留学生ユジンとチュンスに初めて会う日です！

ユジン(유진)
大学生(19歳)

隼人(하야토)
大学生(20歳)

理沙(리사)
大学生(19歳)

チュンス(준수)
大学生(22歳)

1 あらすじをチェック

유진　こんにちは。私はイユジンです。お会いできてうれしいです。

隼人　こんにちは。私は木村隼人です。(お会いできて)うれしいです。
　　　こちらは上野理沙さんです。あいさつどうぞ。

理沙　こんにちは。上野理沙です。

준수　こんにちは。はじめまして。私はパクチュンスです。お会いできてうれしいです。

2 単語と表現をチェック

01-01

☐ **안녕하세요**【安寧하세요】こんにちは　※朝、昼、晩共に使えるあいさつ　　☐ **저** 私、わたくし　※나(僕、わたし)の謙譲語　　☐ **는** は(1)　助詞(主題)　　☐ **이유진** イユジン　※名字が이で、下の名前が유진、女性　　☐ **입니다** です　※発音[임니다]　　☐ **만나서** 会えて　※만나다：会う　　☐ **반갑습니다** うれしいです(1)　※改まった丁寧な文体　※発音[반갑씀니다]

☐ **기무라 하야토** 木村隼人　※名字と下の名前の間は一つ開ける　　☐ **반갑습니다** うれしいです　※単独でも「お会いできてうれしいです」の意味になる　　☐ **이쪽** こちら　　☐ **은** は(2)　助詞(主題)　　☐ **우에노 리사** 上野理沙　　☐ **씨**【氏】さん　※敬称　　☐ **예요** です　※発音[에요]　　☐ **인사**【人事】あいさつ　　☐ **하세요** してください　　☐ **처음** 初めて　　☐ **뵙겠습니다** お目にかかります　※発音[뵙께씀니다]　　☐ **박준수** パクチュンス　※名字が박で、下の名前が준수、男性　　☐ **반가워요** うれしいです(2)　※うちとけた丁寧な文体

3 本文を聞いてみよう

 유진： 안녕하세요. 저는 이유진입니다. 만나서 반갑습니다.

 隼人： 안녕하세요. 저는 기무라 하야토입니다. 반갑습니다.
이쪽은 우에노 리사 씨예요. 인사하세요.

 理沙： 안녕하세요. 우에노 리사예요.

 준수： 안녕하세요. 처음 뵙겠습니다. 저는 박준수입니다.
만나서 반가워요.

4 文法と表現をチェック

1. 助詞 는/은　は　【主題】

「私はイユジンです」「こちらは上野理沙さんです」のように、あることを主題にして、それについて説明する時には、는/은を使います。

本文　01-04

저는 이유진입니다.
　私はイユジンです。

이쪽은 우에노 리사 씨예요.
　こちらは上野理沙さんです。

作り方

母音で終わる名詞 + 는　　[nɯn]
子音で終わる名詞 + 은　　[ɯn]

作ってみよう 1　　解答集 p.2

母音で終わる名詞+는	子音で終わる名詞+은	
表記	表記	発音
① 준수 씨	⑤ 이쪽	[이쪼근]
② 리사 씨	⑥ 부산	[ ]
③ 어머니	⑦ 서울	[ ]
④ 아버지	⑧ 한국	[ ]

● 子音で終わる名詞+은は発音に注意しよう！ 連音化

表記	이쪽은
発音	[이쪼근]

🔍 **単語**

어머니 母
아버지 父

第1課 私はイユジンです　19

「イユジンです」「イユジンさんですか」のように、名詞文（名詞+です/ですか）を作る時には、입니다/입니까?を使います。

● 입니다の発音に注意しよう!

表記	입니다
発音	[임니다 imnida]

● 입니다/입니까?は改まった丁寧な文体(합니다体)です。発表、演説、接客等で使います。初対面の人に対する自己紹介でも使います。

● 子音で終わる名詞+입니다は発音に注意しよう! 連音化

表記	이유진입니다
発音	[이유지닙니다] イユジ nimnida

2. 입니다 です 입니까? ですか? 改まった丁寧な文体

例文
01-05

이유진 씨입니까? イユジンさんですか。
네, 이유진입니다. ええ、イユジンです。

作り方

名詞 + 입니까?

名詞 + 입니다

作ってみよう 2
解答集 p.2

母音で終わる名詞 +입니다	子音で終わる名詞 +입니다	
表記	表記	発音
① 男 박준수	⑤ 女 이유진입니다	이유지닙니다
② 男 최현우	⑥ 女 김서연	
③ 女 정민서	⑦ 男 강민준	
④ 女 조윤서	⑧ 男 윤지훈	

「イユジンです」「イユジンさんですか」のように、名詞文（名詞+です/ですか）を作る時には、예요/이에요も使えます。

● 예요の発音に注意しよう!

表記	예요
発音	[에요 eyo]

● 예요/이에요はうちとけた丁寧な文体(해요体)で、リラックスして会話をする時に使います。目上の人と話す時でも、リラックスして話す時には해요体で話します。

● 子音で終わる名詞+이에요は発音に注意しよう! 連音化

表記	이유진이에요
発音	[이유지니에요] イユジ ni e yo

3. 예요/이에요 です 예요?/이에요? ですか? うちとけた丁寧な文体

例文
01-06

이유진 씨예요? イユジンさんですか。
네, 이유진이에요. ええ、イユジンです。

作り方

母音で終わる名詞 + 예요 [eyo]

子音で終わる名詞 + 이에요 [ieyo]

作ってみよう 3
解答集 p.2

母音で終わる名詞 +예요	子音で終わる名詞 +이에요	
表記	表記	発音
① 男 박준수	⑤ 女 이유진	이유지니에요
② 男 최현우	⑥ 女 김서연	
③ 女 정민서	⑦ 男 강민준	
④ 女 조윤서	⑧ 男 윤지훈	

練習をはじめよう

5 単語を書いてみよう

안녕하세요	こんにちは		
저는	私は		
이유진	イユジン		
입니다	です 합니다体		
만나서	会えて		
반갑습니다	うれしいです		
이쪽은	こちらは		
우에노 리사	上野理沙		
씨	さん ※ 敬称		
예요/이에요	です 해요体		
인사	あいさつ		
하세요	してください		
처음	初めて		
뵙겠습니다	お会いします		
박준수	パクチュンス		

6 韓国語で書いてみよう

(1) こんにちは。私はイユジンです。 ※「です」を입니다で

_____

(2) お会いできてうれしいです。

_____

(3) こちらは上野理沙さんです。あいさつしてください。

_____

(4) こんにちは。上野理沙です。 ※「です」を예요で

_____

(5) はじめまして。私はパクチュンスです。 ※「です」を입니다で

_____

 韓国人の氏名は、大部分名字が1文字、下の名前が2文字です。書くときは名字・名前の順に続けて書きます。

● 名字に씨をつけて김씨!のように呼ぶのは大変失礼です。「名字+씨」で呼ぶと相手を見下すような言い方になり不快感を与えますので、必ず「フルネーム+씨」で呼ぶようにしましょう。

但し、日本語で話す時に「キムさん、イさん」と呼ぶのは問題ありません。

 ティータイム

韓国人の名字トップ10

順位	名字	割合
1	金(김:キム)	21.6%
2	李(이:イ)	14.8%
3	朴(박:パク)	8.5%
4	崔(최:チェ)	4.7%
5	鄭(정:チョン)	4.4%
6	姜(강:カン)	2.3%
7	趙(조:チョ)	2.1%
8	尹(윤:ユン)	2.1%
9	張(장:チャン)	2.0%
10	林(임:イム)	1.7%
	その他	35.8%

韓国統計庁人口総調査(2000年)より

● 韓国人の名字の種類は286種類とそれほど多くありません。日本人の名字は10数万～30万種類と言われています。

 いよいよ本格的な発音練習です。最初はテキストを見ても構いません。慣れてきたらテキストを見ないで練習しましょう。

①まず、一文ずつ止めながら、音声に続いて発音してみましょう。

②慣れてきたら、声優の声に少し遅れるようについて発音（シャドーイング）してみましょう。

声優と同じようなリズムと速さで話せるようになるまでシャドーイングを繰り返すことをお勧めします。

7 発音の練習をしよう　01-07

 유진　안녕하세요. 저는 이유진입니다.
　　　　 만나서 반갑습니다.

 隼人　안녕하세요. 저는 기무라 하야토입니다.
　　　　 반갑습니다. 이쪽은 우에노 리사 씨예요.
　　　　 인사하세요.

 理沙　안녕하세요. 우에노 리사예요.

 준수　안녕하세요. 처음 뵙겠습니다.
　　　　 저는 박준수입니다. 만나서 반가워요.

8 日本語に翻訳してみよう

유진　_____

隼人　_____

理沙　_____

준수　_____

 確認しましょう
① は ｜助詞(主題)｜
② ～です/ですか ｜합니다体｜
③ ～です/ですか ｜해요体｜

第2課では
① この、その、あの
② これ、～です ｜無助詞｜
③ が ｜助詞(新しい情報)｜
④ 何
⑤ ところで ｜接続詞｜
⑥ そうなんですね
を学びます。お楽しみに！

9 韓国語で話してみよう

上の日本語の会話文を、韓国語で表現できれば目標達成です。
お疲れ様でした！

Practice 1

解答集 p.2

1. (1) 次の①～③を使って、例のように会話文を作って練習してみましょう。　01-08

	例	①	②	③
이름 名前	기무라 하야토	김소연	수잔	차오양
직업 職業	대학생	선생님	간호사	요리사
국적 国籍	일본	한국	미국	중국

	（日）	（韓）
例	こんにちは。 私は 木村隼人 です。 私は 大学生 です。 日本 人です。 お会いできて嬉しいです。	안녕하세요. 저는 기무라 하야토 입니다. 저는 대학생 이에요/예요. 일본 사람이에요. 만나서 반갑습니다.

(2) あなたの自己紹介を例のように日本語と韓国語で書いて、練習してみましょう。

（日）	（韓）

2. 次の単語をハングルで書いて、発音してみましょう。　01-09

학생	学生	한국	韓国
회사원	会社員	일본	日本
선생님	先生	중국	中国
간호사	看護師	미국	米国
주부	主婦	사람	人
요리사	調理師	한국 사람	韓国人
공무원	公務員	일본 사람	日本人
고등학생	高校生	중국 사람	中国人
대학생	大学生	미국 사람	アメリカ人

第2課　これプレゼントです。　이거 선물이에요.

ユジンが隼人と理沙にプレゼントを用意してきたようです!

![]	ユジン(유진)
![]	隼人(하야토)
![]	理沙(리사)
![]	チュンス(준수)

1　あらすじをチェック

유진　　これ、プレゼントです。

理沙　隼人　わあ!ありがとうございます。

隼人　　ところで、これは何ですか。

준수　　ペンケースです。

理沙　　そうなんですね。本当にかわいいですね。ありがとう。

2　単語と表現をチェック　02-01

☐ 이거　これ　　☐ 선물【膳物】プレゼント、おみやげ　　☐ 이에요　です

☐ 와!　わあ!　　☐ 감사합니다【感謝합니다】ありがとうございます

☐ 그런데　ところで　接続詞　　☐ 이게　これが　　☐ 뭐　何　　☐ 예요?　ですか?

☐ 필통【筆筒】ペンケース、筆箱　　☐ 그래요?　そうなんですね

☐ 정말　本当に　　☐ 예뻐요　かわいいです、きれいです　※예쁘다(かわいい)の丁寧な形

☐ 고마워요　ありがとう　※감사합니다よりくだけた言い方。目上の人には使わない。目上の人には감사합니다または고맙습니다を使う。

24　第2課　이거 선물이에요

3 本文を聞いてみよう　　02-02 韓　02-03 日→韓

유진	이거 선물이에요.
理沙 隼人	와! 감사합니다.
隼人	그런데, 이게 뭐예요?
준수	필통이에요.
理沙	그래요? 정말 예뻐요. 고마워요.

4 文法と表現をチェック　　02-04

1. 指示詞　이 この　그 その　저 あの

本文

이거 선물이에요.
これプレゼントです。

指示詞		指示詞+것	縮約形
이 この	것 もの	이것 これ	이거 これ
그 その		그것 それ	그거 それ
저 あの		저것 あれ	저거 あれ

現場(その場)にあるものを指で示しながら、「この」「その」「あの」と言う時に使います。

이 この	話し手の近くのもの
그 その	聞き手の近くのもの
저 あの	離れたところのもの

● 会話では이것, 그것, 저것よりも、縮約形の이거, 그거, 저거を使うことが多いです。

作ってみよう 1　　解答集 p.3

(1) これ、プレゼントです。　　※話し手の近くのもの

_____

(2) それ、プレゼントです。　　※聞き手の近くのもの

_____

(3) あれ、プレゼントです。　　※離れたところのもの

_____

2. 無助詞　　　新しい話題に興味を引く

「これ、プレゼントです」のように、話し手が、新しい話題に聞き手の興味を引き付けたいと思っている時には、助詞は使わないで話します。(無助詞)

🔍 **単語**
과자【菓子】お菓子
초콜릿 チョコレート
생일【生日】誕生日
생일 선물 誕生日プレゼント

本文　02-05

이거 선물이에요.
　これプレゼントです。

作ってみよう 2　解答集 p.3

(1) これ、お菓子です。

(2) これ、チョコレートです。

(3) これ、誕生日プレゼントです。

---

3. 助詞 가/이　が　　新しい情報の提示

「スカートがかわいいですね」「服がかわいいですね」のように、会話の中で新しい情報を提示する時には、가/이を使います。

🔍 **単語**
치마 スカート
머리 髪
언니 姉(妹から見て)
아이 子供
옷 服
눈 目
핸드폰 携帯電話
가방 カバン

● 子音で終わる名詞＋이は発音に注意しよう！ 連音化

表記	옷이
発音	[오시]

● 가방のように「ㅇで終わる名詞＋이」の発音は特に注意しよう！ 連音化

表記	가방이
発音	[가방이 kabaŋi]

※[ŋi]の部分は鼻濁音(息が鼻を抜ける濁音、「んぎ」を一息で言う感じ)で発音します。

例文　02-06

치마가 예뻐요.
　スカートがかわいいですね。
옷이 예뻐요.
　服がかわいいですね。

作り方

母音で終わる名詞 ＋ 가　　[ga]
子音で終わる名詞 ＋ 이　　[i]

作ってみよう 3　解答集 p.3

母音で終わる名詞+가	子音で終わる名詞+이	
表記	表記	発音
① 치마	⑤ 옷	[오시]
② 머리	⑥ 눈	[ ]
③ 언니	⑦ 핸드폰	[ ]
④ 아이	⑧ 가방	[가방이]

4. 疑問詞　뭐　何(なに)

本文　　　　　　　　　　　　　02-07

이게 뭐예요?
　これは何ですか。　※直訳：これが何ですか。

	助詞		縮約形
이것 これ	이 が	이것이 これが	이게 これが
그것 それ		그것이 それが	그게 それが
저것 あれ		저것이 あれが	저게 あれが

「これは何ですか」のように何であるかを尋ねる時には뭐を使います。

● 韓国語では「これが何であるか」を知りたい時には、이게 뭐예요?(直訳：これが何ですか)と聞くのが普通です。

● 疑問詞とは、「いつ、どこ、だれ、なに、どのように、いくつ、どの、どんな、なぜ」のような語のことです。

作ってみよう 4　　　　解答集 p.3

(1) これは何ですか。　　※直訳：これが何ですか。

_____

(2) それは何ですか。　　※直訳：それが何ですか。

_____

(3) あれは何ですか。　　※直訳：あれが何ですか。

_____

5. 接続詞　그런데　ところで　　【話題の切り替え】

本文　　　　　　　　　　　　　02-08

그런데, 이게 뭐예요?
　ところで、これは何ですか。

話題を切り替える時には그런데を使います。

● 会話では、근데(縮約形)もよく使われます。
　근데, 이게 뭐예요?
　　ところで、これは何ですか。

6. 그래요?　そうなんですね　　【あいづち】

本文　　　　　　　　　　　　　02-09

그래요? 정말 예뻐요.
　そうなんですね。本当にかわいいですね。

「そうなんですね!」「そうなんですか!」のように、相手の話に感嘆したり、驚いたりしたときには그래요?を使います。気持ちを込めて言うのがポイントです!

漢字語で語彙力アップ

- 선물【膳物】プレゼント
- 물가【物價】物価
  ※発音[물까] 濃音化
- 감사【感謝】感謝
- 감동【感動】感動
- 필통【筆筒】ペンケース
- 연필【鉛筆】鉛筆

ティータイム

백일(ペギル、100日)

韓国では백일(ペギル、100日)は特別な日で、とても大切にします。赤ちゃんが生まれて100日目の日、恋人同士が付き合い始めて100日目の日は、一つの大きな区切りの日として認識されています。
ペギルは元々、新生児が亡くなることが多かった昔、赤ちゃんが無事に最初の山(100日)を越えたことを親戚や知人と共にお祝いする行事でした。ペギルには、赤ちゃんの健やかな成長を願って金の指輪(100日指輪)をプレゼントするのが一般的です。
恋人同士のペギルは赤ちゃんのペギルをもとに後に生まれた文化で、彼氏がサプライズを準備したり、100本のバラを贈ったりとイベント好きの韓国人ならではのパフォーマンスが街のあちらこちらで見受けられます。

練習をはじめよう

5 単語を書いてみよう

이거	これ		
선물	プレゼント		
이에요	です		
와!	わあ!		
감사합니다	ありがとうございます		
그런데	ところで		
이게	これが		
뭐	何		
예요?	ですか		
필통	ペンケース		
그래요?	そうなんですね		
정말	本当に		
예뻐요	かわいいです		
고마워요	ありがとう		

6 韓国語で書いてみよう

(1) これ、プレゼントです。

_____

(2) わあ！ ありがとうございます。

_____

(3) ところで、これは何ですか。

_____

(4) ペンケースです。

_____

(5) そうなんですね！ 本当にかわいいですね。ありがとう。

_____

7 発音の練習をしよう 02-10

유진: 이거 선물이에요.
리사・하야토: 와! 감사합니다.
하야토: 그런데, 이게 뭐예요?
준수: 필통이에요.
리사: 그래요? 정말 예뻐요. 고마워요.

いよいよ本格的な発音練習です。最初はテキストを見ても構いません。慣れてきたらテキストを見ないで練習しましょう。

①まず、一文ずつ止めながら、音声に続いて発音してみましょう。

②慣れてきたら、声優の声に少し遅れるようについて発音(シャドーイング)してみましょう。

声優と同じようなリズムと速さで話せるようになるまでシャドーイングを繰り返すことをお勧めします。

8 日本語に翻訳してみよう

유진: ＿＿＿＿
리사・하야토: ＿＿＿＿
하야토: ＿＿＿＿
준수: ＿＿＿＿
리사: ＿＿＿＿

7の対話文を日本語に訳してみましょう。

9 韓国語で話してみよう

上の日本語の会話文を、韓国語で表現できれば目標達成です。
お疲れ様でした!

確認しましょう
① この、その、あの
② これ、〜です [無助詞]
③ が [助詞(新しい情報)]
④ 何
⑤ ところで [接続詞]
⑥ そうなんですね

第3課では
① と [助詞(列挙)]
② どこ
③ 名詞A　名詞B
　[助詞「の」の省略]
を学びます。お楽しみに!

第2課 これプレゼントです　29

Practice 2

1. 次の会話を例のように韓国語で書いて、練習してみましょう。　　解答集 p.3　　02-11

Q	이게 뭐예요?		これは何ですか?	
A	例	책 本 — 책이에요 / 책이에요	⑤	과자　お菓子
	①	김　海苔(のり)	⑥	손수건　ハンカチ
	②	김치　キムチ	⑦	필통　ペンケース
	③	펜　ペン	⑧	화장품　化粧品
	④	컵　カップ	⑨	반지　指輪

2. (1) 次の会話を韓国語で書いて、練習してみましょう。　　02-12

（日）	（韓）
A：これ、プレゼントです。	A：
B：わぁ！ありがとうございます。	B：
ところで、これは何ですか？	
A：本です。	A：
B：ありがとう。	B：

（例）

(2) 1の①〜⑨を使って、例のように会話を作って練習してみましょう。

30　Practice2

MEMO

第3課　どこ出身ですか。　어디 출신이에요?

隼人がユジンとチュンスに出身地を聞いています。チュンスは自分の故郷の写真を見せています。

ユジン(유진)
隼人(하야토)
理沙(리사)
チュンス(준수)

1　あらすじをチェック

隼人　　ユジンさんとチュンスさんはどこ出身ですか。

유진　　私はソウルです。

준수　　私は釜山です。これが私の故郷の写真です。

理沙　　わあ！ここはどこですか。

준수　　ヘウンデ（海雲台）です。海がとてもきれいですよ。

2　単語と表現をチェック　03-01

- □ 유진 씨　ユジンさん　　□ 하고　と　[助詞(列挙)]　　□ 준수 씨　チュンスさん
- □ 는　は　[助詞]　　□ 어디　どこ　[疑問詞]　　□ 출신【出身】出身
- □ 이에요?　ですか?　　□ 저는　私は　　□ 서울　ソウル　※韓国の首都、人口は約1,000万人
- □ 이에요　です　　□ 부산【釜山】釜山　※韓国第2の都市、人口は約350万人
- □ 이게　これが　　□ 제　私の　※저의(私の)の縮約形　　□ 고향【故郷】故郷
- □ 사진【寫眞】写真　　□ 와!　わあ!　　□ 여기　ここ　　□ 어디예요?　どこですか?
- □ 해운대【海雲臺】ヘウンデ　※釜山の海水浴場。約1.5km続く砂浜は韓国の人気リゾート
- □ 예요　です　　□ 바다　海　　□ 가　が　[助詞(新しい情報)]　　□ 아주　とても
- □ 예뻐요　きれいです

3 本文を聞いてみよう

03-02 韓　03-03 日→韓

隼人: 유진 씨하고 준수 씨는 어디 출신이에요?

유진: 저는 서울이에요.

준수: 저는 부산입니다. 이게 제 고향 사진이에요.

理沙: 와! 여기는 어디예요?

준수: 해운대예요. 바다가 아주 예뻐요.

4 文法と表現をチェック

1. 助詞 하고 と　　列挙

本文 03-04

유진 씨하고 준수 씨는 어디 출신이에요?
ユジンさんとチュンスさんはどこの出身ですか。

作り方

名詞 + 하고　　［hago］

作ってみよう 1
解答集 p.3

	名詞+하고	名詞
①	리사 씨	하야토 씨
②	어머니	아버지
③	고기	야채

「ユジンさんとチュンスさん」「母と父」のように、同じ種類の人やものを列挙する時には、하고を使います。

● 하고と同じ働きをする助詞に 랑/이랑、와/과 があります。

会話	名詞+하고
会話	母音で終わる名詞+랑 子音で終わる名詞+이랑
文章	母音で終わる名詞+와 子音で終わる名詞+과

例 ユジンさんとチュンスさん
　유진 씨하고 준수 씨(会話)
　유진 씨랑 준수 씨(会話)
　유진 씨와 준수 씨(文章)

🔍 単語

어머니 お母さん
아버지 お父さん
고기 肉
야채【野菜】野菜

「どこ出身ですか」「ここはどこですか」のように場所を尋ねる時にはどこ(어디)を使います。

● 話し手が現場を指で示しながら、「ここ」「そこ」「あそこ」という時には、여기, 거기, 저기を使います。

여기 ここ	話し手がいる場所
거기 そこ	聞き手がいる場所
저기 あそこ	離れた場所

🔍 単語
서울 ソウル
롯데월드 ロッテワールド
※韓国を代表するテーマパーク

●「お手洗いがどこなのか知りたい」時には、「お手洗いがどこですか」のように表現します。

🔍 単語
화장실【化粧室】お手洗い
집 家

「故郷の写真」「大学の友達」のように「AのB」となる場合、韓国語では「の」に当たる助詞「의(e)」を使わないほうが自然な場合も多いです。

● 私＋助詞

私は	저는 박준수예요. 私はパクチュンスです。
私が	제가 박준수예요. 私がパクチュンスです。
私の	제 어머니예요. 私の母です。

※ 제(私の)は 저의(私の)の縮約形です。

🔍 単語
고등학교【高等學校】高校
친구【親舊】友達
대학교【大學校】大学
유진 씨 ユジンさん

2. 疑問詞 어디 どこ

本文　03-05

어디 출신이에요?
　どこ出身ですか。

여기는 어디예요?
　ここはどこですか。

作ってみよう 2　解答集 p.3

(1) どこ出身ですか。／ソウルです。

(2) ここはどこですか。／ロッテワールドです。

使える表現

화장실이 어디예요?
　お手洗いはどこですか。　※直訳：お手洗いが～

집이 어디예요?
　家はどこですか。　※直訳：家が～

3. 名詞A　名詞B　助詞「の」の省略

本文　03-06

이게 제 고향 사진이에요.
　これが私の故郷の写真です。　※直訳：故郷写真

作り方

고향　사진　　故郷の写真
名詞A　名詞B

作ってみよう 3　解答集 p.3

(1) 高校の友達です。

(2) 大学の友達です。

(3) ユジンさんの友達です。

練習をはじめよう

5 単語を書いてみよう

유진 씨	ユジンさん		
하고	と [助詞]		
준수 씨	チュンスさん		
어디	どこ		
출신	出身		
부산	釜山		
이게	これが		
제	私の		
고향	故郷		
사진	写真		
여기	ここ		
해운대	ヘウンデ		
바다	海		
아주	とても		
예뻐요	きれいです		

6 韓国語で書いてみよう

(1) ユジンさんとチュンスさんはどこ出身ですか。

(2) 私はプサンです。

(3) これが私の故郷の写真です。

(4) ここはどこですか。／海雲台です。

(5) 海がとてもきれいです。

漢字語で語彙力アップ

☐ 출신【出身】出身
☐ 출구【出口】出口

☐ 부산【釜山】釜山
☐ 등산【登山】登山

☐ 고향【故鄉】故郷
☐ 사고【事故】事故

☐ 사진【寫眞】写真
☐ 진실【眞實】真実

☐ 해운대【海雲臺】海雲台
☐ 해수욕【海水浴】海水浴

ティータイム

ソウルの言葉と標準語

日本の標準語が東京の言葉を基に定められているのと同じように、韓国の標準語は、首都ソウルの言葉が基になっています。
韓国にも地方ごとに様々な方言がありますが、代表的なのはソウルから南に約400ｋｍ離れた第2の都市釜山の言葉です。ソウルの言葉は抑揚がなく、平坦に発音されるのに比べ、釜山の言葉は日本語と同じように抑揚があり、高低のアクセントもあります。日本人にはどちらかと言うと釜山の言葉のほうが親しみやすいかも…。
ソウルの「クレ(そうなの?)」は釜山に行くと「マンナ」になり、ソウルの「オソオセヨ(いらっしゃいませ)は釜山では「オソオイソ」となります。

いよいよ本格的な発音練習です。最初はテキストを見ても構いません。慣れてきたらテキストを見ないで練習しましょう。

①まず、一文ずつ止めながら、音声に続いて発音してみましょう。

②慣れてきたら、声優の声に少し遅れるようについて発音(シャドーイング)してみましょう。

声優と同じようなリズムと速さで話せるようになるまでシャドーイングを繰り返すことをお勧めします。

7 発音の練習をしよう　03-07

隼人: 유진 씨하고 준수 씨는 어디 출신이에요?

유진: 저는 서울이에요.

준수: 저는 부산입니다. 이게 제 고향 사진이에요.

理沙: 와! 여기는 어디예요?

준수: 해운대예요. 바다가 아주 예뻐요.

8 日本語に翻訳してみよう

隼人: _____
유진: _____
준수: _____
理沙: _____
준수: _____

9 韓国語で話してみよう

上の日本語の会話文を、韓国語で表現できれば目標達成です。
お疲れ様でした!

確認しましょう
① と 〔助詞(列挙)〕
② どこ
③ 名詞A　名詞B
　〔助詞「の」の省略〕

第4課では
① だれ
② 家族の呼び名
③ それから 〔接続詞〕
④ 名前は何ですか
を学びます。お楽しみに!

Practice 3

1. 次の会話を例のように韓国語で書いて、練習してみましょう。　解答集 p.3　03-08

Q	여기는 어디예요?		ここはどこですか?
A 例	후지산 이에요 / 所在県 : 시즈오카	④	야쿠시마_____ / 所在県 :
A ①	긴카쿠지_____ / 所在県 :	⑤	스카이트리_____ / 所在県 :
A ②	겐로쿠엔_____ / 所在県 :	⑥	오사카성_____ / 所在県 : 성 城
A ③	구로카와온천_____ / 所在県 : 온천 温泉	⑦	도다이지_____ / 所在県 :

2. (1) 次の会話を韓国語で書いて、練習してみましょう。　解答集 p.3　03-09

（日）	（韓）
A : Bさんはどこ出身ですか?	A :
B : 私は 静岡 です。	B :
例　これが私の故郷の写真です。	
A : ここはどこですか?	A :
B : 富士山 です。	B :

(2) 1の①～⑦を使って、例のように会話を作って練習してみましょう。

第4課　この人は誰ですか。　이 사람은 누구예요?

チュンスが、隼人と理沙に家族の写真を見せています。

　　　　　　　　　　　　　　　隼人(하야토)
　　　　　　　　　　　　　　　理沙(리사)
　　　　　　　　　　　　　　　チュンス(준수)

1　あらすじをチェック

隼人　　この人は誰ですか。家族?

준수　　ええ。この方はうちの父親、それからこちらは弟です。

理沙　　弟さんは高校生ですか。

준수　　いいえ。大学生です。

隼人　　この犬の名前は何ですか。

준수　　トトです。

2　単語と表現をチェック　　04-01

☐ 이 この　　☐ 사람 人　　☐ 은 は [助詞]　　☐ 누구 誰(だれ) [疑問詞]

☐ 예요? ですか?　　☐ 가족【家族】家族　　☐ 네 はい、ええ　　☐ 분 方(かた) ※尊敬語

☐ 우리 うちの、私たちの　※우리は自分の属している側を表す、우리 회사(うちの会社)、우리 학교(うちの学校)　　☐ 아버지 父、お父さん　　☐ 그리고 それから [接続詞]

☐ 이쪽 こちら　　☐ 동생【同生】弟または妹 ※年下の兄弟　　☐ 이에요 です

☐ 남동생【男同生】弟　　☐ 고등학생【高等學生】高校生　　☐ 이에요? ですか?

☐ 아니요 いいえ　　☐ 대학생【大學生】大学生

☐ 개 犬　　☐ 이름 名前　　☐ 이 が [助詞]　　☐ 뭐 何

☐ 토토 トト ※犬の名前

3 本文を聞いてみよう

04-02 韓　04-03 日→韓

隼人: 이 사람은 누구예요? 가족?

준수: 네. 이 분은 우리 아버지, 그리고 이쪽은 동생이에요.

理沙: 남동생은 고등학생이에요?

준수: 아니요. 대학생이에요.

隼人: 이 개 이름이 뭐예요?

준수: 토토예요.

4 文法と表現をチェック

1. 疑問詞 누구 だれ

本文　04-04

이 사람은 <u>누구</u>예요?
この人は誰ですか。

作ってみよう 1　　解答集 p.4

(1) この人は誰ですか。／うちの姉です。

_____

(2) この人は誰ですか。／うちの兄です。

_____

(3) この方は誰ですか。／うちの母です。

_____

※家族の呼び名は次のページを参照のこと。

「この人は誰ですか」のように誰であるかを尋ねる時には 누구 を使います。

本文中で隼人(敬語をまだ知らない)は、이 사람은 누구예요?(この人は誰ですか?)と言っていますが、尊敬語を用いるならば、이 분은 누구세요?(この方はどなたでいらっしゃいますか?)となります。

韓国では、自分の両親、祖父母のような身内の人も含め、目上の人について話す時には、敬語を使います。

第4課　この人は誰ですか　39

家族の呼び名

04-05

할아버지	祖父	父方
할머니	祖母	
외할아버지	祖父	母方
외할머니	祖母	
아버지	父	
어머니	母	
오빠	兄	妹から見て
언니	姉	
형	兄	弟から見て
누나	姉	
동생	年下の兄弟	
남동생	弟	
여동생	妹	
남편	夫	
아내	妻	
아들	息子	
딸	娘	

※母方の 외(外)は「外戚(母方の親戚)」を表します。

「この方はうちの父、それからこちらは弟です」のように、複数の事柄を並べる時には、그리고を使います。

名前が何なのかを知りたい時には、이름이 뭐예요?(直訳：名前が何ですか)と聞くのが普通です。

● 目上の人に名前を聞くときには 尊敬語 を使います。

🔍 単語

성함【姓銜】お名前 尊敬語
어떻게 どのように
되세요 なられますか 尊敬語

2. 家族の呼び名

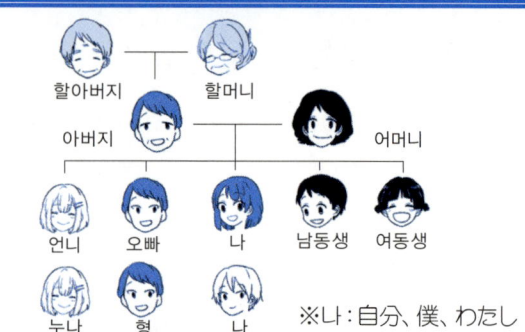

할아버지　　할머니
아버지　　　　　　　　어머니
언니　오빠　나　남동생　여동생
누나　형　나

※나：自分、僕、わたし

3. 接続詞 그리고 それから　事柄を並べる

本文　04-06

이 분은 우리 아버지, 그리고 이쪽은 동생이에요.
　この方はうちの父、それからこちらは弟です。

作ってみよう 3　解答集 p.4

(1) この方はうちの祖父、それからこちらは母です。

(2) こちらはうちの弟、それからこちらは妹です。

4. 이름이 뭐예요?　名前は何ですか。

本文　04-07

이 개 이름이 뭐예요?
　この犬の名前は何ですか。　※直訳：この犬の名前が何ですか。

作ってみよう 4　解答集 p.4

(1) 名前は何ですか。/ 上野理沙です。

(2) 名前は何ですか。/ 木村隼人です。

使える表現

성함이 어떻게 되세요?　尊敬語
　お名前は何とおっしゃいますか。
※直訳：お名前がどのようになられますか。

練習をはじめよう

5 単語を書いてみよう

이 사람	この人		
누구	だれ		
이 분	この方		
우리	うちの		
아버지	父		
그리고	それから		
이쪽	こちら		
동생	年下の兄弟		
남동생	弟		
고등학생	高校生		
이 개	この犬		
이름	名前		
뭐	何		

6 韓国語で書いてみよう

(1) この人は誰ですか。

_____

(2) この方はうちの父親です。

_____

(3) それからこちらは弟です。

_____

(4) 弟さんは高校生ですか。

_____

(5) この犬の名前は何ですか。

_____

漢字語で語彙力アップ

☐ 가족【家族】家族
☐ 가정【家庭】家庭

☐ 동생【同生】年下の兄弟
☐ 생활【生活】生活

☐ 남동생【男同生】弟
☐ 장남【長男】長男

☐ 대학생【大學生】大学生
☐ 대학원【大學院】大学院

ティータイム

엄마와 아빠

日本では子供が小さい頃は、ママ、パパと呼ばせる家庭が多いですが、同じように韓国語でも幼児期は엄마(ママ)、아빠(パパ)と呼ばせる家庭が多いようです。
以前は、中学生くらいになったら、엄마、아빠は卒業して어머니(お母さん)、아버지(お父さん)と呼んでいましたが、最近では大人になっても母親を엄마、父親を아빠と呼ぶ人が多いようです。特に女性は大人になった後でも、親しい人との打ち解けた会話の中や、母親、父親を親しみを込めて呼ぶ時には엄마、아빠を使う傾向があります。

いよいよ本格的な発音練習です。最初はテキストを見ても構いません。慣れてきたらテキストを見ないで練習しましょう。

①まず、一文ずつ止めながら、音声に続いて発音してみましょう。

②慣れてきたら、声優の声に少し遅れるようについて発音(シャドーイング)してみましょう。

声優と同じようなリズムと速さで話せるようになるまでシャドーイングを繰り返すことをお勧めします。

7 発音の練習をしよう　04-08

隼人: 이 사람은 누구예요? 가족?

준수: 네. 이 분은 우리 아버지, 그리고 이쪽은 동생이에요.

理沙: 남동생은 고등학생이에요?

준수: 아니요. 대학생이에요.

隼人: 이 개 이름이 뭐예요?

준수: 토토예요.

8 日本語に翻訳してみよう

9 韓国語で話してみよう

上の日本語の会話文を、韓国語で表現できれば目標達成です。
お疲れ様でした！

確認しましょう
① だれ
② 家族の呼び名
③ それから [接続詞]
④ 名前は何ですか

第5課では
① あります/います [存在詞]
　ありません/いません
② に [助詞(存在する場所)]
③ 違いますよ
を学びます。お楽しみに！

Practice 4

1. (1) 次の日本語を例のように韓国語で書いて、読んでみましょう。　解答集 p.4　04-09

母	姉
어머니	언니/누나
弟	犬
남동생	개

祖父	父
兄	犬
/	

祖母	姉
	/
妹	猫

(2) 次の会話を韓国語で書いて、練習してみましょう。　解答集 p.4　04-10

(日)	(韓)
A：この人は誰ですか?	A：
B：この方は お母さん 、	B：
例　こちらは 姉 、こちらは 弟 です。	
A：この 犬 の名前は何ですか?	A：
B： もも です。	B：

(3) ①と②を使って、例のように会話を作って練習してみましょう。

2. 次の単語をハングルで書いて、発音してみましょう。　04-11

할아버지	祖父
할머니	祖母
아버지	父
어머니	母
언니	姉←妹
누나	姉←弟

오빠	兄←妹
형	兄←弟
남동생	弟
여동생	妹
개	犬
고양이	猫

Practice4　43

第5課 ソウルに韓国人の友達がいます。 서울에 한국인 친구가 있어요.

ユジンが隼人と理沙に仁寺洞(インサドン)の写真を見せています。

ユジン(유진)
隼人(하야토)
理沙(리사)
チュンス(준수)

1 あらすじをチェック

隼人　ユジンさんは写真ないんですか。
유진　あ、ありますよ。はい、どうぞ。
理沙　ここもしかして仁寺洞(インサドン)ですか。
유진　ええ、その通りです。理沙さん、ここ知っているんですか。
理沙　ええ。ソウルに韓国人の友達がいるんですよ。
준수　彼氏?
理沙　(笑)違いますよ。

2 単語と表現をチェック

05-01

- 사진【寫眞】写真
- 없어요? ないんですか ※없다(ない)の해요体
- 아 あ ※感嘆
- 있어요 あります ※있다(ある)の해요体
- 여기 ここ
- 여기요 はい、どうぞ ※여기+요(丁寧に表現する語尾)
- 혹시 もしかして
- 인사동【仁寺洞】インサドン ※ソウル市の中心部に位置する伝統と文化の街。伝統茶屋、骨董品店、ギャラリーが多い
- 네 はい、ええ
- 맞아요 その通りです、そうです ※あいづち
- 알아요? 知っていますか ※알다(知っている)
- 서울 ソウル
- 에 に 助詞(存在する場所)
- 한국인【韓國人】韓国人 ※発音[한구긴] 連音化
- 친구【親舊】友達
- 가 が 助詞
- 있어요 います
- 남자【男子】男 ※여자【女子】女
- 남자 친구【男子親舊】彼氏
- 하하하! ハハハ! ※笑い声
- 아니에요 違いますよ、とんでもありません

第5課 서울에 한국인 친구가 있어요

3 本文を聞いてみよう

05-02 韓　05-03 日→韓

隼人: 유진 씨는 사진 없어요?
유진: 아! 있어요. 여기요.
理沙: 여기 혹시 인사동이에요?
유진: 네, 맞아요! 리사 씨, 여기 알아요?
理沙: 네. 서울에 한국인 친구가 있어요.
준수: 남자 친구?
理沙: 하하하! 아니에요.

4 文法と表現をチェック

1. 存在詞 있어요 あります / 없어요 ありません

本文　05-04

사진 없어요? / 아! 있어요.
写真ないんですか。/ あ、ありますよ。

한국인 친구가 있어요.
韓国人の友達がいるんです。

作り方

名詞（+助詞） 있어요
名詞（+助詞） 없어요

作ってみよう 1　解答集 p.4

(1) 時間ありますか。/ ええ、ありますよ。
　　_____

(2) 彼氏いますか。/ いいえ、いません。
　　_____

(3) 質問ありますか。/ いいえ、ありません。
　　_____

「写真ありますか」「ええ、ありますよ」「彼氏いますか」「いいえ、いません」のように、所有や存在を表す時には存在詞の있어요/없어요を使います。

해요体	있어요 あります/います
해体	있어 あるよ/いるよ

해요体	없어요 ありません/いません
해体	없어 ないよ/いないよ

※親しい友達や目下の人には해体を使います。

単語

시간【時間】時間
남자 친구【男子親舊】彼氏
질문【質問】質問

第5課 ソウルに韓国人の友達がいます

「ソウルに友達がいます」「今図書館にいます」のように存在する場所を表す時には、에を使います。

🔍 単語
근처【近處】近く
편의점【便宜店】コンビニ
※発音[펴니점]
호텔　ホテル
은행【銀行】銀行
이 근처　この近く
식당【食堂】食堂

2. 助詞 에　に　　　存在する場所

本文　　　　　　　　　　　　05-05

서울에 한국인 친구가 있어요.
　ソウルに韓国人の友達がいるんですよ。

作り方

名詞(場所) + 에　　　[e]

🟦 作ってみよう 2　　　　解答集 p.4

(1) 近くにコンビニがありますか。/ ええ、ありますよ。

_____

(2) ホテルの近くに銀行がありますか。/ いいえ、ありません。

_____

(3) この近くに食堂がありますか。/ ええ、ありますよ。

_____

3. 아니에요　違いますよ、とんでもありません

「ありがとう!」と感謝された時、「韓国語うまいね!」とほめられた時、「彼氏?」と事実と異なることを言われた時など、そのまま受け入れることはできないという気持ちを表す時には아니에요を使います。
「とんでもありません」という気持ちを込めて発音しましょう。

● 아니요と아니에요の違い

아니요	A: 弟さんは高校生ですか。 B: いいえ、大学生です。
아니에요	A: この人彼氏ですか。 B: 違いますよ。
	A: どうもありがとう。 B: とんでもありません。

🔍 単語
여자 친구【女子親舊】彼女
부인【夫人】奥さん

本文　　　　　　　　　　　　05-06

남자 친구? / 아니에요.
　彼氏? / 違いますよ。

🟦 作ってみよう 3　　　　解答集 p.5

(1) ありがとうございます。/ とんでもありません。

_____

(2) 彼女ですか。/ 違いますよ。

_____

(3) 奥さんですか。/ 違いますよ。

_____

46　第5課　서울에 한국인 친구가 있어요

練習をはじめよう

5 単語を書いてみよう

유진 씨	ユジンさん		
사진	写真		
없어요?	ないんですか		
있어요	ありますよ		
여기	ここ		
혹시	もしかして		
인사동	仁寺洞		
맞아요	その通りです		
리사 씨	理沙さん		
알아요?	知ってますか		
서울	ソウル		
한국인	韓国人		
친구	友達		
남자 친구	彼氏		
아니에요	違いますよ		

6 韓国語で書いてみよう

(1) ユジンさんは写真ないんですか。/ ありますよ。

(2) ここもしかして仁寺洞(インサドン)ですか。

(3) ええ、その通りです。理沙さん、ここ知ってるんですか。

(4) ソウルに韓国人の友達がいるんですよ。

(5) 彼氏? / 違いますよ。

漢字語で語彙力アップ

- 한국인【韓國人】韓国人
- 인구【人口】人口

- 친구【親舊】友達
- 친척【親戚】親戚

- 남자【男子】男
- 여자【女子】女

ティータイム

韓国人と떡(餅、もち)
隼人(A)と유진(B)の会話

A:ユジンさん、韓国にも餅があるって聞いたんですが。
B:あ、떡(餅、もち)のことですね。ありますよ。
A:日本の餅と同じですか?
B:韓国の떡はもち米だけではなくて、普通の米で作るものも多いですね。
A:韓国でもお正月に떡を食べるんですか?
B:お正月には떡국(떡が入った韓国風お雑煮)を食べます。それから秋夕(中秋節)には송편(ソンピョン)という떡を食べますね。
A:韓国の떡も白いんですか?
B:韓国の떡は200種類以上あると言われていて、떡국(お雑煮)や떡볶이(トッポッキ)には白い떡が使われますが、他にも松の実、ナツメ、よもぎ、豆、きな粉、ゴマ、栗、小豆などを使った色々な떡があるんですよ。
日本の和菓子と似た떡もありますよ。
韓国ではお祝い(子供の百日祝い、1歳の誕生日)や挨拶(引っ越し先、お世話になった方)をする時にも떡を準備します。

いよいよ本格的な発音練習です。最初はテキストを見ても構いません。慣れてきたらテキストを見ないで練習しましょう。

① まず、一文ずつ止めながら、音声に続いて発音してみましょう。

② 慣れてきたら、声優の声に少し遅れるようについて発音(シャドーイング)してみましょう。

声優と同じようなリズムと速さで話せるようになるまでシャドーイングを繰り返すことをお勧めします。

7 発音の練習をしよう　05-07

隼人: 유진 씨는 사진 없어요?
유진: 아! 있어요. 여기요.
理沙: 여기 혹시 인사동이에요?
유진: 네, 맞아요! 리사 씨, 여기 알아요?
理沙: 네. 서울에 한국인 친구가 있어요.
준수: 남자 친구?
理沙: 하하하! 아니에요.

8 日本語に翻訳してみよう

隼人: ____
유진: ____
理沙: ____
유진: ____
理沙: ____
유진・준수: ____
理沙: ____

9 韓国語で話してみよう

上の日本語の会話文を、韓国語で表現できれば目標達成です。お疲れ様でした!

確認しましょう
① あります/います 〔存在詞〕
　 ありません/いません
② 에 〔助詞(存在する場所)〕
③ 違いますよ

第6課では
① どこですか
② 1, 2, 3… 〔漢語の数詞〕
③ 階、号、番、月、日… 〔助数詞〕
　 何+助数詞
を学びます。お楽しみに!

Practice 5

1. (1) 次の会話を韓国語で書いて、練習してみましょう。　解答集 p.5　05-08

	例	①	②	③
이름　名前	아니타	지미	토니	엘레나
출신　出身	프랑스	캐나다	싱가포르	이탈리아
직업　職業	모델	의사	약사	작가

（日）	（韓）
A：この人は誰ですか？	A：
B：私の友達です。	B：
A：外国人の友達がいるんですか？	A：
B：はい。	B：
A：どこの国の人ですか？	A：어느 나라 사람이에요？
B：[フランス]人です。	B：
A：学生ですか？	A：
B：いいえ。[モデル]です。	B：

例

(2) ①～③を使って、例のように会話を作って練習してみましょう。

2. 次の単語をハングルで書いて、発音してみましょう。　05-09

친구	友達	프랑스	フランス
외국인	外国人	캐나다	カナダ
어느	どの	싱가포르	シンガポール
어느 나라	どこの国	이탈리아	イタリア
사람	人	의사	医者
학생	学生	약사	薬剤師
모델	モデル	작가	作家

第6課　私は図書館にいます。　저는 도서관에 있어요.

ユジンが隼人に英語の授業の講義室はどこか尋ねています。

1　あらすじをチェック

유진　もしもし。隼人さん、今どこですか。

隼人　あ、ユジンさん。私は図書館にいます。

유진　そうなんですか。何階にいるんですか。

隼人　3階にいます。

유진　あの、隼人さん、今日の英語の授業はどこですか。

隼人　英語の授業は201号です。ユジンさんは今どこですか。

유진　私は図書館の1階にいます。

2　単語と表現をチェック　06-01

- ☐ 여보세요　もしもし　※電話での呼びかけ
- ☐ 지금【只今】今
- ☐ 어디　どこ
- ☐ 예요?　ですか?
- ☐ 도서관【圖書館】図書館
- ☐ 에　に　助詞(存在する場所)
- ☐ 있어요　います
- ☐ 그래요?　そうなんですか?
- ☐ 몇　何(なん)
- ☐ 층【層】階　※몇 층 何階
- ☐ 있어요?　いますか?
- ☐ 3층[삼층]　3階
- ☐ 저기　あの　※呼びかけ
- ☐ 오늘　今日
- ☐ 영어【英語】英語
- ☐ 수업【授業】授業
- ☐ 은　は　助詞(主題)
- ☐ 201[이백일]　※発音[이배길]
- ☐ 호【號】号
- ☐ 예요　です
- ☐ 1층[일층]　1階

第6課　저는 도서관에 있어요

3 本文を聞いてみよう

06-02 韓　06-03 日→韓

유진: 여보세요. 하야토 씨, 지금 어디예요?

隼人: 아, 유진 씨. 저는 도서관에 있어요.

유진: 그래요? 몇 층에 있어요?

隼人: 3층에 있어요.

유진: 저기, 하야토 씨, 오늘 영어 수업은 어디예요?

隼人: 영어 수업은 201호예요. 유진 씨는 지금 어디예요?

유진: 저는 도서관 1층에 있어요.

4 文法と表現をチェック

1. 어디예요? どこですか

06-04

本文

지금 어디예요?
　今どこですか。

저는 도서관에 있어요.
　私は図書館にいます。

「今どこですか」のように、相手の居場所を知りたい時には어디예요?を使います。

● 「私は図書館にいます」のように「〜にいる」ということを表す時には에 있어요を使います。

単語

집　家
학교【學校】学校
회사【會社】会社

作ってみよう 1　　解答集 p.5

(1) 今どこですか。/ 私は家にいます。

_____

(2) 今どこですか。/ 私は学校にいます。

_____

(3) 今どこですか。/ 私は会社にいます。

_____

韓国語には日本語と同じように**数詞**(数量や順序を表す語)が2種類あります。

①**漢語の数詞**

일, 이, 삼(いち、にい、さん)

②**固有語の数詞**

하나, 둘, 셋(一つ、二つ、三つ)

- 漢語の数詞は1~10が基本になっています。
- 11~の作り方は日本語と同じ。

11:십+일=십일 [시빌]
12:십+이=십이 [시비]
13:십+삼=십삼 [십쌈]
 ⋮
16:십+육=십육[심뉵]

※16は発音に注意しましょう

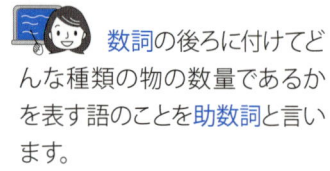

数詞の後ろに付けてどんな種類の物の数量であるかを表す語のことを**助数詞**と言います。

- 「何階」「何号」等の「何」を表すには、**몇[면]**を使います。
- ページを表す時には、外来語の**페이지**も使われます。
- 月日の表し方　06-07

	월 月	일 日
1	일 월	일 일
2	이 월	이 일
3	삼 월	삼 일
4	사 월	사 일
5	오 월	오 일
6	유 월	육 일
7	칠 월	칠 일
8	팔 월	팔 일
9	구 월	구 일
10	시 월	십 일
11	십일 월	십일 일
12	십이 월	십이 일

※6月と10月は形に注意

- 「何日」は**몇 일**ではなく、**며칠**と書くので注意!

2. 漢語の数詞 いち、にい、さん… 06-05

1	2	3	4	5
일	이	삼	사	오
6	7	8	9	10
육	칠	팔	구	십

11	12	13	14	15
십일	십이	십삼	십사	십오
16	17	18	19	20
십육	십칠	십팔	십구	이십

10	20	30	40	50
십	이십	삼십	사십	오십
60	70	80	90	100
육십	칠십	팔십	구십	백

百	千	万
백	천	만

3. 漢語の数詞に付く助数詞&疑問詞 몇 何(なん) 06-06

助数詞		1	2	疑問詞+助数詞		発音
층【層】	階	1층	2층	何階	몇 층	[멷층]
호【號】	号	1호	2호	何号	몇 호	[며토]
번【番】	番	1번	2번	何番	몇 번	[멷뻔]
쪽	ページ	1쪽	2쪽	何ページ	몇 쪽	[멷쪽]
년【年】	年	1년	2년	何年	몇 년	[면년]
분【分】	分	1분	2분	何分	몇 분	[멷뿐]
월【月】	月	1월	2월	何月	몇 월	[며둴]
일【日】	日	1일	2일	何日	며칠	[며칠]

作ってみよう3　解答集 p.5

(1) 何階にいますか。/ 5階にいます。

―――――――――――――――

(2) 何番ですか。/ 3番です。

―――――――――――――――

(3) 今日は何月何日ですか。/ 5月8日です。　※어버이날(父母の日)

52　第6課 저는 도서관에 있어요

練習をはじめよう

5 単語を書いてみよう

여보세요	もしもし		
지금	今		
어디	どこ		
예요?	ですか		
도서관	図書館		
에	に		
있어요	います		
몇 층	何階		
3층	3階		
오늘	今日		
영어	英語		
수업	授業		
201호	201号		

6 韓国語で書いてみよう

(1) もしもし、隼人さん今どこですか。

(2) 私は図書館にいます。

(3) 何階にいるんですか。/ 3階にいます。

(4) 今日の英語の授業はどこですか。

(5) 英語の授業は201号です。

漢字語で語彙力アップ

☐ 도서관【圖書館】図書館
☐ 지도【地圖】地図

☐ 영어【英語】英語
☐ 영국【英國】英国

☐ 수업【授業】授業
☐ 졸업【卒業】卒業

☐ 호【號】号
☐ 번호【番號】番号

ティータイム

短期語学研修のすすめ

「韓国で生活してみたい」「韓国語の力を短期間で伸ばしたい」そんな方にお勧めなのが韓国での短期語学研修です。韓国で実際に生活しながら韓国語の勉強をしてみると、思った以上に、話す・聞く・読む・書く力が身に付いていくのが実感できることでしょう。
語学研修は、ソウル、釜山等、大都市圏の大学付属の語学堂（韓国語研修機関）や民間の韓国語学校等で行っています。コースは、数日、1週間、2週間、3週間、10週間等、多様ですので、自分の都合に合わせて選ぶことが可能です。あなたも韓国に行って韓国語を勉強してみませんか?

いよいよ本格的な発音練習です。最初はテキストを見ても構いません。慣れてきたらテキストを見ないで練習しましょう。
① まず、一文ずつ止めながら、音声に続いて発音してみましょう。
② 慣れてきたら、声優の声に少し遅れるようについて発音（シャドーイング）してみましょう。
声優と同じようなリズムと速さで話せるようになるまでシャドーイングを繰り返すことをお勧めします。

7 発音の練習をしよう　06-08

유진: 여보세요. 하야토 씨, 지금 어디예요?

隼人: 아, 유진 씨. 저는 도서관에 있어요.

유진: 그래요? 몇 층에 있어요?

隼人: 3층에 있어요.

유진: 저기, 하야토 씨, 오늘 영어 수업은 어디예요?

隼人: 영어 수업은 201호예요.

유진 씨는 지금 어디예요?

유진: 저는 도서관 1층에 있어요.

8 日本語に翻訳してみよう

確認しましょう
① どこですか
② 1,2,3… 漢語の数詞
③ 階、号、番、月、日… 助数詞
　何＋助数詞

第7課では
① 動詞の辞書形
② 動詞の해요体
③ グループ1・2・3の動詞と해요体の作り方
④ に 助詞(とき)
　には 助詞の連続
⑤ を 助詞(対象)
⑥ で 助詞(動作の場所)
⑦ も 助詞(追加)
を学びます。お楽しみに！

9 韓国語で話してみよう

上の日本語の会話文を、韓国語で表現できれば目標達成です。
お疲れ様でした！

54　第6課　저는 도서관에 있어요

Practice 6

1. (1) ここはショッピングモールです。次の会話を韓国語で書いて、練習してみましょう。　06-09

フロアガイド　매장 안내		
映画館	영화관	6F
レストラン	레스토랑	5F
書店	서점	4F
コーヒーショップ	커피숍	3F
銀行	은행	2F
コンビニ	편의점	1F

	例	①	②	③
	隼人 B / ユジン A	B	A / B	A / B

（日）	（韓）
A：もしもし。隼人さん、今どこですか?	A：
B：私は 書店 にいます。	B：
例 A： 書店 は何階ですか?	A：
B： 4階 ですよ。	B：
ユジンさんは今どこですか?	
A：私は 1階 の コンビニ にいます。	A：

(2) ①〜③を使って、例のように会話を作って練習してみましょう。　解答集 p.5

2. 次の単語をハングルで書いて、発音してみましょう。　06-10

층	階	은행	銀行
쇼핑몰	ショッピングモール	커피숍	コーヒーショップ
매장	売り場	서점	書店
안내	案内	레스토랑	レストラン
편의점	コンビニ	영화관	映画館

第7課　普通休みの日は何しますか。 보통 쉬는 날에 뭐 해요?

隼人は料理を作るのが好きで、たまに韓国料理も作るようです！

ユジン(유진)
隼人(하야토)

1 あらすじをチェック

隼人　ユジンさんは普通休みの日は何しますか。
유진　週末には家で主に映画を見ますね。隼人さんは普通何するんですか。
隼人　私は料理をします。
유진　わあ! 料理が好きなんですか。
隼人　ええ、たまに韓国料理も作りますよ。
유진　韓国料理ですか。本当ですか。どんな料理を作るんですか。
隼人　チャプチェとキンパップをよく作ります。
유진　私もチャプチェとキンパップ好きですよ。

2 単語と表現をチェック　07-01

- ☐ 보통【普通】普通
- ☐ 쉬는 날 休みの日 ※直訳:休む日
- ☐ 에 に　助詞(とき)
- ☐ 뭐 何
- ☐ 해요? しますか? ※하다(する)の해요体
- ☐ 주말【週末】週末
- ☐ 에는 には ※에+는　助詞の連続
- ☐ 집 家
- ☐ 에서 で　助詞(動作の場所)
- ☐ 주로【主로】主に
- ☐ 영화【映畫】映画
- ☐ 를 を　助詞(対象)
- ☐ 봐요 見ます ※보다(見る)の해요体
- ☐ 요리【料理】料理
- ☐ 해요 します
- ☐ 와! わあ ※感嘆
- ☐ 좋아해요? 好きですか? ※를 좋아해요の形で使う, 発音[조아해요]
- ☐ 가끔 たまに
- ☐ 한국【韓國】韓国
- ☐ 도 も　助詞(追加)
- ☐ 만들어요 作ります ※만들다(作る)の해요体
- ☐ 名詞+요/이요? 〜ですか? ※丁寧な聞き返し
- ☐ 정말 本当
- ☐ 어떤 どんな
- ☐ 잡채【雜菜】チャプチェ
- ☐ 하고 と　助詞
- ☐ 김밥 キンパップ ※韓国の海苔巻き
- ☐ 을 を　助詞(対象)
- ☐ 자주 よく, 頻繁に

3 本文を聞いてみよう

隼人: 유진 씨는 보통 쉬는 날에 뭐 해요?

유진: 주말에는 집에서 주로 영화를 봐요. 하야토 씨는 보통 뭐 해요?

隼人: 저는 요리를 해요.

유진: 와! 요리를 좋아해요?

隼人: 네. 가끔 한국 요리도 만들어요.

유진: 한국 요리요? 정말이요? 어떤 요리를 만들어요?

隼人: 잡채하고 김밥을 자주 만들어요.

유진: 저도 잡채하고 김밥 좋아해요.

4 文法と表現をチェック

1. 韓国語の動詞 — 辞書形

살다	住む	알다	知る／分かる	놀다	遊ぶ
가다	行く	사다	買う	자다	寝る
만나다	会う	오다	来る	보다	見る
먹다	食べる	읽다	読む	쉬다	休む
만들다	作る	마시다	飲む	배우다	習う
하다	する	공부하다	勉強する	좋아하다	好む

韓国語の動詞が辞書の見出しとして掲載されている形を辞書形といいます。辞書形はすべて다で終わります。

● 다の前の部分を語幹といいます。

語幹	語尾	意味
살	다	住む
먹	다	食べる

● 「何しますか」「映画を見ます」のように丁寧に話す時には해요体を用いて話します。

● 해요体は語幹に아요/어요等の語尾をつけて作ります。

語幹	語尾	意味
살	아요	住みます
먹	어요	食べます

● 해요体はうちとけた丁寧な文体で、目上の人と話す時でも、リラックスして話す時には해요体で話します。

2. 動詞の해요体 — うちとけた丁寧な文体

本文

뭐 해요?	何しますか。
영화를 봐요.	映画を見ます。
요리를 해요.	料理をします。

해요体の作り方をわかりやすく説明するために、本書では動詞をその特徴によって5つに分類します。

グループ	動詞の特徴
1	語幹の最後の母音が陽母音(ㅏまたはㅗ)
2	語幹の最後の母音が陰母音(ㅏ/ㅗ以外)
3	하다動詞
4	語幹の最後が으で終わる
不規則	1〜4以外

陽母音 ㅏ、ㅗで表される母音
陰母音 ㅏ、ㅗ以外の母音

● グループ1の動詞は、語幹に아요をつけると해요体ができます。

● 가다等は가+아요とすると、[kaayo]のように同じ母音が連続するので、아が脱落、가요となります。

● 오다等は오+아요[oayo]となり、縮約(오+아⇒와)が起こって、와요となります。

해요体の練習用プリント
⇒P71へ

グループ2の動詞は、語幹に어요をつけると해요体ができます。

● 마시다は마시+어요となりますが、縮約(시+어⇒셔)が起こり、마셔요となります。

● 배우다は배우+어요となりますが、縮約(우+어⇒워)が起こり、배워요となります。

● 보내다は보내+어요となりますが、어脱落(내+어⇒내)が起こり、보내요となります。

● 지내다も同じです。

3. グループ1・2・3の動詞と해요体の作り方

07-06

グループ1 語幹の最後の母音が陽母音(ㅏまたはㅗ)の動詞

作り方

語幹 + 아요

	辞書形	語幹+아요		해요体	
住む	살다	살 +아요	→	살아요	住んでいます
知る	알다	알 +아요	→	알아요	知っています
遊ぶ	놀다	놀 +아요	→	놀아요	遊びます
行く	가다	가 +아요	아脱落	가요	行きます
買う	사다	사 +아요	아脱落	사요	買います
寝る	자다	자 +아요	아脱落	자요	寝ます
会う	만나다	만나+아요	아脱落	만나요	会います
来る	오다	오 +아요	縮約	와요	来ます
見る	보다	보 +아요	縮約	봐요	見ます

07-07

グループ2 語幹の最後の母音が陰母音(ㅏ、ㅗ以外)の動詞

作り方

語幹 + 어요

	辞書形	語幹+어요		해요体	
食べる	먹다	먹 + 어요	→	먹어요	食べます
読む	읽다	읽 + 어요	→	읽어요	読みます
休む	쉬다	쉬 + 어요	→	쉬어요	休みます
作る	만들다	만들+ 어요	→	만들어요	作ります
飲む	마시다	마시 + 어요	縮約	마셔요	飲みます
習う	배우다	배우 + 어요	縮約	배워요	習います
送る	보내다	보내 + 어요	어脱落	보내요	送ります
過ごす	지내다	지내 + 어요	어脱落	지내요	過ごします

グループ3　하다動詞　※하다で終わる動詞

作り方

하다を해요にする

	辞書形		해요体	
する	하다	→	해요	します
勉強する	공부하다	→	공부해요	勉強します
好む/好き	좋아하다	→	좋아해요	好きです

> グループ3の動詞(하다動詞)は、하다を해요にすると해요体ができます。
>
> ● 해요体という名称は、하다が해요となることに由来しています。
>
> ● 日本語の「買い物する」「食事する」のように「動作を表す名詞+する」の形の動詞は、韓国語でグループ3の動詞になるものが多いです。
>
> 例　쇼핑하다(買い物する)
> 　　식사하다(食事する)

4. 助詞 에　に　　時

本文

쉬는 날에 뭐 해요?
休みの日に何しますか。

作り方

時を表す名詞 + 에　に　[e]

作ってみよう4　　解答集 p.6

(1) 週末に何しますか。

(2) 午前に何しますか。

(3) 今晩何しますか。　※今晩:(오늘)저녁에

> 「休みの日に」「週末に」のように時を表す時には、에を使います。日本語では「休みの日は」「週末は」と訳したほうが自然な場合もあります。
>
> ● 時を表す言葉 例

아침	朝	아침에	朝に
낮	昼間	낮에	昼間に
저녁	晩	저녁에	晩に
밤	夜	밤에	夜に
오전	午前	오전에	午前に
오후	午後	오후에	午後に

> ● 韓国語でも「週末には」のように助詞を連続(に+は)して使うことができます
>
> 例　주말에는(週末には)

5. 助詞 를/을　を　　対象

本文

영화를 봐요.　　映画を見ます。
김밥을 만들어요.　のり巻きを作ります。

作り方

母音で終わる名詞 + 를　[rɯl]
子音で終わる名詞 + 을　[ɯl]

> 「映画を見ます」「のり巻きを作ります」のように動作の対象を表す時には를/을を使います。

単語

티비 テレビ(TV)
옷 服
책【冊】本
밥 ご飯

- 「友達に会います」は、韓国語では「友達を会います」のように表現します。
- 「料理が好きです」は、韓国語では「料理を好みます」のように表現します。

「家で映画を見ます」のように動作をする場所を表す時には、에서を使います。

- 会話では、여기(ここ), 거기(そこ), 저기(あそこ), 어디(どこ)の後ろには에서の縮約形の서を使うことが多いです。

여기서　ここで
거기서　そこで
저기서　あそこで
어디서　どこで

🔍 単語

어디　どこ
시부야　渋谷
백화점【百貨店】デパート
※発音[배콰점]
도서관【圖書館】図書館

「韓国料理も作ります」のように追加の情報を表す時には、도を使います。

🔍 単語

유진 씨　ユジンさん
준수 씨　チュンスさん
한국【韓國】韓国
드라마　ドラマ

作ってみよう 5　　　　解答集 p.6

母音で終わる名詞+를	子音で終わる名詞+을
① 친구　　만나요	④ 옷　　사요
② 티비　　봐요	⑤ 책　　읽어요
③ 요리　　좋아해요	⑥ 밥　　먹어요

6. 助詞 에서　で　　　動作の場所

本文　　　　　　　　　　　　07-12

집에서 영화를 봐요.
家で映画を見ます。

作り方

場所を表す名詞 + 에서　[esʌ]

作ってみよう 6　　　　解答集 p.6

(1) どこで遊びますか。/ 渋谷で遊びます。

(2) どこで買いますか。/ デパートで買います。

(3) どこで勉強しますか。/ 図書館で勉強します。

7. 助詞 도　も　　　追加

本文　　　　　　　　　　　　07-13

한국 요리도 만들어요.
韓国料理も作りますよ。

作り方

名詞 + 도　[do/ʔto]

作ってみよう 7　　　　解答集 p.6

(1) ユジンさんも行きますか。

(2) チュンスさんにも会いますか。(韓国語：チュンスさんも会いますか)

(3) 韓国ドラマも見ますか。

60　第7課 보통 쉬는 날에 뭐해요?

練習をはじめよう

5　単語を書いてみよう

보통	普通		
쉬는 날에	休みの日に		
뭐 해요?	何しますか		
주말에는	週末には		
집에서	家で		
주로	主に		
영화를	映画を		
봐요	見ます		
요리	料理		
어떤	どんな		
만들어요	作ります		
잡채	チャプチェ		
김밥	キンパップ		
자주	よく		

6　韓国語で書いてみよう

(1) 普通休みの日に何しますか。

_____

(2) 週末には家で主に映画を見ます。

_____

(3) 私は料理をします。

_____

(4) どんな料理を作るんですか。

_____

(5) チャプチェとキンパップをよく作ります。

_____

漢字語で語彙力アップ

- 보통【普通】普通
- 통행【通行】通行

- 주말【週末】週末
- 연말【年末】年末

- 영화【映畵】映画
- 화가【畵家】画家

- 요리【料理】料理
- 요금【料金】料金

- 한국【韓國】韓国
- 영국【英國】イギリス

- 잡채【雜菜】チャプチェ
- 야채【野菜】野菜

ティータイム

韓国の住宅事情①

隼人(A)と유진(B)の会話

A:ユジンさんは将来どんな住居に住みたいですか?
B:もちろん아파트(高層マンション)に住みたいですね。
A:どうしてですか?
B:だって、아파트の周辺にはスーパー、銀行、郵便局、飲食店、文房具屋さん、薬局、病院、クリーニング店、塾等があって便利だし、玄関の鍵一つで外出できるから安全だし、冬は全館オンドル(床暖房)完備で暖かいし、数年後には買った値段より高く売れるかもしれないし…。
A:아파트って便利で、安全で、快適で、投資価値まであるってことですか?
B:ええ、そうですよ。
A:でも高いんでしょう?
B:高いですよ。だから最初は전세(チョンセ→8課)で借りて、お金が貯まったら買うんですよ。
(つづく)

いよいよ本格的な発音練習です。最初はテキストを見ても構いません。慣れてきたらテキストを見ないで練習しましょう。

① まず、一文ずつ止めながら、音声に続いて発音してみましょう。

② 慣れてきたら、声優の声に少し遅れるようについて発音(シャドーイング)してみましょう。

声優と同じようなリズムと速さで話せるようになるまでシャドーイングを繰り返すことをお勧めします。

7 発音の練習をしよう　07-14

隼人: 유진 씨는 보통 쉬는 날에 뭐 해요?

유진: 주말에는 집에서 주로 영화를 봐요. 하야토 씨는 보통 뭐 해요?

隼人: 저는 요리를 해요.

유진: 와! 요리를 좋아해요?

隼人: 네. 가끔 한국 요리도 만들어요.

유진: 한국 요리요? 정말이요? 어떤 요리를 만들어요?

隼人: 잡채하고 김밥을 자주 만들어요.

유진: 저도 잡채하고 김밥 좋아해요.

8 日本語に翻訳してみよう

確認しましょう
① 動詞の辞書形
② 動詞の해요体
③ グループ1・2・3の動詞と해요体の作り方
④ 에 [助詞(とき)]　には [助詞の連続]
⑤ 를 [助詞(対象)]
⑥ 에서 [助詞(動作の場所)]
⑦ 도 [助詞(追加)]

第8課では
① グループ4・ㄷ不規則動詞と해요体の作り方
② 動詞の해요体の4つの機能
③ ～しません [否定形]
④ 에 [助詞(目的地)]
⑤ どうして、なぜ
を学びます。お楽しみに！

9 韓国語で話してみよう

上の日本語の会話文を、韓国語で表現できれば目標達成です。
お疲れ様でした！

Practice 7

1. (1) 次の会話を例のように韓国語で書いて、練習してみましょう。　解答集 p.6　07-15

Q	보통 쉬는 날에 뭐 해요?			普通休みの日に何しますか？
	例	①	②	③

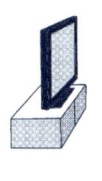

A	❶	家で 집에서	図書館で	スポーツセンターで	家で
	❷	料理をします 요리를 해요	本を読みます	運動をします	テレビを見ます

(2) 次の会話を韓国語で書いて、練習してみましょう。　解答集 p.6　07-16

（日）	（韓）
A：普通休みの日に何しますか？	A：
B：❶ 家で ❷ 料理をします 。	B：
A：よく ❷ 料理をするんですか ？	A：
B：ええ。週末にはいつも ❷ 料理をします 。	B：

例

(3) ①～③を使って、例のように会話を作って練習してみましょう。

2. 次の単語をハングルで書いて、発音してみましょう。　07-17

보통	普通	도서관	図書館
쉬는 날	休みの日	책	本
요리	料理	스포츠 센터	スポーツセンター
자주	よく	운동	運動
주말에는	週末には	게임	ゲーム
언제나	いつも	티비	テレビ

Practice 7　63

第8課　今週の土曜日に何しますか。　이번 주 토요일에 뭐 해요?

隼人がユジンに今度の日曜日に映画を見に行こうと誘っています。

ユジン(유진)
隼人(하야토)

1　あらすじをチェック

隼人　ユジンさん、今週の土曜日に何しますか。
유진　土曜日ですか。土曜日には理沙さんの家に行きます。隼人さんも来るんですか。
隼人　いいえ。私は行きませんけど。ところで、ユジンさん、日曜日は何するんですか。時間ありますか。
유진　ええ、日曜日には時間ありますけど。どうしてですか。
隼人　じゃ、私たち一緒に映画見ましょうよ。
유진　何の映画ですか。
隼人　「ラブストーリー」です。今東京シネマでやっているんですよ。
유진　あ！その映画私も知ってます。いいですよ。一緒に見ましょう。

2　単語と表現をチェック　08-01

☐ 이번【이번】今度　☐ 주【週】週 ※이번 주 今週　☐ 토요일【土曜日】土曜日　☐ 에 に [助詞(時)]　☐ 뭐 何(なに)　☐ 해요? しますか ※하다의 해요체　☐ 이요? ~ですか ※丁寧な聞き返し, 토요일이요? 土曜日ですか?　☐ 에는 には [助詞の連続]　☐ 집 家　☐ 에 に [助詞(目的地)]　☐ 가요 行きます ※가다의 해요체　☐ 도 も [助詞(追加)]　☐ 와요? 来ますか ※오다의 해요체　☐ 안 ~しない ※否定を表す, 안 가요 行きません　☐ 일요일【日曜日】日曜日　☐ 시간【時間】時間　☐ 있어요? ありますか　☐ 있어요 あります　☐ 왜요? どうしてですか　☐ 그럼 じゃ、では　☐ 우리 私たち　☐ 같이 一緒に ※発音[가치]　☐ 영화【映畵】映画　☐ 봐요 見ましょう ※誘い、보다의 해요체　☐ 무슨 何の　☐ 요? ~ですか ※丁寧な聞き返し, 무슨 영화요? 何の映画ですか?　☐ 러브스토리 ラブストーリー　☐ 요 ~です ※丁寧に表現する語尾　☐ 지금【只今】今　☐ 도쿄시네마 東京シネマ　☐ 에서 で [助詞]　☐ 해요 やっています ※해요체で現在進行中のことも表せる　☐ 그 その　☐ 도 も [助詞]　☐ 알아요 知っています ※알다의 해요체　☐ 좋아요 いいですよ ※同意、※発音[조아요]

3 本文を聞いてみよう

08-02 韓　08-03 日→韓

隼人: 유진 씨, 이번 주 토요일에 뭐 해요?

유진: 토요일이요? 토요일에는 리사 씨 집에 가요. 하야토 씨도 와요?

隼人: 아니요. 저는 안 가요. 그런데, 유진 씨! 일요일에는 뭐 해요? 시간 있어요?

유진: 네, 일요일에는 시간 있어요. 왜요?

隼人: 그럼, 우리 같이 영화 봐요.

유진: 무슨 영화요?

隼人: '러브스토리'요. 지금 도쿄시네마에서 해요.

유진: 아! 그 영화 저도 알아요. 좋아요. 같이 봐요.

---

4 文法と表現をチェック

1. グループ4・不規則動詞と해요体の作り方

08-04

| グループ4 | 語幹の最後が으で終わる動詞 |

作り方

으 脱落 + 어요

	辞書形	으脱落+어요	해요体	
書く 使う	쓰다	쓰 + 어요	써요	書きます 使います

本書で扱うグループ4の動詞は、쓰다(書く・使う)だけです。ここでは쓰다に限って説明します。

● 語幹から으を脱落させて어요をつけると해요体ができます。

해요体の練習用プリント
⇒P71へ

| 不規則動詞 | 語幹の最後がㄷで終わる一部の動詞：ㄷ不規則動詞 |

作り方

08-05

ㄷ→ㄹ に変えて　語幹 + 어요

	辞書形	ㄷ→ㄹ 語幹+어요	해요体	
聞く	듣다	듣+어요→들+어요	들어요	聞きます

本書で扱う不規則動詞は、듣다(聞く)だけです。ここでは듣다に限って説明します。

● 語幹の最後のㄷをㄹに変えて어요 をつけると해요体ができます。

第8課　今週の土曜日に何しますか　65

動詞の해요体には4つの機能があります。
① 質問する
「何しますか?」
② 答えたり、意見等を述べる
「映画を見ます。」
③ 相手を誘う
「映画見ましょうよ。」
④ 相手に行動を促す
「気を付けて帰ってください。」

2. 動詞の해요体の4つの機能

質問する　08-06

쉬는 날에 뭐 해요?
休みの日に何しますか。

答える、述べる

집에서 영화를 봐요.
家で映画を見ます。

誘う

우리 같이 영화 봐요.
私たち一緒に映画見ましょうよ。

相手に行動を促す

잘 가요.　　　※あいさつ
気を付けて帰ってください。

「私は行きません」のように否定形を表す時には안+動詞(해요体)とします。
● 안 해요はㅎがほとんど発音されず、[アネヨ]のように発音されます。
● 공부하다(勉強する)のように、名詞(勉強)+하다(する)の形の動詞は、하다の直前に안を置きます。

● 曜日の表し方　08-08

		発音
月曜日	월요일	[워료일]
火曜日	화요일	[화요일]
水曜日	수요일	[수요일]
木曜日	목요일	[모교일]
金曜日	금요일	[그묘일]
土曜日	토요일	[토요일]
日曜日	일요일	[이료일]

※漢字は日本語と同じです。

🔍 単語

개　犬
는/은　は [助詞]
오늘　今日
도　も [助詞]
아르바이트　アルバイト

3. 안+動詞(해요体)　～しません　　動詞の否定形

本文　08-07

저는 안 가요.
私は行きません。

作り方

안 + 動詞 (해요体)

해요体	否定形	発音の目安
가요	안 가요	アンガヨ
먹어요	안 먹어요	アンモゴヨ
해요	안 해요	アネヨ
좋아해요	안 좋아해요	アンジョアヘヨ
공부해요	공부 안 해요	コンブ　アネヨ

作ってみよう3　　解答集 p.7

(1) 隼人さんも行きますか。/いいえ、私は行きません。

_____

(2) 犬好きですか。/いいえ、犬は好きではありません。

_____

(3) 今日もアルバイトしますか。/いいえ、今日はしません。

_____

4. 助詞　에　に　　　　　　　　　　目的地

本文　08-09

토요일에는 리사 씨 집에 가요.
土曜日には理沙さんの家に行きます。

作り方

場所を表す名詞 + 에　[e]

作ってみよう4　　解答集 p.7

(1) 明日学校に行きますか。/いいえ、明日は行きません。

(2) 土曜日に会社に行きますか。/いいえ、土曜日には行きません。

(3) 私は来週にソウルに行きます。

「理沙さんの家に行きます」のように目的地を表す時には에を使います。

単語
내일【來日】明日
학교【學校】学校
는/은　は [助詞]
회사【會社】会社
다음　次の
주【週】週
다음 주　来週
서울　ソウル

5. 疑問詞　왜　どうして、なぜ

本文　08-10

왜요?
どうしてですか。(どうしてそんなことを聞くんですか)

使える表現

왜 안 가요?　　どうして行かないんですか。
왜 안 마셔요?　どうして飲まないんですか。

作ってみよう5　　解答集 p.7

(1) どうして行かないんですか?/時間がありません。

(2) どうして飲まないんですか?/お酒は好きじゃありません。

(3) どうして食べないんですか?/キムチは好きじゃありません。

「どうしてですか?」のように相手の質問の意図を知りたい時には、왜요?を使います。

丁寧形	왜요? どうしてですか?
非丁寧形	왜? どうして?

※親しい友達や目下の人には非丁寧形を使います。

● 相手が取った行動の理由を知りたい時には、「왜(どうして)～するんですか」のように聞きます。

単語
시간【時間】時間
가/이　が
술　お酒
는/은　は
좋아해요　好きです
김치　キムチ

第8課　今週の土曜日に何しますか　67

漢字語で語彙力アップ

- 시간【時間】時間
- 간식【間食】間食
- 영화【映畵】映画
- 영상【映像】映像

ティータイム

韓国の住宅事情②

隼人(A)と유진(B)の会話
A：ユジンさん、전세(チョンセ)って何ですか？
B：전세は賃貸住宅を借りる時に大家さんに預ける保証金のようなものです。전세を払えば月々の家賃は払う必要がないので楽ですよ。
A：え？！月々の家賃を払わなくていいんですか？じゃ、전세が家賃ってことですか？
B：いいえ、전세は引っ越しで退去する時に全額返してくれます。
A：え？じゃ大家さんはどうやって利益を得るんですか？
B：預かった전세を預貯金や株式に投資して利益を上げるんです。
A：전세っていくらなんですか。
B：例えば、買うと2000万円するマンションがあったとすると、その約70％、約1,400万円が전세です。
A：え？！1,400万円ですか？そんな大金をみんな持ってるんですか？
B：新婚夫婦はお金がないので、親に出してもらったり、銀行から借りたり、結構大変そうですよ。
A：お金がない人は大変そうですね！

練習をはじめよう

5 単語を書いてみよう

이번 주	今週		
토요일에	土曜日に		
뭐	何		
해요?	しますか		
에는	には		
리사 씨	理沙さん		
집에	家に		
가요	行きます		
하야토 씨	隼人さん		
도	も		
와요?	来ますか		
우리	私達		
같이	一緒に		
영화	映画		
봐요	見ましょう		

6 韓国語で書いてみよう

(1) 今週の土曜日に何しますか。

_____

(2) 土曜日には理沙さんの家に行きます。

_____

(3) 隼人さんも来ますか。

_____

(4) いいえ。私は行きません。

_____

(5) 私たち一緒に映画見ましょうよ。

_____

7 発音の練習をしよう

08-11

隼人: 유진 씨, 이번 주 토요일에 뭐 해요?
유진: 토요일이요? 토요일에는 리사 씨 집에 가요.
隼人: 하야토 씨도 와요?
유진: 아니요. 저는 안 가요. 그런데, 유진 씨!
일요일에는 뭐 해요? 시간 있어요?
유진: 네, 일요일에는 시간 있어요. 왜요?
隼人: 그럼, 우리 같이 영화 봐요.
유진: 무슨 영화요?
隼人: '러브스토리'요. 지금 도쿄시네마에서 해요.
유진: 아! 그 영화 저도 알아요. 좋아요. 같이 봐요.

いよいよ本格的な発音練習です。最初はテキストを見ても構いません。慣れてきたらテキストを見ないで練習しましょう。

①まず、一文ずつ止めながら、音声に続いて発音してみましょう。

②慣れてきたら、声優の声に少し遅れるようについて発音(シャドーイング)してみましょう。

声優と同じようなリズムと速さで話せるようになるまでシャドーイングを繰り返すことをお勧めします。

8 日本語に翻訳してみよう

確認しましょう
① グループ4・ㄷ不規則動詞と해요体の作り方
② 動詞の해요体の4つの機能
③ 〜しません 否定形
④ に 助詞(目的地)
⑤ どうして、なぜ

第9課では
① 一つ、二つ、三つ…
   固有語の数詞
② 1時,2時,3時… 時間
③ 時,個,名,分,歳… 助数詞
   何+助数詞
④ ○時○分 時刻
⑤ 前で、前に… 位置
を学びます。お楽しみに！

9 韓国語で話してみよう

上の日本語の会話文を、韓国語で表現できれば目標達成です。
お疲れ様でした！

Practice 8

1. (1) 次の日本語を例のように韓国語で書いて、読んでみましょう。　08-12

	例	①	②
❶	明日の晩 내일 저녁	今週の日曜日	今週の土曜日
❷	カラオケ 노래방	韓国料理	登山
❸	カラオケに行きましょう 노래방에 가요	韓国料理の店で 昼食べましょう	高尾山(다카오산)に 行きましょう

(2) 次の会話を韓国語で書いて、練習してみましょう。　08-13

（日）	（韓）
A：❶ 明日の晩 に時間ありますか?	A：
B：ええ、ありますよ。どうしてですか?	B：
A：Bさんは ❷ カラオケ 好きですか?	A：
B：ええ、❷ カラオケ 好きですよ。	B：
A：じゃ、一緒に ❸ カラオケに行きましょうよ 。	A：
B：いいですよ。一緒に行きましょう。	B：

例

(3) ①と②を使って、例のように会話を作って練習してみましょう。

2. 次の単語をハングルで書いて、発音してみましょう。　08-14

내일	明日	아침(밥)	朝ご飯
이번 주	今週	점심(밥)	昼ご飯
아침	朝	저녁(밥)	晩ご飯
점심때	昼時	한국 음식	韓国料理
저녁	晩	한식집	韓国料理の店
노래방	カラオケ	등산	登山

動詞の해요体を作ってみよう

P58-59,65の練習用プリント　解答集P8

グループ1　語幹の最後の母音が陽母音(ㅏまたはㅗ)の動詞

		辞書形	語幹+아요		해요体	練習
1	住む	살다	살 + 아요	→	살아요	
2	知る	알다		→		
3	遊ぶ	놀다		→		
4	行く	가다	가 + 아요	아脱落	가요	
5	買う	사다		아脱落		
6	寝る	자다		아脱落		
7	会う	만나다		아脱落		
8	来る	오다	오 + 아요	縮約	와요	
9	見る	보다		縮約		

グループ2　語幹の最後の母音が陰母音(ㅏ、ㅗ以外)の動詞

		辞書形	語幹+어요		해요体	練習
1	食べる	먹다	먹 + 어요	→	먹어요	
2	読む	읽다		→		
3	休む	쉬다		→		
4	作る	만들다		→		
5	飲む	마시다	마시+어요	縮約	마셔요	
6	習う	배우다		縮約		
7	送る	보내다	보내+어요	어脱落	보내요	
8	過ごす	지내다		어脱落		

グループ3　하다動詞　※하다で終わる動詞

		辞書形	하다를해요にする	해요体	練習
1	する	하다	⟶	해요	
2	勉強する	공부하다	⟶		
3	好む	좋아하다	⟶		

グループ4　語幹の最後がㅡで終わる動詞

		辞書形	ㅡ脱落+어요	해요体	練習
1	書く/使う	쓰다	ㅆ + 어요		

不規則動詞　語幹の最後がㄷで終わる一部の動詞：ㄷ不規則動詞

		辞書形	ㄷ→ㄹ、語幹+어요	해요体	練習
1	聞く	듣다	듣+어요→들+어요		

第9課　映画は何時に始まりますか。　영화는 몇 시에 시작해요?

ユジンと隼人が映画に行く日の待ち合わせ時間と場所を決めています。

ユジン(유진)
隼人(하야토)

1 あらすじをチェック

유진　映画は何時に始まりますか。
隼人　2時15分です。
유진　じゃ、会う時間は何時がいいですか。
隼人　12時でどうですか。映画館の近くで一緒にお昼食べましょうよ。
유진　ええ。そうしましょう。
隼人　じゃ、日曜日の12時に映画館の前で会いましょうね。
유진　ええ、じゃその時また。

2 単語と表現をチェック

09-01

☐ 영화【映畵】映画　　☐ 몇 何(なん)　　☐ 시【時】時(じ) ※몇 시 何時

☐ 에 に [助詞]　　☐ 시작해요?【始作해요】始まりますか? ※시작하다の해요体、発音[시자캐요]

☐ 2시[두시] 2時　　☐ 분【分】分(ふん)　　☐ 15분[십오분] 15分　　☐ 그럼 では、じゃ

☐ 약속【約束】会う約束　　☐ 시간【時間】時間　　☐ 몇 시가 何時が

☐ 좋아요? いいですか　　☐ 12시[열두시] 12時　　☐ 어때요? どうですか?

☐ 영화관【映畵館】映画館　　☐ 근처【近處】近く　　☐ 에서 で [助詞]

☐ 점심【點心】昼ご飯　　☐ 먹어요 食べましょう ※誘い、먹다の해요体

☐ 그래요 そうしましょう ※誘い、그러다(そうする)の해요体　　☐ 일요일【日曜日】日曜日 ※発音[이료일] [連音化]

☐ 앞 前(まえ) ※앞에서 前で　　☐ 만나요 会いましょう ※誘い、만나다の해요体

☐ 그때 その時　　☐ 봐요 会いましょう ※誘い、보다(会う、見る)の해요体

3 本文を聞いてみよう

유진: 영화는 몇 시에 시작해요?

隼人: 2시 15분이에요.

유진: 그럼 약속 시간은 몇 시가 좋아요?

隼人: 12시 어때요? 영화관 근처에서 같이 점심 먹어요.

유진: 네. 그래요.

隼人: 그럼 일요일 12시에 영화관 앞에서 만나요.

유진: 네, 그때 봐요.

4 文法と表現をチェック

1. 固有語の数詞　ひとつ、ふたつ、みっつ…

ひとつ	ふたつ	みっつ	よっつ	いつつ
하나	둘	셋	넷	다섯
むっつ	ななつ	やっつ	ここのつ	とお
여섯	일곱	여덟	아홉	열

11	12	13	14	15
열하나	열둘	열셋	열넷	열다섯
16	17	18	19	20
열여섯	열일곱	열여덟	열아홉	스물

10	20	30	40	50
열	스물	서른	마흔	쉰
60	70	80	90	
예순	일흔	여든	아흔	

※発音に注意!　14 열넷 [열렏]　　16 열여섯 [열려섣]
　　　　　　　17 열일곱 [열릴곱]または [여릴곱]
　　　　　　　18 열여덟 [열려덜]
⇒詳しくはP206を参照

韓国語には日本語と同じように数詞（数量や順序を表す語）が2種類あります。
①漢語の数詞
　일, 이, 삼(いち、にい、さん)
②固有語の数詞
　하나, 둘, 셋(一つ、二つ、三つ)
● 固有語の数詞はひとつ〜とおが基本になっています。
● 韓国語は1〜99まで固有語で表現できます。

11	열하나
22	스물둘
33	서른셋
44	마흔넷
55	쉰다섯
66	예순여섯
77	일흔일곱
88	여든여덟
99	아흔아홉

「6時」「12時」のように、時間を表す時には、固有語の数詞+시(時)を使います。

● 하나(ひとつ)〜넷(よっつ)は、「時」のような助数詞の前では形が変わります。

	数詞	数詞+시(時)
1	하나	1時 한 시
2	둘	2時 두 시
3	셋	3時 세 시
4	넷	4時 네 시
5	:	:
6	열하나	11時 열한 시
7	열둘	12時 열두 시

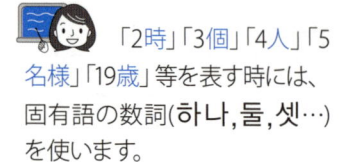

「2時」「3個」「4人」「5名様」「19歳」等を表す時には、固有語の数詞(하나, 둘, 셋…)を使います。

● 스물(20)は「歳」のような助数詞の前では形が変わります。

数詞	数詞+살(歳)
스물	20 스무 살
스물하나	21 스물한 살
스물둘	22 스물두 살
스물셋	23 스물세 살

● 固有語の数詞に付くその他の助数詞の例

장【張】	枚
잔【盞】	杯
병【瓶】	本
권【卷】	冊
번【番】	回
마리	匹
번째【番째】	回目/番目

※「1回目/1番目」のみ한번째ではなく、첫번째(첫は「初の、初めの」の意)となります。

2. 時間を表す

09-06

1時	2時	3時	4時	5時
한 시	두 시	세 시	네 시	다섯 시
6時	7時	8時	9時	10時
여섯 시	일곱 시	여덟 시	아홉 시	열 시
11時	12時			
열한 시	열두 시			

3. 固有語の数詞に付く助数詞 & 疑問詞　몇　何(なん)

09-07

助数詞		1	2	疑問詞+助数詞		発音
시【時】	時	한 시	두 시	何時	몇 시	[며씨]
개【箇】	個	한 개	두 개	何個	몇 개	[면깨]
명【名】	人	한 명	두 명	何人	몇 명	[면명]
분	名様	한 분	두 분	何名様	몇 분	[면뿐]
살	歳	한 살	두 살	何歳	몇 살	[며쌀]

作ってみよう3

解答集 p.8

(1) 今何時ですか。／10時です。

___

(2) 何個ありますか。／5個あります。

___

(3) 何歳ですか。／19歳です。

___

第9課　영화는 몇 시에 시작해요?

4. 時刻を表す　〇時〇分

本文　09-08

영화는 몇 시에 시작해요?
映画は何時に始まりますか。

2시 15분이에요.
2時15分です。

作り方

固有語の数詞 ＋ 시　（時）
漢語の数詞 ＋ 분　（分）

作ってみよう4　解答集 p.8

1:20	한 시 이십 분	7時半	
2:30		8:40	
3:40		9:50	
4:50		10:00	
5:00		11:10	
6:10		12:20	

※上記の「作ってみよう」はハングルで書く練習です。普通、時間を表記する時は、2시 15분のように、数字で書きます。

5. 位置を表す語　前、上、中…

本文　09-09

12시에 영화관 앞에서 만나요.
12時に映画館の前で会いましょう。

作り方

位置を表す語 ＋ 에서　で / 에　に

作ってみよう5　解答集 p.8

(1) 今どこにいますか。／映画館の前にいます。

(2) 今どこにいますか。／映画館の中にいます。

(3) 4時に映画館の前で会いましょう。

「〇時」は固有語の数詞(하나,둘,셋…)を、「〇分」は漢語の数詞(일,이,삼…)を使います。

● 漢語の数詞＋分　09-10

	数詞	数詞＋분(分)	
1	일	1分	일 분
2	이	2分	이 분
3	삼	3分	삼 분
4	사	4分	사 분
5	오	5分	오 분
6	육	6分	육 분
7	칠	7分	칠 분
8	팔	8分	팔 분
9	구	9分	구 분
10	십	10分	십 분
20	이십	20分	이십 분
30	삼십	30分	삼십 분
40	사십	40分	사십 분
50	오십	50分	오십 분

● 「9時半」の「半」は반【半】を使います。

● 営業時間等、時刻を正確に伝える必要がある時には、오전【午前】午前、오후【午後】午後を使います。

「〜の前」「〜の中」のように位置を表す時には、「の」は不要です。

位置を表す語　09-11

前	앞	前に	앞에
後ろ	뒤	後ろに	뒤에
横	옆	横に	옆에
中	안	中に	안에
外	밖	外に	밖에
内部	속	内部に	속에
上	위	上に	위에
下	밑	下に	밑에
下方	아래	下方に	아래에
右側	오른쪽	右側に	오른쪽에
左側	왼쪽	左側に	왼쪽에

漢字語で語彙力アップ

- □ 시작【始作】始まり
- □ 개시【開始】開始

- □ 근처【近處】近く
- □ 근대【近代】近代

- □ 점심【點心】昼食
- □ 중심【中心】中心

ティータイム

冷蔵庫は2台が常識!

隼人(A)とユジン(B)の会話

A：ユジンさん、韓国って各家庭に冷蔵庫が2台ずつあるって本当ですか?
B：ええ、1台は普通の冷蔵庫、もう1台は김치냉장고(キムチ冷蔵庫)。
A：キムチは普通の冷蔵庫じゃだめなんですか?
B：キムチの味は温度と保存方法で決まると言われています。昔は、一定の温度(0℃～5℃)を保つため、キムチを入れた甕(かめ)を庭の土の中に埋めていたんですが、今はマンション暮らしの人が多いので、キムチ冷蔵庫が重宝されているというわけです。
キムチ冷蔵庫だと温度管理も楽だし、普通の冷蔵庫みたいにドアの開閉によって温度が変化して、必要以上にキムチの発酵が進むってこともないんですよ。
A：へえ、キムチ冷蔵庫って優れものなんですね!
B：そう!今では何よりも重要な嫁入り道具の一つっていう感じですね。

練習をはじめよう

5 単語を書いてみよう

영화	映画		
몇 시에	何時に		
시작해요?	始まりますか		
시	時		
분	分		
약속 시간	会う時間		
좋아요?	いいですか		
어때요?	どうですか		
일요일	日曜日		
영화관	映画館		
앞에서	前で		
만나요	会いましょう		

6 韓国語で書いてみよう

(1) 映画は何時に始まりますか。

―――――――――――――――

(2) 2時15分です。

―――――――――――――――

(3) 会う時間は何時がいいですか。

―――――――――――――――

(4) 12時でどうですか。

―――――――――――――――

(5) 日曜日の12時に映画館の前で会いましょうね。

―――――――――――――――

7 発音の練習をしよう　09-12

유진: 영화는 몇 시에 시작해요?
준인: 2시 15분이에요.
유진: 그럼 약속 시간은 몇 시가 좋아요?
준인: 12시 어때요? 영화관 근처에서 같이 점심 먹어요.
유진: 네. 그래요.
준인: 그럼 일요일 12시에 영화관 앞에서 만나요.
유진: 네, 그때 봐요.

いよいよ本格的な発音練習です。最初はテキストを見ても構いません。慣れてきたらテキストを見ないで練習しましょう。

① まず、一文ずつ止めながら、音声に続いて発音してみましょう。

② 慣れてきたら、声優の声に少し遅れるようについて発音(シャドーイング)してみましょう。

声優と同じようなリズムと速さで話せるようになるまでシャドーイングを繰り返すことをお勧めします。

8 日本語に翻訳してみよう

유진: ＿＿＿＿＿＿
준인: ＿＿＿＿＿＿
유진: ＿＿＿＿＿＿
준인: ＿＿＿＿＿＿
유진: ＿＿＿＿＿＿
준인: ＿＿＿＿＿＿
유진: ＿＿＿＿＿＿

確認しましょう
① 一つ、二つ、三つ… 固有語の数詞
② 1時,2時,3時… 時間
③ 時,個,名,分,歳… 助数詞
何＋助数詞
④ ○時○分 時刻
⑤ 前で,前に… 位置

第10課では
① 〜しました 過去形
② 一人で,二人で,三人で…
③ だけ 助詞(限定)
④ 子音で終わる人名＋이
⑤ (誰々)に 助詞(着点)
を学びます。お楽しみに！

9 韓国語で話してみよう

上の日本語の会話文を、韓国語で表現できれば目標達成です。
お疲れ様でした！

第9課 映画は何時に始まりますか

Practice 9

1. 次の絵を見て例のように韓国語で書いて、練習してみましょう。 09-13

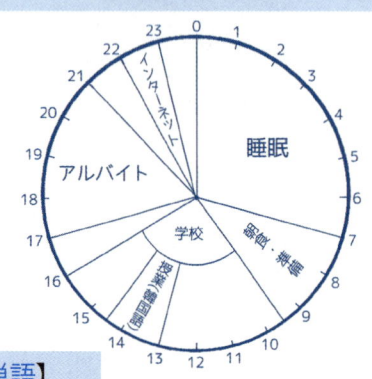

隼人さんの一日

(円グラフ: 睡眠、インターネット、アルバイト、学校、昼食・夕食、韓国語授業)

【単語】

일어나다	起きる
시작하다	始まる
끝나다	終わる
한국어	韓国語
수업	授業
아르바이트	アルバイト
인터넷	インターネット

Q：隼人さんは普通何時に起きますか?
例 Q：하야토 씨는 보통 몇 시에 일어나요?
　　A：7시에 일어나요.

Q：韓国語の授業は何時に始まりますか?
Q：
A：

Q：アルバイトは何時に終わりますか?
Q：
A：

Q：隼人さんは夜10時に何しますか?
Q：
A：

Q：隼人さんは何時に寝ますか?
Q：
A：

2. あなたの一日について韓国語で書いて、会話をしてみましょう。 09-14

あなたの一日は?

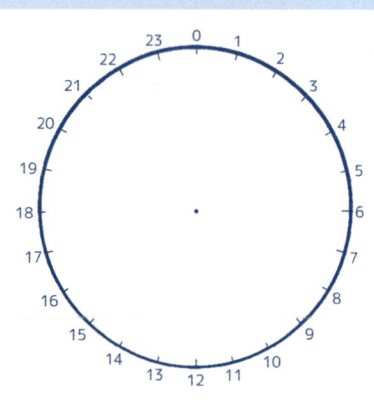

【単語】

학교	学校	티비	テレビ
일	仕事		
밤	夜		

Q：몇 시에 일어나요?
A：

Q：학교는(일은) 몇 시에 시작해요?
A：

Q：학교는(일은) 몇 시에 끝나요?
A：

Q：저녁은 몇 시에 먹어요?
A：

Q：밤에 보통 뭐 해요?
A：

Q：몇 시에 자요?
A：

MEMO

第10課　週末に何しましたか。　주말에 뭐 했어요?

チュンスが隼人とユジンのことについてあれこれ聞いています。

隼人(하야토)
チュンス(준수)

1 あらすじをチェック

- 준수　隼人さん、週末に何しましたか。
- 隼人　日曜日にユジンさんと映画見ました。
- 준수　何の映画見たんですか。
- 隼人　ラブストーリーです。
- 준수　2人だけで見たんですか。
- 隼人　(笑)ええ、ユジンさんとデートしたんですよ。
- 준수　わあ！隼人さん、ユジンに興味あるんですか。
- 隼人　ええ、まあ…。

2 単語と表現をチェック　10-01

- ☐ 주말【週末】週末　　☐ 에　에 [助詞]　　☐ 뭐 何　　☐ 했어요? しましたか? ※하다の過去形
- ☐ 일요일【日曜日】日曜日　　☐ 하고 と [助詞]　　☐ 영화【映畫】映画
- ☐ 봤어요 見ました ※보다の過去形　　☐ 무슨 何の　　☐ 봤어요? 見たんですか
- ☐ 러브스토리 ラブストーリー ※映画の題名　　☐ 요 丁寧に表現する語尾
- ☐ 둘이서 二人で　　☐ 만 だけ [助詞(限定)] ※둘이서만 2人だけで　　☐ 데이트 デート
- ☐ 했어요 しました ※하다の過去形　　☐ 유진이 ユジン ※子音で終わる人名+이、語調を整える
- ☐ 한테 (人) に [助詞(着点)]　　☐ 관심【關心】興味、関心　　☐ 있어요? あるんですか?
- ☐ 뭐, 그냥 ええ、まあ… ※言葉をにごす

3 本文を聞いてみよう

10-02 韓　10-03 日→韓

준수: 하야토 씨, 주말에 뭐 했어요?
隼人: 일요일에 유진 씨하고 영화 봤어요.
준수: 무슨 영화 봤어요?
隼人: '러브스토리'요.
준수: 둘이서만 봤어요?
隼人: 하하하! 네. 유진 씨하고 데이트했어요.
준수: 와! 하야토 씨, 유진이한테 관심 있어요?
隼人: 뭐, 그냥..

4 文法と表現をチェック

1. 動詞の過去形　〜しました

本文　10-04

주말에 뭐 했어요?　週末に何しましたか。
유진 씨하고 영화 봤어요.　ユジンさんと映画見ました。

作り方

動詞(해形) + ㅆ어요

> 「何しましたか」「映画見ました」のように、過去の行動を表す時には、動詞の해形+ㅆ어요を使います。
>
> ※해形とは해요体から요を取った形のことです。
>
> | 해形+ㅆ어요 | 過去形 |
> |---|---|
> | 먹어+ㅆ어요 | 먹었어요 |
>
> ● 昼時の挨拶として次のような表現がよく使われます。
>
> 밥 먹었어요?
> (ご飯食べましたか)
> 식사했어요?
> (食事しましたか)
>
> ● その他の例
>
> | | 辞書形 | 過去形 |
> |---|---|---|
> | 買う | 사다 | 샀어요 |
> | 来る | 오다 | 왔어요 |
> | 読む | 읽다 | 읽었어요 |
>
> 過去形の練習用プリント
> ⇒P87へ

作ってみよう 1　解答集 p.9

	辞書形	해요体	해形	過去形 해形+ㅆ어요
行く	가다	가요	가	갔어요
会う	만나다			
見る	보다			
尋ねる	물어보다			
食べる	먹다	먹어요	먹어	먹었어요
習う	배우다			
する	하다			
電話する	전화하다			

第10課 週末に何しましたか　81

「一人で食べた」「二人で見た」のように、何人で行うかを表す時には、人数を表す語＋서とします。

● 5人以上も同様に表現できますが、よく使われるのは「一人で、二人で、三人で、四人で」です。

🔍 単語
다 全部
영화【映畫】映画
밥 ご飯

2. 助詞 서 で　　　動作を行う人数

本文　10-05
둘이서 봤어요?
　二人で見たんですか。

作り方
人数を表す語 ＋ 서 で

📘 作ってみよう2　　解答集 p.9

個数	人数	人数+서
하나　ひとつ	혼자　一人	혼자서　一人で
둘　ふたつ	둘이　二人	
셋　みっつ	셋이　三人	
넷　よっつ	넷이　四人	

(1) 一人で全部食べるんですか。
_____

(2) 二人で映画見ました。
_____

(3) 三人でご飯食べました。
_____

「二人だけで」「ひとつだけ」のように、限定の意味を表す時には、만を使います。

🔍 単語
주세요　ください
조금　少し

3. 助詞 만 だけ　　　限定

本文　10-06
둘이서만 봤어요?
　二人だけで見たんですか。

作り方
名詞 ＋ 만 だけ　　　一部の助詞 ＋ 만 だけ

📘 作ってみよう3　　解答集 p.9

(1) 隼人さんだけ来たんですか。
_____

(2) ひとつだけください。
_____

(3) 少しだけください。
_____

4. 子音で終わる人名+이 　　語調を整える

本文　10-07

유진이한테 관심이 있어요?
ユジンに興味があるんですか。

作り方

子音で終わる人名 + 이

例 유진+이＝유진이

作ってみよう 4　　解答集 p.9

(1) ウンジョンは来ましたか。

(2) チフンに会いました。

(3) スヨンとご飯食べました。

会話の中に、유진、은정、지훈、수연のような子音で終わる人名を登場させる時には、語調を整えて言いやすくするために、人名+이と表現します。

🔍 **単語**

은정　ウンジョン(女)
지훈　チフン(男)
수연　スヨン(女)
만나다　会う
※日本語では「友達に会います」と表現しますが、韓国語では친구를 만나요.(直訳：友達を会います)と表現します。

5. 助詞 한테 に　　動作の向かう先

本文　10-08

유진이한테 관심이 있어요?
ユジンに興味があるんですか。

作り方

人(または動物) + 한테 に

作ってみよう 5　　解答集 p.9

(1) チュンスさんにメッセージ送りましたか。

(2) 彼女にプレゼントしました。

(3) 理沙さんに興味があります。

「誰々に～する」のように、動作の向かう先を表す時には、한테を使います。

● 한테(に)と同じ働きをする助詞に에게(に)があります。

| 한테 | に | 会話で使う |
| 에게 | に | 会話・文章で使う |

🔍 **単語**

문자【文字】メッセージ
　※発音[문짜]
　※PCメールは메일
여자 친구【女子親舊】彼女
선물하다【膳物하다】
　　　　プレゼントする

第10課 週末に何しましたか　83

漢字語で語彙力アップ

- □ 주말【週末】週末
- □ 매주【每週】毎週

- □ 관심【關心】興味、関心
- □ 관계【關係】関係

練習をはじめよう

5 単語を書いてみよう

주말에	週末に		
뭐	何		
했어요?	しましたか		
일요일	日曜日		
하고	と		
영화	映画		
봤어요	見ました		
둘이서만	二人だけで		
데이트	デート		
했어요	しました		
유진이	ユジン		
한테	(誰々)に		
관심	興味、関心		
있어요?	ありますか		

6 韓国語で書いてみよう

(1) 週末に何しましたか。

_____

(2) 日曜日にユジンさんと映画見ました。

_____

(3) 二人だけで見たんですか。

_____

(4) ええ、ユジンさんとデートしました。

_____

(5) ユジンに興味あるんですか。

_____

ティータイム

韓国の祝日

旧暦による祝日

1月1日の前後3日間：旧正月
4月8日：釈迦誕生日
8月14日～16日：秋夕
　　　　　　　※中秋節

新暦による祝日

1月1日：新正月
3月1日：三一節
　　　　※独立運動記念日
5月5日：こどもの日
6月6日：顕忠日
　　　　※忠霊記念日
8月15日：光復節
　　　　　※独立記念日
10月3日：開天節
　　　　　※建国記念日
10月9日：ハングルの日
12月25日：クリスマス

84　第10課　주말에 뭐 했어요?

7 発音の練習をしよう 10-09

> 준수: 하야토 씨, 주말에 뭐 했어요?
> 隼人: 일요일에 유진 씨하고 영화 봤어요.
> 준수: 무슨 영화 봤어요?
> 隼人: '러브스토리'요.
> 준수: 둘이서만 봤어요?
> 隼人: 하하하! 네. 유진 씨하고 데이트했어요.
> 준수: 와! 하야토 씨, 유진이한테 관심 있어요?
> 隼人: 뭐, 그냥…

いよいよ本格的な発音練習です。最初はテキストを見ても構いません。慣れてきたらテキストを見ないで練習しましょう。

①まず、一文ずつ止めながら、音声に続いて発音してみましょう。

②慣れてきたら、声優の声に少し遅れるようについて発音(シャドーイング)してみましょう。

声優と同じようなリズムと速さで話せるようになるまでシャドーイングを繰り返すことをお勧めします。

8 日本語に翻訳してみよう

(준수)
(隼人)
(준수)
(隼人)
(준수)
(隼人)
(준수)
(隼人)

確認しましょう
① 〜しました 過去形
② 一人で、二人で、三人で…
③ だけ 助詞(限定)
④ 子音で終わる人名+이
⑤ (誰々)に 助詞(着点)

9 韓国語で話してみよう

上の日本語の会話文を、韓国語で表現できれば目標達成です。お疲れ様でした!

第11課では
① 〜していません
  〜しませんでした
  過去形(否定)
② 電話番号
を学びます。お楽しみに!

Practice 10

1. 次の会話を例のように韓国語で書いて、練習してみましょう。　10-10

Q	주말에 뭐 했어요?		週末に何しましたか?	
	例	①	②	③
	図書館で	デパートで	家で	新宿(신주쿠)で
A	도서관에서 試験勉強をしました 시험공부를 했어요	服を買いました	本を読みました	友達に会いました

2. 隼人の日曜日について韓国語で書いて、声に出して読んでみましょう。　10-11

① 日曜日にユジンさんとデートをしました。
　_____

② 12時に映画館の前で会いました。
　_____

③ 映画館の近くで昼ご飯を食べました。
　_____

④ 私はピザ、ユジンさんはパスタを食べました。
　_____

⑤ その後、映画を見ました。
　_____

⑥ 映画は4時に終わりました。
　_____

⑦ それから、カフェでコーヒーを飲みました。
　_____

⑧ 7時30分に家に帰りました。
　_____

3. 次の単語をハングルで書いて、発音してみましょう。　10-12

도서관	図書館		피자	ピザ
시험공부	試験勉強		파스타	パスタ
백화점	デパート		그 후	その後
옷	服		그리고	それから
책	本		카페	カフェ
영화관	映画館		커피	コーヒー
근처	近く		돌아가다	帰る

動詞の過去形(〜しました)を作ってみよう

P81の練習用プリント　解答集 P9〜10

作り方

動詞(해形) + 써어요

		辞書形	해요体	해形	過去形 해形+ㅆ어요
1	住む	살다	살아요	살아	살았어요
2	知る/分かる	알다			
3	遊ぶ	놀다			
4	行く	가다			
5	買う	사다			
6	寝る	자다			
7	会う	만나다			
8	来る	오다			
9	見る	보다			
10	尋ねる	물어보다			
11	食べる	먹다	먹어요	먹어	먹었어요
12	読む	읽다			
13	休む	쉬다			
14	作る	만들다			
15	飲む	마시다			
16	習う	배우다			
17	送る	보내다			
18	過ごす	지내다			
19	する	하다	해요	해	했어요
20	勉強する	공부하다			
21	電話する	전화하다			
22	好む/好き	좋아하다			
23	書く/使う	쓰다			
24	聞く	듣다			

第11課　電話番号は何番ですか。　전화 번호가 몇 번이에요?

チュンスが隼人に理沙の電話番号を聞いています。

隼人(하야토)
チュンス(준수)

1 あらすじをチェック

隼人　チュンスさん、昼ごはん食べましたか。
준수　いいえ、まだ食べてません。あ、そうだ！ 隼人さん、理沙さんの電話番号知ってますか。
隼人　ええ、知ってますよ。どうしてですか。
준수　明日理沙さんとランチの約束をしたんです。でも電話番号を聞かなかったもので。
隼人　そうですか。チュンスさんは理沙とデート？
준수　(笑)違いますよ。理沙さんの電話番号は何番ですか。
隼人　ちょっと待ってくださいね。080-1234-5678です。
준수　ありがとう。

2 単語と表現をチェック　　11-01

☐ 점심【點心】昼ご飯　　☐ 먹었어요? 食べましたか? ※먹다の過去形　　☐ 아직　まだ
☐ 안 먹었어요　食べていません ※먹었어요の否定形
☐ 아, 참! あ、そうだ！ ※突然思い出した時　　☐ 전화 번호【電話番號】電話番号
☐ 알아요? 知ってますか? ※알다(知る)の해요体　　☐ 알아요　知ってますよ
☐ 왜요? どうしてですか?　　☐ 내일【來日】明日　　☐ 약속【約束】約束
☐ 을 를 [助詞]　　☐ 했어요　しました ※하다(する)の過去形　　☐ 그런데　でも
☐ 를 를 [助詞]　　☐ 안 물어봤어요　聞かなかったんです ※안+물어보다(尋ねる)の過去形
☐ 몇 번【몇 番】何番　　☐ 이에요? ですか?　　☐ 잠깐　しばらくの間、少しの間
☐ 잠깐만　しばらくの間だけ　　☐ 잠깐만요　ちょっと待ってください ※発音[잠깐만뇨]、요は丁寧に表現する語尾　　☐ 고마워요　ありがとう

3 本文を聞いてみよう　　11-02 韓　11-03 日→韓

隼人: 준수 씨, 점심 먹었어요?
준수: 아니요, 아직 안 먹었어요. 아, 참! 하야토 씨, 리사 씨 전화 번호 알아요?
隼人: 네, 알아요. 왜요?
준수: 내일 리사 씨하고 점심 약속을 했어요. 그런데 전화 번호를 안 물어봤어요.
隼人: 그래요? 준수 씨는 리사하고 데이트?
준수: 하하하! 아니에요. 리사 씨 전화 번호가 몇 번이에요?
隼人: 잠깐만요. 080-1234-5678이에요.
준수: 고마워요.

4 文法と表現をチェック

1. 안+動詞の過去形　～していません/しませんでした

本文　　11-04

아직 안 먹었어요.　　まだ食べていません。
전화 번호를 안 물어봤어요.　　電話番号を聞かなかったんです。

作り方

안 + 動詞の過去形

作ってみよう 1　　解答集 p.10

動詞の過去形	안+動詞の過去形	発音の目安
갔어요	안 갔어요	アンガッソヨ
왔어요		アナッソヨ
물어봤어요		アンムロバッソヨ
먹었어요		アンモゴッソヨ
했어요		アネッソヨ
전화했어요	전화 안 했어요	チョナ アネッソヨ
결혼했어요		キョロン アネッソヨ

「まだ食べていません」「電話番号を聞きませんでした」のように、過去にある行動をしなかったことを表す時には、안+動詞の過去形とします。

● 日本語との違い

[日本語]
①昼は食べませんでした。
②昼はまだ食べていません。
共に「食べていない」ことを表していますが、②の場合はこれから「食べる」可能性があります。

[韓国語]
①昼は食べませんでした。
점심은 안 먹었어요.
②昼はまだ食べていません。
점심은 아직 안 먹었어요.
共に안+動詞の過去形で表現します。

🔍 **単語**

결혼하다【結婚하다】結婚する

単語
저녁 晩ご飯
숙제【宿題】宿題

(1) 晩ご飯食べましたか。/まだ食べていません。

_____

(2) チュンスさん来ましたか。/まだ来ていません。

_____

(3) 宿題やりましたか。/まだやっていません。

_____

2. 電話番号を表す

本文　　　　　　　　　　　　　　　　11-05

전화 번호가 몇 번이에요?
　電話番号は何番ですか。
080-1234-5678이에요.
［공팔공　일이삼사　오륙칠팔］

電話番号が何番かを知りたい時には、전화 번호가 몇 번이에요?(直訳：電話番号が何番ですか)と聞くのが普通です。

● 電話番号を言う時には、相手が聞き取りやすいように、数字を一つずつ丁寧に発音しましょう。

● 0は공と発音します。

● 数字6は語頭と語中で読み方が違います。

11-06

読み方

080 － 1234 － 5678
［공팔공 / 일이/삼사 / 오륙/칠팔］

0	1	2	3	4
공	일	이	삼	사
5	6	7	8	9
오	육/륙	칠	팔	구

数字6は、語頭では[육]、語中では[륙]と発音する

64 / 69　　　46 / 96
[육사 / 육구]　　[사륙 / 구륙]

語頭	発音
64	육사
69	육구

語中	発音
06	공륙 → 공늌
16	일륙
26	이륙
36	삼륙 → 삼늌
46	사륙
56	오륙
66	육륙 → 융늌
76	칠륙
86	팔륙
96	구륙

作ってみよう2　　　　解答集 p.10

(1) 電話番号は何番ですか。/090-2345-6789です。

_____

(2) 電話番号は何番ですか。/010-3456-7890です。

_____

(3) 電話番号は何番ですか。/02-5678-9012です。

_____

● 右の「作ってみよう」は数字をハングルで書く練習です。普通、電話番号を表記する時は、080-1234-5678のように、数字で書きます。

練習をはじめよう

5 単語を書いてみよう

점심	昼ご飯		
먹었어요?	食べましたか		
아직	まだ		
안 먹었어요	食べていません		
내일	明日		
하고	と		
약속	約束		
했어요	しました		
그런데	でも		
전화 번호	電話番号		
안 물어봤어요	聞きませんでした		
몇 번	何番		
이에요?	ですか		

6 韓国語で書いてみよう

(1) 昼ご飯食べましたか。/ まだ食べていません。

(2) 明日理沙さんとランチの約束をしたんです。

(3) でも電話番号を聞かなかったんです。

(4) 理沙さんの電話番号は何番ですか。

(5) 080-1234-5678です。　※ハングルで

漢字語で語彙力アップ

☐ 점심【點心】昼ご飯
☐ 점수【點數】点数

☐ 전화【電話】電話
☐ 전기【電氣】電気

☐ 번호【番號】番号
☐ 번지【番地】番地

☐ 내일【來日】明日
☐ 내년【來年】来年

ティータイム

電話番号の語呂合わせ

韓国でも電話番号の語呂合わせはよく使われます。例えば引っ越し会社の電話番号は、1234-2424のように、24(이사)が入っている番号が多いです。その理由は、「引っ越し」のことを韓国語で「이사」と言うからです。
また、宅配業者の電話番号は、1234-8282のように8282(팔이팔이)が入っている番号が多いです。その理由は팔이팔이の発音が빨리빨리(早く早く)の発音に似ているからです。

いよいよ本格的な発音練習です。最初はテキストを見ても構いません。慣れてきたらテキストを見ないで練習しましょう。

① まず、一文ずつ止めながら、音声に続いて発音してみましょう。

② 慣れてきたら、声優の声に少し遅れるようについて発音(シャドーイング)してみましょう。

声優と同じようなリズムと速さで話せるようになるまでシャドーイングを繰り返すことをお勧めします。

7 発音の練習をしよう　11-07

隼人: 준수 씨, 점심 먹었어요?
준수: 아니요, 아직 안 먹었어요. 아, 참! 하야토 씨, 리사 씨 전화 번호 알아요?
隼人: 네, 알아요. 왜요?
준수: 내일 리사 씨하고 점심 약속을 했어요. 그런데 전화 번호를 안 물어봤어요.
隼人: 그래요? 준수 씨는 리사하고 데이트?
준수: 하하하! 아니에요. 리사 씨 전화 번호가 몇 번이에요?
隼人: 잠깐만요. 080-1234-5678이에요.
준수: 고마워요.

8 日本語に翻訳してみよう

確認しましょう
① ～していません
　～しませんでした
　過去形(否定)
② 電話番号

第12課では
① 形容詞の辞書形①
② 形容詞の해요体①
③ グループ1・2・3の形容詞と해요体の作り方
④ ～しますよね? でしょう?
を学びます。お楽しみに!

9 韓国語で話してみよう

上の日本語の会話文を、韓国語で表現できれば目標達成です。
お疲れ様でした!

Practice 11

1. 次の九九をハングルで書いて、例のように練習してみましょう。　11-08

例 2×3 = 6 이 삼 육	4×3 =	7×5 =	5×5 =
3×9 =	5×8 =	6×4 =	8×7 =	2×7 =
4×7 =	6×9 =	7×6 =	9×9 =	8×9 =

2. 次の会話を韓国語で書いて、練習してみましょう。　11-09

（日）	（韓）
A：明日の約束、覚えてますか？	A：
B：もちろん覚えてますよ。	B：
A：場所は知ってますか？	A：
B：ええ。でも、道が分からないんです。　Aさんは行き方を知ってますか？	B：네. 하지만 길을 몰라요.
A：私も分かりません。	A：
B：そうですか？ 店の電話番号知ってますか？	B：
A：ええ、ちょっと待ってください。　050－9876－5432です。	A：
B：ありがとう。	B：

3. 次の単語をハングルで書いて、発音してみましょう。　11-10

약속	約束	가는 법	行き方
물론	もちろん	알아요	知っています
기억해요	覚えています	몰라요	知りません、分かりません
장소	場所	가게	店
길	道	잠깐만요	ちょっと待ってください

第12課 今電話大丈夫ですか？ 지금 전화 괜찮아요?

チュンスが理沙に電話で明日の約束を確認しています。

登場人物：理沙(리사)、チュンス(준수)

1 あらすじをチェック

준수 もしもし。理沙さん、私チュンスです。
理沙 ええ、チュンスさん。どうしたんですか。
준수 理沙さん、今電話大丈夫ですか。
理沙 ええ、大丈夫ですけど。どうしてですか。
준수 明日のランチの約束覚えてますか。
理沙 もちろんですよ。明日学校の前で12時。そうですよね？
준수 そうです。ところで、お昼は何がいいですか。
理沙 寿司はどうですか。学校の前の回転寿司がとってもおいしいんですよ。

2 単語と表現をチェック　　12-01

☐ 여보세요 もしもし ※電話で　☐ 무슨 何の、どんな　☐ 일 用件、事　☐ 무슨 일 どんな用件、何の用　☐ 지금【只今】今　☐ 전화【電話】電話　☐ 괜찮아요? 大丈夫ですか? ※괜찮다(大丈夫)の해요체　☐ 괜찮아요 大丈夫です　☐ 왜요? どうしてですか?　☐ 내일【來日】明日　☐ 점심【點心】昼ご飯、ランチ　☐ 약속【約束】約束　☐ 기억해요?【記憶해요】覚えてますか? ※기억하다(記憶する)の해요체　☐ 그럼요 もちろんですよ ※発音[그럼뇨]　☐ 학교【學校】学校　☐ 앞 前(まえ)　☐ 에서 で [助詞]　☐ 12시[열 두시] 12時　☐ 맞다 合っている　☐ 지요? ～ますよね? ※確認　☐ 맞지요? 合ってますよね、そうですよね?　☐ 맞아요 その通りです、そうです ※맞다(合う)の해요체　☐ 그런데 ところで　☐ 뭐가 何が　☐ 좋아요? いいですか? ※좋다(よい)の해요체　☐ 스시 寿司 ※ハングル表記　☐ 어때요? どうですか?　☐ 회전【回轉】回転　☐ 초밥【醋밥】寿司　☐ 아주 とても　☐ 맛있어요 おいしいです ※맛있다(おいしい)の해요체

3 本文を聞いてみよう

12-02 韓　12-03 日→韓

준수: 여보세요. 리사 씨, 저 준수예요.
理沙: 네, 준수 씨. 무슨 일이에요?
준수: 리사 씨, 지금 전화 괜찮아요?
理沙: 네, 괜찮아요. 왜요?
준수: 내일 점심 약속 기억해요?
理沙: 그럼요. 내일 학교 앞에서 12시. 맞지요?
준수: 맞아요. 그런데 점심은 뭐가 좋아요?
理沙: 스시 어때요? 학교 앞 회전 초밥이 아주 맛있어요.

4 文法と表現をチェック

1. 韓国語の形容詞 ①　辞書形

12-04

많다	多い	작다	小さい	괜찮다	大丈夫・なかなかいい
좋다	よい	싸다	安い	비싸다	高い・高価
멀다	遠い	적다	少ない	길다	長い
맛있다	おいしい	맛없다	まずい	멋있다	かっこいい
재미있다	面白い		재미없다		面白くない
깨끗하다	きれい・清潔		따뜻하다		暖かい
시원하다	涼しい		대단하다		すごい

韓国語の形容詞が辞書の見出しとして掲載されている形を辞書形といいます。辞書形はすべて다で終わります。

● 다の前の部分を語幹といいます。

語幹	語尾	意味
많	다	多い
길	다	長い

●「大丈夫です」「おいしいです」のように丁寧に話す時には해요体を用いて話します。

● 해요体は語幹に아요/어요等の語尾をつけて作ります。

語幹	語尾	意味
많	아요	多いです
길	어요	長いです

● 해요体はうちとけた丁寧な文体で、目上の人と話す時でも、リラックスして話す時には해요体で話します。

2. 形容詞の해요体　うちとけた丁寧な文体

本文

12-05

지금 전화 괜찮아요?　今電話大丈夫ですか。
점심은 뭐가 좋아요?　お昼は何がいいですか。
아주 맛있어요.　とってもおいしいです。

第12課 今電話大丈夫ですか　95

3. グループ1・2・3の形容詞の해요体の作り方

本テキストでは形容詞をその特徴によって5つに分類しています。分類方法は動詞と同じです。

グループ	形容詞の特徴
1	語幹の最後の母音が陽母音(ㅏまたはㅗ)
2	語幹の最後の母音が陰母音(ㅏ/ㅗ以外)
3	하다形容詞
4	語幹の最後が으で終わる
不規則	1～4以外

陽母音 ㅏ、ㅗで表される母音
陰母音 ㅏ、ㅗ以外の母音

● グループ1の形容詞は、語幹に아요をつけると해요体ができます。

● 싸다等は싸+아요とすると、[ssaayo]のように同じ母音が連続するので、아が脱落、싸요となります。

해요体の練習用プリント
⇒P101へ

グループ2の形容詞は、語幹に어요をつけると해요体ができます。

● 存在詞있다(ある)/없다(ない)が付く以下のような語は存在詞に分類されますが、해요体の作り方については本課で形容詞と共に説明することにします。

맛 味	맛있다
	맛없다
재미 面白さ	재미있다
	재미없다
멋 格好	멋있다
	멋없다

グループ1　語幹の最後の母音が陽母音(ㅏまたはㅗ)の形容詞

12-06

作り方

語幹 + 아요

	辞書形	語幹+아요		해요体	
多い	많다	많 +아요	→	많아요	多いです
小さい	작다	작 +아요	→	작아요	小さいです
大丈夫・なかなかいい	괜찮다	괜찮+아요	→	괜찮아요	大丈夫です・なかなかいいです
よい	좋다	좋 +아요	→	좋아요	いいです
安い	싸다	싸 +아요	아脱落	싸요	安いです
高い	비싸다	비싸+아요	아脱落	비싸요	高いです

グループ2　語幹の最後の母音が陰母音(ㅏ、ㅗ以外)の形容詞

12-07

作り方

語幹 + 어요

	辞書形	語幹+어요	해요体	
遠い	멀다	멀 +어요	멀어요	遠いです
少ない	적다	적 +어요	적어요	少ないです
長い	길다	길 +어요	길어요	長いです
おいしい	맛있다	맛있 +어요	맛있어요	おいしいです
まずい	맛없다	맛없 +어요	맛없어요	まずいです
かっこいい	멋있다	멋있 +어요	멋있어요	かっこいいです
面白い	재미있다	재미있+어요	재미있어요	面白いです
面白くない	재미없다	재미없+어요	재미없어요	面白くないです

※発音に注意!　① 맛있어요 [마시써요] マシッソヨ
　　　　　　② 맛없어요 [마덥써요] マドプソヨ
　　　　　　③ 멋있어요 [머시써요] モシッソヨ

| グループ3 | 하다形容詞 | ※하다で終わる形容詞 |

> グループ3の形容詞(하다形容詞)は、하다を해요にすると해요体ができます。
>
> ●発音に注意しましょう
> 깨끗해요　[깨끄태요]
> 따뜻해요　[따뜨태요]
> 시원해요　[시워내요]
> 대단해요　[대다내요]
>
> ●形容詞の해요体の作り方は、動詞の해요体の作り方と同じです。

作り方

하다를 해요にする

	辞書形		해요体	
きれい・清潔	깨끗하다	→	깨끗해요	きれいです
暖かい	따뜻하다	→	따뜻해요	暖かいです
涼しい	시원하다	→	시원해요	涼しいです
すごい	대단하다	→	대단해요	すごいです

4. 動詞 + 지요?　〜ますよね/でしょう?　　確認・同意を求める

本文

내일 학교 앞에서 12시. 맞지요?
明日学校の前で12時。合ってますよね?

> 「合ってますよね」「行きますよね」のように、聞き手に確認したり、同意を求める時には、지요?を使います。会話では지요?の縮約形の죠?もよく使われます。

作り方

動詞(語幹) + 지요?

丁寧形	지요? ますよね/でしょう?
非丁寧形	지? よね/だろう?

作ってみよう4　　解答集 p.10

動詞	語幹+지요?	動詞	語幹+지요?
가다		오다	
알다		만나다	
맞다		먹다	
좋아하다		마시다	

(1) 日曜日に会社の前で10時。合ってますよね?

_____

(2) ユジンさんも行きますよね?　※ユジンさんについて話している

_____

(3) お酒飲みますよね?

_____

🔎 単語

일요일【日曜日】日曜日
회사【會社】会社
시【時】時
도　も　助詞
술　お酒

漢字語で語彙力アップ

- 전화【電話】電話
- 회화【會話】会話

- 내일【來日】明日
- 내년【來年】来年

- 기억【記憶】記憶
- 일기【日記】日記

- 학교【學校】学校
- 학과【學科】学科

- 회전【回轉】回転
- 운전【運轉】運転

ティータイム

韓国の行政区域と人口

行政区域	人口(万)
首都	
ソウル特別市	1,005
広域市:人口100万以上の都市 日本の政令指定都市に該当	
釜山広域市	346
大邱広域市	247
仁川広域市	271
光州広域市	148
大田広域市	151
蔚山広域市	109
道:日本の県に該当	
京畿道	1,157
江原道	148
忠淸北道	152
忠淸南道	207
慶尙北道	262
慶尙南道	320
全羅北道	179
全羅南道	177
濟州特別自治道	54
総人口	4,941

2010年人口住宅総調査より
※1万未満切り捨てにより、人口の合計と総人口は一致しません。

練習をはじめよう

5 単語を書いてみよう

지금	今		
전화	電話		
괜찮아요?	大丈夫ですか		
내일	明日		
점심 약속	昼ご飯の約束		
기억해요?	覚えてますか		
12시에	12時に		
학교 앞	学校の前		
맞지요?	そうですよね		
뭐가	何が		
좋아요?	いいですか		
회전 초밥	回転寿司		
어때요?	どうですか		
아주	とても		
맛있어요	おいしいです		

6 韓国語で書いてみよう

(1) 今、電話大丈夫ですか。/ええ、大丈夫ですよ。

(2) 明日のランチの約束覚えてますか。

(3) 明日学校の前で12時。そうですよね。

(4) 昼ご飯は何がいいですか。

(5) 学校の前の回転寿司がとってもおいしいんですよ。

7. 発音の練習をしよう　12-10

준수: 여보세요. 리사 씨? 저 준수예요.

理沙: 네, 준수 씨. 무슨 일이에요?

준수: 리사 씨, 지금 전화 괜찮아요?

理沙: 네, 괜찮아요. 왜요?

준수: 내일 점심 약속 기억해요?

理沙: 그럼요. 내일 학교 앞에서 12시. 맞지요?

준수: 맞아요. 그런데 점심은 뭐가 좋아요?

理沙: 스시 어때요? 학교 앞 회전 초밥이 아주 맛있어요.

いよいよ本格的な発音練習です。最初はテキストを見ても構いません。慣れてきたらテキストを見ないで練習しましょう。

① まず、一文ずつ止めながら、音声に続いて発音してみましょう。

② 慣れてきたら、声優の声に少し遅れるようについて発音(シャドーイング)してみましょう。

声優と同じようなリズムと速さで話せるようになるまでシャドーイングを繰り返すことをお勧めします。

8. 日本語に翻訳してみよう

9. 韓国語で話してみよう

上の日本語の会話文を、韓国語で表現できれば目標達成です。お疲れ様でした!

確認しましょう
① 形容詞の辞書形①
② 形容詞の해요体①
③ グループ1・2・3の形容詞と해요体の作り方
④ 〜しますよね?でしょう?

第13課では
① 形容詞の辞書形②
② 形容詞の해요体②
③ グループ4・ㅂ不規則形容詞と해요体の作り方
④ 〜くないです(か) 否定形①
⑤ 〜くないです(か) 否定形②
を学びます。お楽しみに!

Practice 12

1. (1) 次の日本語を例のように韓国語で書いて、読んでみましょう。　12-11

	例		①		②	
❶	土曜日	토요일	明日		金曜日	
❷	晩ご飯	저녁	ランチ		晩ご飯	
❸	デパート	백화점	映画館		駅	
❹	18:00	여섯 시	12:00		19:00	
❺	韓国料理	한식	トンカツ		中華料理	

(2) 次の会話を韓国語で書いて、練習してみましょう。　12-12

(日)	(韓)
A：もしもし。Bさん？Aです。	A：
B：ええ、Aさん。どうしたんですか？	B：
A：今、電話大丈夫ですか？	A：
B：ええ、大丈夫ですけど。どうしてですか？	B：
A：❶土曜日 の ❷晩ご飯 の約束覚えてますか？	A：
B：もちろんですよ。　❸デパート の前で ❹6時、そうですよね。	B：
A：ええ、そうです。　❷晩ご飯 は何がいいですか？	A：
B：❺韓国料理 はどうですか？　❸デパート の近くの ❺韓国料理 屋が とっても美味しいですよ。	B：백화점 근처 한식집이 아주 맛있어요.

(3) ①と②を使って、例のように会話を作って練習してみましょう。

2. 次の単語をハングルで書いて、発音してみましょう。　12-13

토요일	土曜日	한식	韓国料理	영화관	映画館
저녁	晩ご飯	~집	~屋、~店	돈가스	トンカツ
백화점	デパート	한식집	韓国料理屋	금요일	金曜日
요리	料理	내일	明日	역	駅
근처	近く	점심	ランチ	중국요리	中華料理

100　Practice12

形容詞の해요体を作ってみよう

P96-97の練習用プリント　解答集P11

グループ1　語幹の最後の母音が陽母音(ㅏまたはㅗ)の形容詞

		辞書形	語幹+아요		해요体	練習
1	多い	많다	많 + 아요	→	많아요	
2	小さい	작다		→		
3	大丈夫・なかなかいい	괜찮다		→		
4	よい	좋다		→		
5	安い	싸다	싸 + 아요	아脱落	싸요	
6	高い	비싸다		아脱落		

グループ2　語幹の最後の母音が陰母音(ㅏ、ㅗ以外)の形容詞

		辞書形	語幹+어요		해요体	練習
1	遠い	멀다	멀 + 어요	→	멀어요	
2	少ない	적다		→		
3	長い	길다		→		
4	おいしい	맛있다		→		
5	まずい	맛없다		→		
6	かっこいい	멋있다		→		
7	面白い	재미있다		→		
8	面白くない	재미없다		→		

グループ3　하다形容詞　※하다で終わる形容詞

		辞書形	하다を해요にする	해요体	練習
1	きれい・清潔	깨끗하다	⟶	깨끗해요	
2	暖かい	따뜻하다	⟶		
3	涼しい	시원하다	⟶		
4	すごい	대단하다	⟶		

練習用プリント(形容詞の해요体①)　101

第13課 学校の授業は難しくないですか。 학교 수업은 어렵지 않아요?

理沙とチュンスが電話でお互いの日本語の勉強、韓国語の勉強について話しています。

理沙(리사)
チュンス(준수)

1 あらすじをチェック

理沙　私の電話番号はどうしてわかったんですか。

준수　隼人さんに聞いたんですよ。

理沙　ああ、そうだったんですね。ところでチュンスさん、最近学校の授業はどうですか。難しくないですか。

준수　おもしろいですよ。でも日本語がすごく難しいです。

理沙　私も韓国語のせいで頭が痛いです。

준수　フゥ〜！日本語の期末試験が本当に心配です。

理沙　語学は本当に簡単じゃないです。そうですよね？

준수　ええ。私たち明日お昼の後に一緒に勉強しましょうよ。

2 単語と表現をチェック　　13-01

☐ 제 私の　☐ 전화 번호【電話番號】電話番号　☐ 어떻게 どのようにして　☐ 알았어요? わかりましたか ※알다(わかる)の過去形　☐ 한테 (誰々)に [助詞]　☐ 물어봤어요 聞きました、尋ねました ※물어보다(尋ねてみる)の過去形　☐ 아 ああ ※感嘆　☐ 그랬군요 そうだったんですね ※納得　☐ 그런데 ところで　☐ 요즘 最近　☐ 학교【學校】学校　☐ 수업【授業】授業　☐ 어때요? どうですか?　☐ 어렵지 않아요? 難しくないですか? ※어렵다(難しい)の否定形　☐ 재미있어요 おもしろいです ※재미있다(おもしろい)の해요体　☐ 하지만 でも　☐ 한국어【韓國語】韓国語　☐ 때문에 〜のせいで　☐ 머리 頭　☐ 아파요 痛いです ※아프다(痛い)の해요体　☐ 휴우〜 ふう〜 ※ため息　☐ 기말【期末】期末　☐ 시험【試驗】試験　☐ 정말 本当に　☐ 걱정 心配　☐ 어학【語學】語学　☐ 쉽지 않아요 簡単じゃないです ※쉽다(やさしい)の否定形　☐ 그렇지요? そうですよね ※確認　☐ 우리 私たち　☐ 내일【來日】明日　☐ 점심【點心】昼ご飯　☐ 후【後】後(あと)　☐ 에 に [助詞]　☐ 같이 一緒に　☐ 공부해요【工夫해요】勉強しましょう ※공부하다(勉強する)の해요体

3 本文を聞いてみよう

理沙: 제 전화 번호는 어떻게 알았어요?
준수: 하야토 씨한테 물어봤어요.
理沙: 아, 그랬군요. 그런데 준수 씨, 요즘 학교 수업은 어때요? 어렵지 않아요?
준수: 재미있어요. 하지만 일본어가 너무 어려워요.
理沙: 저도 한국어 때문에 머리가 아파요.
준수: 휴우~! 일본어 기말 시험이 정말 걱정이에요.
理沙: 어학은 정말 쉽지 않아요. 그렇지요?
준수: 네. 우리 내일 점심 후에 같이 공부해요.

4 文法と表現をチェック

1. 韓国語の形容詞 ② 　辞書形

바쁘다	忙しい	나쁘다	悪い
아프다	痛い	배고프다	空腹だ
기쁘다	うれしい	예쁘다	かわいい きれい
슬프다	悲しい	크다	大きい
덥다	暑い	춥다	寒い
어렵다	難しい	쉽다	簡単 易しい
가깝다	近い	맵다	からい(辛い)

「韓国語の形容詞が辞書の見出しとして掲載されている形を辞書形といいます。辞書形はすべて다で終わります。

● 다の前の部分を語幹といいます。

語幹	語尾	意味
바쁘	다	忙しい
덥	다	暑い

● 「忙しいです」「暑いです」のように丁寧に話す時には해요体を用いて話します。

● 해요体はうちとけた丁寧な文体で、目上の人と話す時でも、リラックスして話す時には해요体で話します。

2. 形容詞の해요体 　うちとけた丁寧な文体

本文

일본어가 너무 어려워요.
　日本語がすごく難しいです。

한국어 때문에 머리가 아파요.
　韓国語のせいで頭が痛いです。

本テキストでは形容詞をその特徴によって5つに分類しています。

グループ	形容詞の特徴
1	語幹の最後の母音が 陽母音(ㅏまたはㅗ)
2	語幹の最後の母音が 陰母音(ㅏ/ㅗ以外)
3	하다形容詞
4	語幹の最後が 으で終わる
不規則	1〜4以外

グループ4は、語幹の最後が 으で終わる形容詞です。

✂ 해요체を作る方法

グループ4:陽母音タイプ
(1) まず 으を落とす。(으脱落)
(2) 으の直前の母音が 陽母音(ㅏまたはㅗ)なので、아요をつける。

グループ4:陰母音タイプ
(1) まず 으を落とす。(으脱落)
(2) 으の直前の母音が 陰母音(ㅏ、ㅗ以外)なので、어요をつける。

해요체の練習用プリント
⇒P123へ

3. グループ4・不規則形容詞と해요체の作り方

13-06

グループ4 陽母音タイプ　語幹の最後が 으で終わる形容詞で 으の直前の母音が 陽母音(ㅏまたはㅗ)

作り方

으脱落 + 아요

	辞書形	으脱落	으脱落+아요	해요체	
忙しい	바쁘다	바쁘	바ㅃ + 아요	바빠요	忙しいです
悪い	나쁘다	나쁘	나ㅃ + 아요	나빠요	悪いです
痛い	아프다	아프	아ㅍ + 아요	아파요	痛いです
空腹だ	배고프다	배고프	배고ㅍ + 아요	배고파요	空腹です

13-07

グループ4 陰母音タイプ　語幹の最後が 으で終わる形容詞で 으の直前の母音が 陰母音(ㅏ、ㅗ以外)

作り方

으脱落 + 어요

	辞書形	으脱落	으脱落+어요	해요체	
うれしい	기쁘다	기쁘	기ㅃ+어요	기뻐요	うれしいです
かわいい	예쁘다	예쁘	예ㅃ+어요	예뻐요	かわいいです
悲しい	슬프다	슬프	슬ㅍ+어요	슬퍼요	悲しいです
大きい	크다	ㅋ	ㅋ + 어요	커요	大きいです

不規則形容詞 ㅂ不規則

語幹の最後がㅂで終わる形容詞

덥다(暑い)、춥다(寒い)等、語幹がㅂで終わる形容詞はほとんどが不規則形容詞(ㅂ不規則)です。

作り方

ㅂを우に変えて + 어요

	辞書形	ㅂ→우+어요	해요体	
暑い	덥다	더우 +어요	더워요	暑いです
寒い	춥다	추우 +어요	추워요	寒いです
難しい	어렵다	어려우+어요	어려워요	難しいです
簡単	쉽다	쉬우 +어요	쉬워요	簡単です
近い	가깝다	가까우+어요	가까워요	近いです
からい	맵다	매우 +어요	매워요	辛いです

✂ 해요体を作る方法
(1) まずㅂを우に変える。
(2) 어요をつける。

● 좁다(狭い)は、規則形容詞です。좁다の해요体は좁아요(狭いです)となります。

4. 形容詞(語幹)+지 않아요 ～くないです　形容詞の否定形①

本文

학교 수업은 어렵지 않아요?
学校の授業は難しくないですか。

어학은 정말 쉽지 않아요.
語学は本当に簡単じゃないです。

「難しくないですか?」「簡単じゃないです」のように、否定形を使って、同意を求めたり、説明する時には、形容詞(語幹)+지 않아요を使います。

①同意を求める質問

이 김치 좀 맵지 않아요?
このキムチちょっと辛くないですか?(辛いですよね?)

오늘 너무 춥지 않아요?
今日すごく寒くないですか?(寒いですよね?)

※話し手の考え(辛い、寒い)に対して、聞き手に同意を求める。「네(はい)」という答えを期待している。

作り方

形容詞(語幹) + 지 않아요

辞書形	否定形	日本語訳
비싸다	비싸지 않아요	高くないです
어렵다	어렵지 않아요	難しくないです
맵다	맵지 않아요	辛くないです
덥다	덥지 않아요	暑くないです
쉽다	쉽지 않아요	簡単じゃないです
배고프다	배고프지 않아요	お腹空いてません

②説明する

어학은 쉽지 않아요.
語学は簡単じゃないです。

※否定の内容(簡単じゃない)を説明している。

単語
한국어【韓國語】韓国語
발음【發音】発音
김치 キムチ
좀 ちょっと

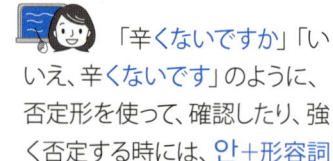

「辛くないですか」「いいえ、辛くないです」のように、否定形を使って、確認したり、強く否定する時には、안+形容詞(해요体)を使います。

①確認する
※キムチ売り場で店員に対して
이 김치 안 매워요?
このキムチ辛くないですか?
※否定の内容(辛くない)を聞き手に確認している。

②強く否定する
※質問に対して
Q: 이 김치 매워요?
　　このキムチ辛いですか。
A: 아니요, 안 매워요.
　　いいえ、辛くないですよ。

Q: 추워요?
　　寒いですか。
A: 아니요, 안 추워요.
　　いいえ、寒くないです。

※質問の内容(辛い?、寒い?)に対して強く否定している。

単語
그 あの
※話し手も聞き手も知っていること
집 店
별로 それほど(〜ない)
컨디션 体調、コンディション
아직 まだ

作ってみよう 4　　解答集 p.12

(1) 韓国語難しくないですか。/ ええ、発音が難しいです。
_____

(2) キムチ辛くないですか。/ ええ、ちょっと辛いです。
_____

(3) お腹空いていませんか。/ ええ、お腹空いています。
_____

5. 안+形容詞(해요体) 〜くありません　形容詞の否定形②

例文　13-10

지금 바빠요?
　今忙しいですか。

아니요, 안 바빠요.
　いいえ、忙しくないですよ。

作り方

안 + 形容詞(해요体)

辞書形	否定形	日本語訳
좋다	안 좋아요	よくないです
비싸다	안 비싸요	高くないです
맵다	안 매워요	辛くないです
덥다	안 더워요	暑くないです
배고프다	배 안 고파요	空腹じゃないです

※배고프다は、배(お腹)+고프다(すいている)でできているため、否定を表す「안」は고프다(すいている)の直前に入ります。

作ってみよう 5　　解答集 p.12

(1) あの店高くないですか。/ いいえ、それほど高くないですよ。
_____

(2) 暑くないですか。/ いいえ、私は大丈夫です。
_____

(3) 体調どうですか。/ まだ、よくないです。
_____

練習をはじめよう

5 単語を書いてみよう

요즘	最近		
학교	学校		
수업	授業		
어때요?	どうですか		
어렵다	難しい		
재미있다	おもしろい		
일본어	日本語		
너무	あまりにも		
한국어	韓国語		
때문에	～のせいで		
머리	頭		
아프다	痛い		
어학	語学		
쉽다	簡単だ		
점심 후에	昼ご飯の後に		

6 韓国語で書いてみよう

(1) 最近学校の授業はどうですか。難しくないですか。

_____

(2) おもしろいです。でも日本語がすごく難しいです。

_____

(3) 私も韓国語のせいで頭が痛いです。

_____

(4) 語学は本当に簡単じゃないです。

_____

(5) 私たち明日お昼の後に一緒に勉強しましょうよ。

_____

漢字語で語彙力アップ

- 학교【學校】学校
- 학원【學院】塾、スクール
- 수업【授業】授業
- 교수【教授】教授
- 기말【期末】期末
- 학기【學期】学期
- 어학【語學】語学
- 언어【言語】言語

ティータイム

体(몸)の名称 13-11

머리	頭・髪
얼굴	顔
눈	目
코	鼻
입	口
귀	耳
목	のど、首
어깨	肩
가슴	胸
팔	腕
손	手
손가락	手の指
배	お腹
허리	腰
다리	脚(あし)
발	足

● 体のどこかが痛い時は、～가/이 아파요.(～が痛いです)で表現します。
● 心配事や悩み事がある時は、머리가 아파요.(頭が痛いです)、悲しい事件や事故を知った時は、가슴이 아파요.(胸が痛みます)と表現するのは日本語と同じです。

いよいよ本格的な発音練習です。最初はテキストを見ても構いません。慣れてきたらテキストを見ないで練習しましょう。

①まず、一文ずつ止めながら、音声に続いて発音してみましょう。

②慣れてきたら、声優の声に少し遅れるようについて発音(シャドーイング)してみましょう。

声優と同じようなリズムと速さで話せるようになるまでシャドーイングを繰り返すことをお勧めします。

7 発音の練習をしよう 13-12

理沙: 제 전화 번호는 어떻게 알았어요?

준수: 하야토 씨한테 물어봤어요.

理沙: 아, 그랬군요. 그런데 준수 씨, 요즘 학교 수업은 어때요? 어렵지 않아요?

준수: 재미있어요. 하지만 일본어가 너무 어려워요.

理沙: 저도 한국어 때문에 머리가 아파요.

준수: 휴우~! 일본어 기말 시험이 정말 걱정이에요.

理沙: 어학은 정말 쉽지 않아요. 그렇지요?

준수: 네. 우리 내일 점심 후에 같이 공부해요.

8 日本語に翻訳してみよう

理沙: ___
준수: ___
理沙: ___
준수: ___
理沙: ___
준수: ___
理沙: ___
준수: ___

確認しましょう
① 形容詞の辞書形②
② 形容詞の해요体②
③ グループ4・ㅂ不規則形容詞と해요体の作り方
④ ～くないです(か) 否定形①
⑤ ～くないです(か) 否定形②

第14課では
① ～かったです 過去形
② (誰々)から 助詞(起点)
③ あの 指示詞
● ～じゃないですよ
　 名詞文(否定)
を学びます。お楽しみに!

9 韓国語で話してみよう

上の日本語の会話文を、韓国語で表現できれば目標達成です。お疲れ様でした!

108　第13課　학교 수업은 어렵지 않아요?

Practice 13

1. 次の会話を韓国語で書いて、練習してみましょう。

13-13

	（日）	（韓）
(1)	A：どうしたんですか?	A：왜 그래요?
	B：風邪を引いたんです。	B：감기에 걸렸어요.
	A：大丈夫ですか?	A：
	B：頭が痛いです。	B：
	A：病院に行きましたか?	A：
	B：まだ行ってません。	B：
	A：薬は飲みましたか?	A：약은 먹었어요?
	B：ええ。でもまだ調子がよくありません。	B：

[単語]
감기 風邪
걸리다 （病気に）かかる
머리 頭
병원 病院
아직 まだ
약 薬
하지만 でも
컨디션 調子

13-14

(2)	A：この服、どこで買ったんですか?	A：
	B：昨日、デパートで買ったんです。どうですか？似合ってますか?	B：
	A：すごくかわいいですね。よく似合ってますよ。	A：　　　　　잘 어울려요.
	B：本当に？ ありがとう。	B：정말이요？ 고마워요.

[単語]
어제 昨日
옷 服
잘 よく
어울리다 似合う

13-15

(3)	A：韓国語の勉強どうですか?	A：
	B：おもしろいですよ。	B：
	A：難しくないですか?	A：
	B：文法は簡単です。でも、発音が難しいです。	B：

[単語]
공부 勉強
문법 文法
쉽다 簡単だ
발음 発音

Practice13　109

第14課　あの映画どうでしたか。　그 영화 어땠어요?

理沙はユジンと隼人のデート(?)に興味津々のようです!

ユジン(유진)

理沙(리사)

1 あらすじをチェック

理沙　ユジンさん、週末に隼人先輩と映画見たんですか。
유진　ええ。でもどうしてわかったんですか。
理沙　チュンスさんから聞きました。あの映画どうでしたか。
유진　ストーリーがとてもおもしろかったですよ。それから映像が本当にきれいでしたよ。
理沙　デートはどうでしたか。よかったですか。
유진　え？デートですって？
理沙　ユジンさん、隼人先輩どうですか。お二人お似合いですよ。
유진　理沙さんたらまったく…、そんなんじゃないですよ。

2 単語と表現をチェック　　14-01

☐ 주말【週末】週末　　☐ 오빠　先輩 ※女性が親しい目上の男性に　　☐ 영화【映畫】映画
☐ 봤어요?　見たんですか? ※보다の過去形　　☐ 그런데　ところで [接続詞]　　☐ 어떻게　どのようにして　　☐ 알았어요?　わかったんですか ※알다の過去形　　☐ 한테서 (誰々)から [助詞]　　☐ 들었어요　聞きました ※듣다の過去形　　☐ 그　あの ※話し手も聞き手も知っていることを指す　　☐ 어땠어요?　どうでしたか　　☐ 스토리　ストーリー　　☐ 아주　とても　　☐ 재미있었어요　おもしろかったです ※재미있다の過去形　　☐ 그리고　それから [接続詞]　　☐ 영상【映像】映像　　☐ 정말　本当に　　☐ 아름답다　美しい　　☐ 아름다웠어요　きれいでした ※아름답다の過去形　　☐ 데이트　デート　　☐ 좋았어요?　よかったですか? ※좋다の過去形　　☐ 네?　え? ※意外なことを言われて聞き返す　　☐ 데이트요?　デートですって? ※丁寧な聞き返し　　☐ 어때요?　どうですか　　☐ 두 사람　二人　　☐ 잘　よく　　☐ 어울려요　似合ってますよ ※어울리다の해요体　　☐ (리사 씨)도 참　(理沙さん)ったらまったく ※あきれる　　☐ 그런 거　そんなの　　☐ 아니에요　(名詞+)ではありません/じゃないですよ

3 本文を聞いてみよう

14-02 韓　14-03 日→韓

理沙: 유진 씨, 주말에 하야토 오빠하고 영화 봤어요?
유진: 네. 그런데, 어떻게 알았어요?
理沙: 준수 씨한테서 들었어요. 그 영화 어땠어요?
유진: 스토리가 아주 재미있었어요. 그리고 영상이 정말 아름다웠어요.
理沙: 데이트는 어땠어요? 좋았어요?
유진: 네? 데이트요?
理沙: 유진 씨, 하야토 오빠 어때요? 두 사람 잘 어울려요.
유진: 리사 씨도 참, 그런 거 아니에요.

4 文法と表現をチェック

1. 形容詞の過去形　〜かったです

14-04

本文

스토리가 아주 재미있었어요.
ストーリーがとてもおもしろかったです。

데이트는 어땠어요? 좋았어요?
デートはどうでしたか？よかったですか？

作り方

形容詞(해形) + ㅆ어요

「おもしろかったです」「よかったです」のように、過去に感じたこと、過去の状態を表す時には、形容詞の해形＋ㅆ어요を使います。

※해形とは해요体から요を取った形のことです。

해形＋ㅆ어요	過去形
좋아＋ㅆ어요	좋았어요

● 形容詞の過去形の作り方は動詞の過去形の作り方(p.81)と同じです。

過去形の練習用プリント
⇒P145へ

作ってみよう 1

解答集 p.12

	辞書形	해요体	해形	過去形 해形+ㅆ어요
多い	많다	많아요	많아	많았어요
よい	좋다	좋아요		
高い	비싸다	비싸요		
おいしい	맛있다	맛있어요		
おもしろい	재미있다	재미있어요		

第14課　あの映画どうでしたか　111

	辞書形	해요体	해形	過去形 해形＋ㅆ어요
忙しい	바쁘다	바빠요	바빠	바빴어요
かわいい	예쁘다	예뻐요		
暑い	덥다	더워요		
寒い	춥다	추워요		
どうだ	어떻다	어때요	어때	어땠어요?

2. 助詞　한테서　(誰々)から　　起点(話し言葉)

「(誰々)から聞いた」「(誰々)からもらった」等、起点を表すには한테서を使います。한테서の前には人(または動物)が来ます。

単語
친구【親舊】友達
메일 (PC)メール
오다 来る
전화【電話】電話
받다 もらう

本文　14-05
준수 씨한테서 들었어요.
チュンスさんから聞きました。

作り方
人(または動物) + 한테서

作ってみよう 2　　解答集 p.12
(1) 友達からメールが来ました。

(2) 理沙さんから電話が来ました。

(3) チュンスさんからもらいました。

3. 指示詞　그　あの

「あの映画どうでしたか」「あの先生おもしろかったですよね」のように、話し手と聞き手が共に知っていることを表す時には「그」を使います。日本語と違うので注意しましょう。

単語
영화【映畵】映画
사람 人
결혼하다【結婚】結婚する
지금【只今】今
한국【韓國】韓国

本文　14-06
그 영화 어땠어요?
あの映画どうでしたか。

作ってみよう 3　　解答集 p.12
(1) あの映画、私も見ましたよ。

(2) あの人、結婚しましたよ。

(3) あの人、今韓国にいますよ。

練習をはじめよう

5 単語を書いてみよう

주말에	週末に		
오빠	先輩、兄		
영화	映画		
봤어요?	見ましたか		
어떻게	どのようにして		
알았어요?	わかったんですか		
한테서	(誰々)から		
들었어요	聞きました		
그	あの		
어땠어요?	どうでしたか		
스토리	ストーリー		
아주	とても		
재미있었어요	おもしろかったです		

6 韓国語で書いてみよう

(1) 週末に隼人先輩と映画見たんですか。

(2) ええ、どうしてわかったんですか。

(3) チュンスさんから聞きました。

(4) あの映画どうでしたか。

(5) ストーリーがとてもおもしろかったですよ。

(6) デートはどうでしたか。よかったですか。

ティータイム

韓国の新年度は3月

隼人(A)と유진(B)の会話

A：ユジンさん、韓国の学校も4月から始まるんですか。

B：いいえ、韓国では初等学校(日本の小学校)、中学校、高等学校、大学、そして企業も新年度は3月からです。

（大学の年度）

3/2	1学期開始
4月中旬	中間考査
6月中旬	期末考査
6月下旬〜8月下旬	夏休み
8月下旬	2学期開始
10月中旬	中間考査
12月中旬	期末考査
12月下旬〜2月下旬	冬休み
2月末	卒業式 入学式

A：卒業式と入学式が2月なんですね。

B：大学はそうです。小中高の入学式は3月の初めです。

A：大学といえば、韓国の大学入試すごいですよね。パトカーや白バイが試験時間に遅刻しそうな受験生を乗せてくれるんですよね。

B：一生に一度の大事な試験ですから、みんなで応援しようってことだと思いますよ。

いよいよ本格的な発音練習です。最初はテキストを見ても構いません。慣れてきたらテキストを見ないで練習しましょう。

① まず、一文ずつ止めながら、音声に続いて発音してみましょう。

② 慣れてきたら、声優の声に少し遅れるようについて発音（シャドーイング）してみましょう。

声優と同じようなリズムと速さで話せるようになるまでシャドーイングを繰り返すことをお勧めします。

7 発音の練習をしよう　14-07

理沙: 유진 씨, 주말에 하야토 오빠하고 영화 봤어요?

유진: 네. 그런데, 어떻게 알았어요?

理沙: 준수 씨한테서 들었어요. 그 영화 어땠어요?

유진: 스토리가 아주 재미있었어요. 그리고 영상이 정말 아름다웠어요.

理沙: 데이트는 어땠어요? 좋았어요?

유진: 네? 데이트요?

理沙: 유진 씨, 하야토 오빠 어때요? 두 사람 잘 어울려요.

유진: 리사 씨도 참, 그런 거 아니에요.

8 日本語に翻訳してみよう

確認しましょう
① ～かったです 過去形
② (誰々)から 助詞(起点)
③ あの 指示詞
● ～じゃないですよ 名詞文(否定)

第15課では
① で 助詞(手段・道具)
② ～と言います
③ ～てみてください
④ ～てもらえますか
⑤ どのくらい
● にも 助詞の連続
を学びます。お楽しみに！

9 韓国語で話してみよう

上の日本語の会話文を、韓国語で表現できれば目標達成です。お疲れ様でした！

Practice 14

1. 次の会話を韓国語で書いて、練習してみましょう。

14-08

	（日）	（韓）
(1)	A：週末に何しましたか?	A：
	B：家族と韓国食堂に行きました。	B：
	A：何食べましたか?	A：
	B：トッポッキとチャプチェと ネギチヂミを食べました。 マッコリも飲みましたよ。	B：
	A：美味しかったですか?	A：
	B：ええ。とても美味しかったです。 でも、トッポッキがすごく 辛かったです。	B：

[単語]
한국식당 韓国食堂
떡볶이 トッポッキ
잡채 チャプチェ
파전 ネギチヂミ
막걸리 マッコリ
너무 すごく

14-09

	（日）	（韓）
(2)	A：週末に何しましたか?	A：
	B：友達とコンサートに行きました。	B：
	A：誰のコンサートですか?	A：
	B：○○○のコンサートです。	B：○○○ 콘서트예요.
	A：どうでしたか? 面白かったですか?	A：
	B：ええ。すごく良かったです。 歌もダンスもものすごく 格好よかったです。	B：

[単語]
누구 誰の
콘서트 コンサート
엄청 ものすごく
노래 歌
춤 ダンス
멋있다 格好いい

Practice14 115

第15課 理沙さんがたくさん教えてくださいね。 리사 씨가 많이 가르쳐 주세요.

理沙は韓国語の発音で、チュンスは日本語の漢字で苦労しているようです!

理沙(리사)
チュンス(준수)

1 あらすじをチェック

理沙 お昼ごちそうさまでした。ところで「寿司」は韓国語で何ですか。
준수 초밥って言います。「초밥」一度発音してみてください。
理沙 「초밥!」 どうですか。
준수 理沙さん、韓国語の発音がとってもいいですよ。韓国語どのくらい勉強したんですか。
理沙 約1年くらい勉強しました。でも韓国語は発音が本当に難しいですね。
준수 私は日本語の漢字がすごく難しいです。理沙さんがたくさん教えてくださいね。
理沙 ええ、そうしましょう。ところで韓国にも寿司があるんですか。
준수 もちろんですよ。でも寿司はやっぱり日本の寿司が最高ですよ。

2 単語と表現をチェック　　15-01

☐ 점심【點心】昼ご飯　☐ 잘 먹었어요 ごちそうさまでした ※直訳:よく食べました　☐ 그런데(1) ところで　☐ 스시 寿司 ※日本語のハングル表記　☐ 한국어【韓國語】韓国語　☐ 로で 助詞(手段・道具)　☐ 뭐예요? 何ですか　☐ 초밥【醋밥】寿司　☐ 이라고 해요 〜と言います ※動詞하다는라고の後ろに来ると、「(〜と)言う」の意味になる　☐ 한번【一番】一度　☐ 발음해 보세요【發音】発音してみてください ※발음하다(해形)+보세요　☐ 어때요? どうですか　☐ 발음【發音】発音　☐ 아주 とても　☐ 좋아요 いいですよ　☐ 얼마나 どのくらい　☐ 공부했어요?【工夫】勉強したんですか?　☐ 한 約　☐ 1년【一年】1年 ※発音[일련]　☐ 정도【程度】くらい、程度　☐ 그런데(2) でも　☐ 정말 本当に　☐ 어려워요 難しいです　☐ 일본어【日本語】日本語　☐ 한자【漢字】漢字 ※発音[한짜]　☐ 너무 あまりにも　☐ 많이 たくさん　☐ 가르쳐 주세요 教えてくださいね ※가르치다(해形)+주세요(てください)　☐ 그래요 そうしましょう　☐ 한국【韓國】韓国　☐ 에도 にも 助詞の連続　☐ 있어요? ありますか　☐ 물론이죠 もちろんですよ　☐ 하지만 でも 接続詞　☐ 역시【亦是】やはり　☐ 일본【日本】日本　☐ 최고【最高】最高

3 本文を聞いてみよう

理沙: 점심 잘 먹었어요. 그런데 '스시'는 한국어로 뭐예요?

준수: 초밥이라고 해요. '초밥' 한번 발음해 보세요.

理沙: '초밥!' 어때요?

준수: 리사 씨, 한국어 발음이 아주 좋아요. 한국어 얼마나 공부했어요?

理沙: 한 1년 정도 공부했어요. 그런데 한국어는 발음이 정말 어려워요.

준수: 저는 일본어 한자가 너무 어려워요. 리사 씨가 많이 가르쳐 주세요.

理沙: 네! 그래요. 그런데, 한국에도 초밥이 있어요?

준수: 물론이죠. 하지만 초밥은 역시 일본 초밥이 최고예요.

4 文法と表現をチェック

1. 助詞 로/으로 で 〔手段・道具〕

本文
스시는 한국어로 뭐예요?
「寿司」は韓国語で何ですか。

作り方
母音・ㄹで終わる名詞 + 로　[ro]
子音で終わる名詞 + 으로　[uro]

作ってみよう 1　解答集 p.13

母音・ㄹで終わる名詞+로	子音で終わる名詞+으로
① 한국어	⑤ 신칸센
② 일본어	
③ 버스	
④ 지하철	

「寿司は韓国語で何ですか」「私はバスで行きます」のように、手段・道具を表す時には、로/으로を使います。

単語
버스　バス
지하철【地下鐵】地下鉄
신칸센　新幹線
※日本語のハングル表記

その他の交通手段
차【車】車
택시　タクシー
자전거【自轉車】自転車
전철【電鐵】電車、地下鉄
오토바이　オートバイ
비행기【飛行機】飛行機
배　船

2. (이)라고 해요　～と言います　〔引用〕

「寿司は韓国語で초밥と言います」「私はイユジンと言います」のように、引用を表す時には、(이)라고 해요を使います。

● 韓国語で何と言うのかを聞きたい時には次の①または②を使いましょう。
① 한국어로 뭐예요?
　韓国語で何ですか。
② 한국어로 뭐라고 해요?
　韓国語で何と言いますか。

本文　15-05

초밥이라고 해요.
　초밥と言います。

作り方

母音で終わる名詞 + 라고 해요
子音で終わる名詞 + 이라고 해요

単語
알바　バイト
※아르바이트の略
남자 친구【男子親舊】彼氏
노래방【노래房】カラオケ
※노래:歌、방:部屋
스마트폰　スマートフォン
편의점【便宜店】コンビニ
※発音[퍼니점]

作ってみよう2　解答集 p.13

母音で終わる名詞+라고 해요	子音で終わる名詞+이라고 해요
뭐　　　　　　　　?	노래방
알바	스마트폰
남자 친구	편의점

(1) バイトは韓国語で何ですか。/ 알바と言います。
　「바이토」는
(2) カラオケは韓国語で何ですか。/ 노래방と言います。
　「가라오케」는
(3) コンビニは韓国語で何ですか。/ 편의점と言います。
　「곤비니」는

3. 動詞の해形+보세요　～てみてください　〔一度やるように促す〕

「一度発音してみてください」「試しに食べてみてください」のように、試しに一度やってみるように促す時には、動詞の해形+보세요を使います。

※해形とは해요体から요を取った形のこと。

本文　15-06

한번 발음해 보세요.
　一度発音してみてください。

作り方

動詞(해形) + 보세요

● その他の例

辞書形	해形+보세요
着る	입어 보세요
読む	읽어 보세요

作ってみよう3　解答集 p.13

	辞書形	해요体	해形+보세요
行く	가다	가요	가 보세요
食べる	먹다		
する	하다		
言う	말하다		
電話する	전화하다		
聞く	듣다		
書く	쓰다		

4. 動詞の해形+주세요　～てもらえますか　依頼する

本文　15-07

리사 씨가 많이 가르쳐 주세요.
理沙さんがたくさん教えてくださいね。

作り方

動詞(해形) + 주세요

作ってみよう 4　解答集 p.13

	辞書形	해요体	해形+주세요
行く	가다	가요	가 주세요
買う	사다		
来る	오다		
まける(値段を)	깎다		
送る	보내다		
教える	가르치다		
待つ	기다리다		
見せる	보이다		
換える	바꾸다		
撮る	찍다		
する	하다		
電話する	전화하다		

5. 疑問詞　얼마나　どのくらい

本文　15-08

한국어 얼마나 공부했어요?
韓国語どのくらい勉強したんですか。

作ってみよう 5　解答集 p.14

(1) 韓国語どのくらい習ったんですか。／1年習いました。

_____

(2) 時間がどのくらいかかりますか。／30分かかります。

_____

(3) 生活費がどのくらいかかりますか。／7万円かかります。

「韓国語教えてもらえますか/教えてくださいね」「メール送ってもらえますか/送ってくださいね」のように、依頼する時には、動詞の해形+주세요を使います。

「韓国語はどのくらい習ったんですか」「学校までどのくらいかかりますか」のように、期間、所要時間、費用等がどの程度かを質問する時には、얼마나を使います。

🔍 単語

배우다　習う
배웠어요　習いました
1년【1年】1年　※発音[일련]
시간【時間】時間
걸리다　(時間が)かかる
걸려요　かかります
30분【30分】30分
생활비【生活費】生活費
들다　(費用が)かかる
들어요　かかります
7만엔　7万円

漢字語で語彙力アップ

- 점심【點心】昼ご飯
- 중심【中心】中心

- 한국어【韓國語】韓国語
- 어학【語學】語学

- 발음【發音】発音
- 음악【音樂】音楽

- 최고【最高】最高
- 고급【高級】高級

ティータイム

韓国の国旗：太極旗（たいきょくき）

隼人(A)と유진(B)の会話

A：ユジンさん、日本の国旗は「日の丸」って呼びますけど、韓国の国旗にも呼び名があるんですか。
B：韓国の国旗は태극기(太極旗)と言います。
A：태극기(太極旗)には何か意味があるんですか。
B：中心の円が太極(宇宙)で、青と赤が陰陽を表しています。四隅にある黒い線は、左上が天を、右下が地を、右上が水を、左下が火を表しています。
A：要するに宇宙全体を表しているってことですね？
B：ええ、そうです。宇宙全体が陰陽、そして天地、水火の調和を成していることを表しているんです。
A：へえ、結構深い意味があるんですね。
B：태극기(太極旗)には、宇宙と共に限りなく創造し、繁栄したいという韓民族の願いが込められているんですよ。

練習をはじめよう

5 単語を書いてみよう

스시	寿司		
한국어로	韓国語で		
뭐예요?	何ですか		
초밥	寿司		
이라고 해요	〜と言います		
한번	一度		
발음해 보세요	発音してみてください		
얼마나	どのくらい		
공부했어요?	勉強したんですか		
많이	たくさん		
가르쳐 주세요	教えてください		

6 韓国語で書いてみよう

(1)「寿司」は韓国語で何ですか。

_____

(2) 초밥って言います。

_____

(3) 一度発音してみてください。

_____

(4) 韓国語どのくらい勉強したんですか。

_____

(5) 理沙さんがたくさん教えてくださいね。

_____

第15課　리사 씨가 많이 가르쳐 주세요

7 発音の練習をしよう　15-09

理沙: 점심 잘 먹었어요. 그런데 스시는 한국어로 뭐예요?
준수: 초밥이라고 해요. '초밥' 한번 발음해 보세요.
理沙: 초밥! 어때요?
준수: 리사 씨, 한국어 발음이 아주 좋아요. 한국어 얼마나 공부했어요?
理沙: 한 1년 정도 공부 했어요. 그런데 한국어는 발음이 정말 어려워요.
준수: 저는 일본어 한자가 너무 어려워요. 리사 씨가 많이 가르쳐 주세요.
理沙: 네! 그래요. 그런데, 한국에도 초밥이 있어요?
준수: 물론이죠. 하지만 초밥은 역시 일본 초밥이 최고예요.

いよいよ本格的な発音練習です。最初はテキストを見ても構いません。慣れてきたらテキストを見ないで練習しましょう。

① まず、一文ずつ止めながら、音声に続いて発音してみましょう。

② 慣れてきたら、声優の声に少し遅れるようについて発音(シャドーイング)してみましょう。

声優と同じようなリズムと速さで話せるようになるまでシャドーイングを繰り返すことをお勧めします。

8 日本語に翻訳してみよう

確認しましょう
① で 助詞(手段・道具)
② ～と言います
③ ～てみてください
④ ～てもらえますか
⑤ どのくらい
　● にも 助詞の連続

第16課では
① 上手です、よくできます
② できません、苦手です
③ ～しないでください
　● いつ
　● だから 接続詞
を学びます。お楽しみに！

9 韓国語で話してみよう

上の日本語の会話文を、韓国語で表現できれば目標達成です。
お疲れ様でした！

第15課　理沙さんがたくさん教えてくださいね

Practice 15

1. 次の会話を例のように韓国語で書いて、練習してみましょう。　15-10

例	山 [야마] 산	Q	야마는 한국어로 뭐예요?	「山」は韓国語で何ですか?
		A	야마는 한국어로 산이라고 해요.	「山」は韓国語で「산」といいます。
①	時計 [도케이] 시계	Q		
		A		
②	弁当 [벤토] 도시락	Q		
		A		
③	車 [구루마] 차	Q		
		A		
④	お金 [오카네] 돈	Q		
		A		

2. 次の会話を韓国語で書いて、練習してみましょう。　15-11

（日）	（韓）
A：先生、質問があります。	A：
B：はい、何ですか?	B：
A：韓国でも「刺身」食べますか?	A：한국에서도 사시미 먹어요?
B：ええ、食べますよ。	B：
A：「刺身」は韓国語で何ですか?	A：
B：「刺身」は韓国語で「회」といいます。 「회」、一度発音してみてください。	B：
A：「회」。どうですか? 合ってますか?	A：
B：はい。発音がとてもいいですよ。	B：

3. 次の単語をハングルで書いて、発音してみましょう。　15-12

질문	質問	발음	発音
회	刺身	맞아요?	合ってますか

122　Practice15

形容詞の해요体を作ってみよう

P104-105の練習用プリント　解答集P14

グループ4 陽母音タイプ
語幹の最後が으で終わる形容詞で 으の直前の母音が陽母音(ㅏまたはㅗ)

		辞書形	으脱落+아요	해요体	練習
1	忙しい	바쁘다	바ㅃ + 아요	바빠요	
2	悪い	나쁘다			
3	痛い	아프다			
4	空腹だ	배고프다			

グループ4 陰母音タイプ
語幹の最後が으で終わる形容詞で 으の直前の母音が陰母音(ㅏ、ㅗ以外)

		辞書形	으脱落+어요	해요体	練習
1	うれしい	기쁘다	기ㅃ + 어요	기뻐요	
2	かわいい	예쁘다			
3	悲しい	슬프다			
4	大きい	크다			

不規則形容詞 ㅂ不規則
語幹の最後がㅂで終わる形容詞
※一部の形容詞(좁다等)は除く

		辞書形	ㅂ→우 +어요	해요体	練習
1	暑い	덥다	더우 + 어요	더워요	
2	寒い	춥다			
3	難しい	어렵다			
4	簡単だ	쉽다			
5	近い	가깝다			
6	からい	맵다			

第16課 二人とも韓国語本当にうまいですよ。 두 사람 한국어 정말 잘해요.

今度の金曜日に韓国語の試験があります。理沙と隼人は韓国語の発音と作文と格闘中！

ユジン(유진)
隼人(하야토)
理沙(리사)
チュンス(준수)

1 あらすじをチェック

理沙 試験よくできましたか。

준수 そうですね…。日本語は漢字がすごく難しいですね。

유진 隼人さんと理沙さんは韓国語の試験はいつですか。終わったんですか。

隼人 まだ終わっていません。韓国語の試験は金曜日にあるんです。

理沙 韓国語は発音と作文が難しいですね。

隼人 そうそう。私も韓国語の作文が一番苦手です。あ！作文！頭痛い。

준수 二人とも韓国語本当にうまいですよ。だからあんまり心配しなくてもいいですよ。

유진 そうですよ。勉強頑張ってくださいね。ファイト！

2 単語と表現をチェック　　　16-01

☐ 시험【試験】試験　☐ 잘 봤어요？ よくできましたか？ ※直訳：よく受けましたか　☐ 시험을 보다 試験を受ける　☐ 글쎄요 そうですね… ※はっきりした返事をためらう　☐ 일본어【日本語】日本語　☐ 한자【漢字】漢字　☐ 너무 あまりにも、すごく　☐ 어려워요 難しいです　☐ 한국어【韓國語】韓国語　☐ 언제 いつ　☐ 끝났어요？ 終わりましたか　☐ 아직 まだ　☐ 안 끝났어요 終わっていません　☐ 금요일【金曜日】金曜日　☐ 있어요 あります　☐ 발음【發音】発音　☐ 작문【作文】作文 ※発음[장믄]　☐ 맞아요 その通りです　☐ 저도 私も　☐ 제일【第一】最も、一番　☐ 못해요 できません、苦手です ※못하다の해요体　☐ 아！ あ～！　☐ 머리 頭　☐ 아프다 痛い　☐ 두 사람 二人　☐ 정말 本当に　☐ 잘해요 よくできます ※잘하다の해요体　☐ 그러니까 だから [接続詞]　☐ 걱정하지 마세요 心配しないでください ※걱정하다(語幹)+지 마세요(しないでください)　☐ 그래요 そうですよ　☐ 공부【工夫】勉強　☐ 열심히【熱心히】熱心に　☐ 하세요 してください　☐ 화이팅！ ファイト！頑張ってね！ ※激励

3 本文を聞いてみよう　　16-02 韓　16-03 日→韓

理沙: 시험 잘 봤어요?

준수: 글쎄요. 일본어는 한자가 너무 어려워요.

유진: 하야토 씨하고 리사 씨는 한국어 시험이 언제예요? 끝났어요?

隼人: 아직 안 끝났어요. 한국어 시험은 금요일에 있어요.

理沙: 한국어는 발음하고 작문이 어려워요.

隼人: 맞아요. 저도 한국어 작문을 제일 못해요.

아! 작문! 머리 아프다.

준수: 두 사람 한국어 정말 잘해요. 그러니까 너무 걱정하지 마세요.

유진: 그래요. 공부 열심히 하세요. 화이팅!

---

4 文法と表現をチェック

1. 잘해요　うまいです、よくできます　　上手・得意

本文　　16-04

두 사람 한국어 정말 잘해요.
2人とも韓国語本当にうまいですよ。

作り方

名詞 + (를/을) 잘해요

作ってみよう1　　解答集 p.15

(1) 隼人さんは勉強本当によくできますよ。
_____

(2) ユジンさんは歌本当にうまいですよ。
_____

(3) チュンスさんは英語本当にうまいですよ。
_____

「英語がうまいです」「勉強がよくできます」のように、外国語、勉強、運転、料理、歌等がよくできる、上手だということを表す時には、잘해요を使います。※発音[자래요]

해요体	잘해요 上手です
해体	잘해 上手だよ

● 日本語では「英語を話す能力が高い」ことを、「英語がうまいです」のように「〜がうまい(形容詞)」と表現しますが、韓国語では、「영어를 잘해요」のように、「〜をうまくやる(動詞)」と表現します。

🔍 単語

잘하다　うまくやる、よくできる
공부【工夫】勉強
노래　歌
영어【英語】英語

第16課　二人とも韓国語本当にうまいですよ　125

2. 못해요 できません、苦手です　不可能・苦手

「運転はできません」
「英語は苦手です」のように、外国語、勉強、運転、料理、歌等ができない、苦手だということを表す時には、못해요を使います。※発音[모태요]

해요体	못해요 できません
해体	못해 できない

🔍 **単語**

못 「못＋動詞」の形で、不可能の意味を表す。
못하다 できない ※発音[모타다]
운전【運轉】運転
중국어【中國語】中国語
한국어【韓國語】韓国語
듣기 聞き取り
※直訳：聞くこと、듣다 聞く

本文　16-05

저도 한국어 작문을 제일 못해요.
私も韓国語の作文が一番苦手です。

作り方

名詞 ＋ (를/을) 못해요

作ってみよう 2　解答集 p.15

(1) 私は運転できません。

(2) 私は中国語できません。

(3) 私は韓国語の聞き取りが一番苦手です。 ※直訳：聞き取りを

---

3. 動詞＋지 마세요　～しないでください　禁止

動詞＋지 마세요を使うのは次のような場合です。

① 指示する ※係りの人や先生が
「写真撮らないでください」
「教科書は見ないでください」

② 助言する
「心配しないでくださいね」
「無理しないでくださいね」

③ お願いする
「怒らないでくださいね」

해요体	지 마세요 しないでください
해体	지 마 しないで!

🔍 **単語**

사진【寫眞】写真
찍다 撮る(写真を)
무리하다【無理하다】無理する
화내다【火내다】怒る

本文　16-06

너무 걱정하지 마세요.
あんまり心配しないでください。

作り方

動詞(語幹) ＋ 지 마세요

作ってみよう 3　解答集 p.15

(1) 写真撮らないでください。

(2) あんまり無理しないでくださいね。

(3) 怒らないでくださいね。

練習をはじめよう

5 単語を書いてみよう

시험	試験		
잘 봤어요?	よくできましたか		
일본어	日本語		
한자	漢字		
어려워요	難しいです		
한국어	韓国語		
발음	発音		
작문	作文		
제일	一番		
못해요	苦手です		
두 사람	二人		
정말	本当に		
잘해요	うまいです		
걱정하다	心配する		
지 마세요	～しないでください		

6 韓国語で書いてみよう

(1) 試験よくできましたか。

_____

(2) 日本語は漢字がすごく難しいです。

_____

(3) 韓国語は発音と作文が難しいです。

_____

(4) 私も韓国語の作文が一番苦手です。

_____

(5) 二人とも韓国語本当にうまいですよ。

_____

(6) あんまり心配しないでくださいね。

_____

漢字語で語彙力アップ

☐ 시험【試驗】試験
☐ 경험【經驗】経験

☐ 금요일【金曜日】金曜日
☐ 금속【金屬】金属

☐ 발음【發音】発音
☐ 음악【音樂】音楽

☐ 작문【作文】作文
☐ 문화【文化】文化

ティータイム

パパより英語!

隼人(A)とユジン(B)の会話

A：韓国って英語教育が盛んなんですよね?
B：ええ、韓国では英語ができないと、就職も出世も難しいですからね。
A：じゃ、みんな英語の勉強大変なんでしょうね?
B：ええ、特に韓国の親たちは必死ですよ。他の子供に負けないようにと、小中学校の時から子供と一緒に留学する母親たちも結構いるみたいですから。
A：え?じゃ、お父さんは?
B：お父さんはもちろん韓国で一生懸命働いて、海外にいる妻子のために仕送りをするんですよ。そんなお父さんのことを表す流行語もあるんですよ。
A：え?何て言うんですか?
B：キロギアッパ(渡り鳥パパ)って言うんです。一年に一度子供たちに会いに、海を渡って行く寂しいお父さんっていう意味です。
A：へえ、大変ですね!

いよいよ本格的な発音練習です。最初はテキストを見ても構いません。慣れてきたらテキストを見ないで練習しましょう。
① まず、一文ずつ止めながら、音声に続いて発音してみましょう。
② 慣れてきたら、声優の声に少し遅れるようについて発音(シャドーイング)してみましょう。
声優と同じようなリズムと速さで話せるようになるまでシャドーイングを繰り返すことをお勧めします。

上の対話文を日本語に訳してみましょう。

確認しましょう
① 上手です、よくできます
② できません、苦手です
③ 〜しないでください
● いつ
● だから [接続詞]

第17課では
① 〜するつもりです
② 動詞・形容詞等の해体
③ 名詞文の해体
④ から [助詞(開始時点)]
　まで [助詞(終了時点)]
⑤ 敬称なしで名前を呼ぶ
⑥ 〜しよう
⑦ から [助詞(出発地点)]
　まで [助詞(到着地点)]
● 에 [助詞(目的地、方向)]
● それで [接続詞]
を学びます。お楽しみに！

7 発音の練習をしよう　16-07

理沙: 시험 잘 봤어요?
준수: 글쎄요. 일본어는 한자가 너무 어려워요.
유진: 하야토 씨하고 리사 씨는 한국어 시험이 언제예요? 끝났어요?
隼人: 아직 안 끝났어요. 한국어 시험은 금요일에 있어요.
理沙: 한국어는 발음하고 작문이 어려워요.
隼人: 맞아요. 저도 한국어 작문을 제일 못해요. 아! 작문! 머리 아프다.
준수: 두 사람 한국어 정말 잘해요. 그러니까 너무 걱정하지 마세요.
유진: 그래요. 공부 열심히 하세요. 화이팅!

8 日本語に翻訳してみよう

理沙: ____
준수: ____
유진: ____
隼人: ____
理沙: ____
隼人: ____
준수: ____
유진: ____

9 韓国語で話してみよう

上の日本語の会話文を、韓国語で表現できれば目標達成です。お疲れ様でした！

Practice 16

1. (1) 次の会話を韓国語で書いて、練習してみましょう。 16-08

	例 하야토 隼人	① 리사 理沙	② 준수 チュンス	③ 유진 ユジン
잘해요	요리 料理	운동 運動	컴퓨터 パソコン	노래 歌
못해요	작문 作文	영어 英語	한자 漢字	운동 運動

	(日)	(韓)
例	Q: 隼人 さんは何が得意ですか？	Q: 하야토 씨는 뭘 잘해요？
	A: 料理 が得意です。	A: ☐ 를/을
	Q: 隼人 さんは何が苦手ですか？	Q: 하야토 씨는 뭘 못해요？
	A: 作文 が苦手です。	A: ☐ 를/을

(2) ①〜③を使って、例のように会話を作って練習してみましょう。

2. 自分の得意・不得意についてチェックした後、インタビューしてみましょう。 16-09

Q	영어 잘해요？ 英語 得意ですか？	영어	한국어	요리	노래	운동	영어	한국어	요리	노래	운동	영어	한국어	요리	노래	운동
A	잘해요 得意です															
	조금 해요 少しできます															
	잘 못해요 苦手です															
	(전혀) 못해요 (全然)できません															
インタビューした人の名前	自分	❶					❷									

第17課　僕も韓国に帰るつもりだよ。　나도 한국에 돌아갈 거야.

チュンスとユジンが韓国に帰省する日程について話をしています。

1　あらすじをチェック

준수　ユジン、お前夏休みは何するの?

유진　韓国に帰る予定です。先輩は?

준수　僕も韓国に帰る予定だけど。ユジンはいつからいつまで?

유진　8月7日から16日までいる予定です。

준수　そうか? 僕も8月7日の飛行機なんだよね。よかった。一緒に行こうよ。

유진　チュンス先輩はインチョン空港から釜山にそのまま行くんですか。

준수　いや。ソウルの姉貴の家に3日ぐらいいる予定なんだ。
　　　それで、釜山には8月10日に帰るんだ。

2　単語と表現をチェック　17-01

☐ 유진아　유진+아　ユジン! ※子音で終わる名前を敬称なしで呼ぶ　☐ 너　お前、君　※親しい友人、目下の人に、男女とも使う　☐ 여름　夏　☐ 방학【放學】学校の休み（例：夏休み、冬休み）　☐ 때　時（とき）　☐ 뭐　何　☐ 해?　するの? ※하다の해体（くだけた文体）　☐ 한국【韓國】韓国　☐ 돌아갈 거예요　帰るつもりです　※돌아가다（語幹）+ㄹ 거예요（するつもりです）　☐ 오빠　先輩　※女性が親しい目上の男性に　☐ 오빠는요?　先輩は? ※丁寧に表現する語尾　☐ 나　僕、俺、私　※親しい友人、目下の人と話す時、男女とも使う　☐ 돌아갈 거야　帰るつもりだよ　※돌아갈 거+야(だよ)、해体　☐ 언제　いつ　☐ 부터　から　助詞（開始時点）　☐ 까지　まで　助詞（終了時点）　☐ 그래?　そうか? ※그렇다（そうだ）の해体　☐ 8월 7일　8月7日　☐ 비행기【飛行機】飛行機　☐ 비행기야【飛行機야】飛行機だよ　※비행기+야（だよ）、해体　☐ 잘 됐다!　よかった!　☐ 같이　一緒に　☐ 가자　行こう! ※動詞가다（語幹）+자、誘う　☐ 인천【仁川】インチョン（地名）　☐ 공항【空港】空港　☐ 에서　から　助詞（出発地点）　☐ 으로　に、へ　助詞（方向）　☐ 바로　そのまま、すぐに　☐ 아니　いや ※親しい友人、目下の人に　☐ 정도【程度】程度、くらい　☐ 있을 거야　いるつもりなんだ　☐ 돌아가　帰るんだ　※돌아가다の해体

3　本文を聞いてみよう　　17-02 韓　17-03 日→韓

준수: 유진아, 너는 여름 방학 때 뭐 해?

유진: 한국에 돌아갈 거예요. 오빠는요?

준수: 나도 한국에 돌아갈 거야. 너는 언제부터 언제까지?

유진: 8월 7일부터 16일까지 있을 거예요.

준수: 그래? 나도 8월 7일 비행기야. 잘 됐다. 같이 가자.

유진: 준수 오빠는 인천공항에서 부산으로 바로 갈 거예요?

준수: 아니. 서울 누나 집에 3일 정도 있을 거야. 그래서 부산에는 8월 10일에 돌아가.

4　文法と表現をチェック

1. 動詞+ㄹ/을 거예요　~するつもりです　意志・予定

本文　17-04

한국에 돌아갈 거예요.
韓国に帰るつもりです。

8월 7일부터 16일까지 있을 거예요.
8月7日から16日までいる予定です。

作り方

母音で終わる動詞(語幹)　　　　　｝+ ㄹ 거예요
ㄹで終わる動詞 → ㄹ脱落
子音で終わる動詞(語幹)　　　　　+ 을 거예요

作ってみよう1　　解答集 p.15

動詞(語幹)+ㄹ 거예요		動詞(語幹)+을 거예요	
가다		읽다	
만나다		있다	
ㄹで終わる動詞 →ㄹ脱落+ㄹ 거예요		※있다(存在詞)を、「その場にとどまる、滞在する」という意味で用いる時には、있을 거예요(いるつもりです)を使います。	
놀다			
만들다			

「何するつもりですか」「韓国に旅行するつもりです」のように、話し手や聞き手の意志・予定を表す時にはㄹ/을 거예요(※発音[ㄹ/을 꺼에요] 濃音化)を使います。

해요体	ㄹ 거예요 するつもりです
해体	ㄹ 거야 するつもりだよ

● 月日の表し方　17-05

	월【月】月	일【日】日
1	일 월	일 일
2	이 월	이 일
3	삼 월	삼 일
4	사 월	사 일
5	오 월	오 일
6	유 월	육 일
7	칠 월	칠 일
8	팔 월	팔 일
9	구 월	구 일
10	시 월	십 일
11	십일 월	십일 일
12	십이 월	십이 일

※6月と10月は形に注意!

第17課　ぼくも韓国に帰るつもりだよ

🔍 単語

주말【週末】週末
뭐 할 거예요?
   何するつもりですか
집 家
겨울방학【겨울放學】冬休み
※겨울방학 때 冬休み(の)時は
한국【韓國】韓国
여행가다【旅行가다】旅行する
연휴【連休】連休
※연휴 때 連休(の)時は
친구【親舊】友達

해体とは、親しい友人や目下の人に対して使う大変くだけた文体(友達口調)のことです。반말とも言います。

● 動詞・形容詞・存在詞の
해요体から요を取ると해体ができます。

(1) 週末に何するつもりですか。/ 家にいる予定です。
_____

(2) 冬休みは何するつもりですか。/ 韓国に旅行するつもりです。
_____

(3) 連休は何するつもりですか。/ 友達に会う予定です。
_____

2. 動詞・形容詞・存在詞の해体　　くだけた文体

本文　　　　　　　　　　　　　　　　　　17-06

여름방학 때 뭐 해?
  夏休みは何するの?
그래?
  そうか?
부산에는 8월 10일에 돌아가.
  プサンには8月10日に帰るんだ。

作り方

動詞・形容詞・存在詞(해요体)の요を取る → 해体

作ってみよう 2　　　　　　　解答集 p.15

	動詞の해요体	해体		存・形の해요体	해体
行く	가요		ある	있어요	
会う	만나요		ない	없어요	
帰る	돌아가요		多い	많아요	
見る	봐요		よい	좋아요	
合う	맞아요		清潔	깨끗해요	
食べる	먹어요		忙しい	바빠요	
飲む	마셔요		可愛い	예뻐요	
かかる	걸려요		有難い	고마워요	

(1) 今何してるの?/ 友達とご飯食べてるんだ。
_____

(2) 今晩時間ある?/ うん、あるよ。どうして?
_____

(3) 最近忙しい?/ すごく忙しいよ。
_____

🔍 単語

지금【只今】今
밥 ご飯
오늘 저녁 今晩
시간【時間】時間
응 うん
왜? どうして?
요즘 最近
너무 あまりにも

3. 名詞文の해体　　　くだけた文体

本文　17-07

나도 한국에 돌아갈 거야.
僕も韓国に帰るつもりだよ。

나도 8월 7일 비행기야.
僕も8月7日の飛行機なんだ。

「父だよ」「弟だよ」のような名詞文（名詞＋だ）を해体（くだけた文体）で表す時には、名詞＋야/이야を使います。

해요体	母音	아버지예요
	子音	남동생이에요
해体	母音	아버지야
	子音	남동생이야

作り方

母音で終わる名詞 ＋ 야
子音で終わる名詞 ＋ 이야

作ってみよう 3　　解答集 p.16

母音で終わる名詞＋야	子音で終わる名詞＋이야
뭐	필통
누구	남동생
어디	부산

(1) これは何？／ペンケースだよ。※直訳：これが何？

(2) この人は誰？／ぼくの弟だよ。

(3) ここはどこ？／プサンだよ。

単語
이게　これが
이　この
사람　人
내　ぼくの
여기　ここ
부산【釜山】プサン

4. 助詞 부터 から／까지 まで　　開始時点/終了時点

本文　17-08

8월 7일부터 16일까지 있을 거예요.
8月7日から16日までいる予定です。

「15日から17日まで」「1時から2時まで」のように、開始時点を表すときには부터、終了時点を表すときには까지を使います。

作り方

時点 ＋ 부터　　時点 ＋ 까지

作ってみよう 4　　解答集 p.16

(1) 夏休みは8月6日から9月24日までです。

(2) 韓国語の授業は10時40分から12時10分までです。

単語
여름 방학【여름放學】夏休み
한국어【韓國語】韓国語
수업【授業】授業
시【時】時
분【分】分

親しい友人や目下の人を敬称(~さん)なしで呼ぶ時には、人名+아/야を使います。

5. 人名+야/아　　敬称なしで呼ぶ

例文　17-09
준수야!　チュンス!　　유진아!　ユジン!

作り方
母音で終わる人名 + 야
子音で終わる人名 + 아

作ってみよう5　解答集 p.16

人名+야	人名+아	
男 현우	女 서연	発音[　　]
女 윤서	男 지훈	発音[　　]

「一緒に行こう」「ご飯食べよう」のように、友人や目下の人を誘う時には、자を使います。

応用
내일 보자!
明日会おうね!

또 보자!
また会おうね!

※보다 見る、会う

6. 動詞+자　~しよう　　誘う

本文　17-10
같이 가자.　一緒に行こう。

作り方
動詞(語幹) + 자

作ってみよう6　解答集 p.16

動詞(語幹)+자			
가다		먹다	
보다		찍다 撮る	

「ソウルから釜山まで」「東京から大阪まで」のように、出発地点を表すときには에서、到着地点を表すときには까지を使います。

単語
비행기【飛行機】飛行機
로 で　助詞(手段)
한 시간【한 時間】1時間
반【半】半
걸리다 かかる(時間)
집 家
학교【學校】学校
회사【會社】会社
버스 バス

7. 助詞 에서 から / 까지 まで　　出発地点/到着地点

例文　17-11
서울에서 부산까지 얼마나 걸려요?
ソウルから釜山までどのくらいかかりますか。

作り方
出発地点 + 에서　　到着地点 + 까지

作ってみよう7　解答集 p.16

(1) 大阪からソウルまで飛行機で1時間半かかります。

(2) 家から学校(会社)までバスで40分かかります。

134　第17課 나도 한국에 돌아갈 거야

練習をはじめよう

5 単語を書いてみよう

유진아	ユジン！		
너	お前、君		
여름 방학	夏休み		
때	時		
뭐 해?	何するの？		
한국에	韓国に		
돌아갈 거예요	帰るつもりです		
부터	から		
까지	まで		
있을 거예요	いる予定です		
인천공항	仁川空港		
부산으로	プサンに		
바로	そのまま		
갈 거예요?	行くつもりですか		
3일 정도	3日ぐらい		

6 韓国語で書いてみよう

(1) ユジン、お前夏休みは何するの？

_____

(2) 韓国に帰る予定です。

_____

(3) 8月7日から16日までいる予定です。

_____

(4) インチョン空港から釜山にそのまま行くつもりですか。

_____

(5) ソウルの姉貴の家に3日ぐらいいる予定なんだ。

_____

漢字語で語彙力アップ

- 방학【放學】夏(冬)休み
- 방송【放送】放送
- 비행기【飛行機】飛行機
- 기계【機械】機械
- 인천【仁川】インチョン
- 하천【河川】河川
- 공항【空港】空港
- 공기【空氣】空気
- 정도【程度】程度
- 과정【過程】過程

ティータイム

年上の男性には오빠

오빠は、妹が自分のお兄さんについて説明したり、お兄さんを直接呼んだりする時に使う言葉です。
ところが、韓国のドラマを見ていると、「오빠 사랑해！（オッパ、愛してる！）」というフレーズがよく出てきます。でも、妹がお兄さんに恋しているわけではありません。
年下の女性が年上の男性(他人)を親しみを込めて呼ぶ時にも、오빠と言います。最初は①박준수 씨だったのが、②준수 씨→③준수 오빠→④오빠というように出世していく(?)わけです。韓国の男性は年下の女性から오빠と言われると急にやさしくなることもあるようですので、女性の皆さん、一度試しに오빠を使ってみてはいかがですか？

いよいよ本格的な発音練習です。最初はテキストを見ても構いません。慣れてきたらテキストを見ないで練習しましょう。

① まず、一文ずつ止めながら、音声に続いて発音してみましょう。

② 慣れてきたら、声優の声に少し遅れるようについて発音(シャドーイング)してみましょう。

声優と同じようなリズムと速さで話せるようになるまでシャドーイングを繰り返すことをお勧めします。

7 発音の練習をしよう 17-12

준수: 유진아, 너는 여름 방학 때 뭐 해?
유진: 한국에 돌아갈 거예요. 오빠는요?
준수: 나도 한국에 돌아갈 거야. 너는 언제부터 언제까지?
유진: 8월 7일부터 16일까지 있을 거예요.
준수: 그래? 나도 8월 7일 비행기야. 잘 됐다. 같이 가자.
유진: 준수 오빠는 인천공항에서 부산으로 바로 갈 거예요?
준수: 아니. 서울 누나 집에 3일 정도 있을 거야. 그래서 부산에는 8월 10일에 돌아가.

8 日本語に翻訳してみよう

준수: _____
유진: _____
준수: _____
유진: _____
준수: _____
유진: _____
준수: _____

確認しましょう
① ～するつもりです
② 動詞・形容詞等の해体
③ 名詞文の해体
④ 부터 [助詞(開始時点)]
　 까지 [助詞(終了時点)]
⑤ 敬称なしで名前を呼ぶ
⑥ ～しよう [誘う]
⑦ 에서 [助詞(出発地点)]
　 까지 [助詞(到着地点)]
● 에 助詞(目的地、方向)
● 그래서 [接続詞]

第18課では
① ～します(か)
② ～しようと思っています
③ 과 [助詞(行動を共にする相手)]
を学びます。お楽しみに！

9 韓国語で話してみよう

上の日本語の会話文を、韓国語で表現できれば目標達成です。
お疲れ様でした！

Practice 17

1. 次の会話を例のように韓国語で書いて、練習してみましょう。　17-13

Q	여름 방학 때 뭐 할 거예요?		夏休みは何するんですか?	
	例	①	②	③
	英語を 勉強するつもりです	旅行を するつもりです	就職活動を するつもりです	アルバイトを するつもりです
A	영어를 공부할 거예요			

2. 次の会話を例のように韓国語で書いて、練習してみましょう。　17-14

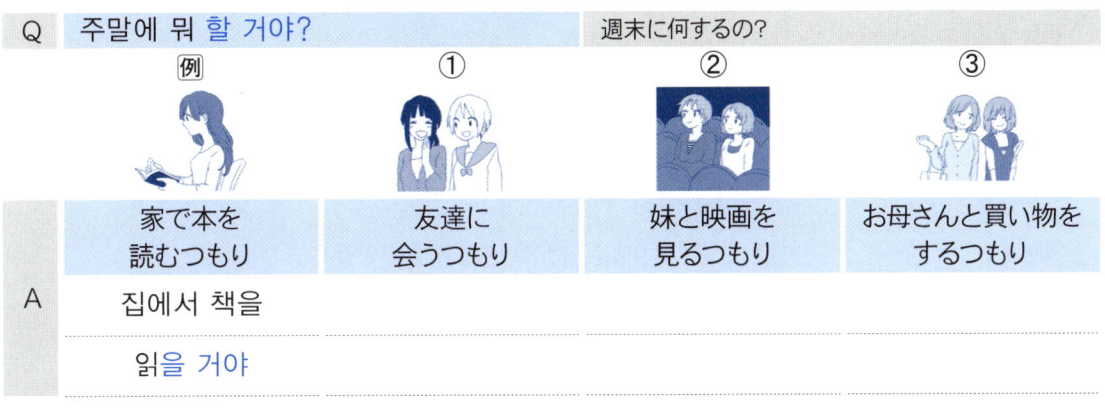

Q	주말에 뭐 할 거야?		週末に何するの?	
	例	①	②	③
	家で本を 読むつもり	友達に 会うつもり	妹と映画を 見るつもり	お母さんと買い物を するつもり
A	집에서 책을 읽을 거야			

3. 次の会話を韓国語で書いて、練習してみましょう。　17-15

（日）	（韓）
A: 週末に何するんですか?	A:
B: 妹と映画を見るんだ。	B: 여동생하고 영화를 볼 거야.
A: 何の映画ですか。	A:
B:「ラブストーリー」。	B:
A: あ! あの映画、私も見ましたよ。	A:
B: そう? どうだった? 面白かった?	B:
A: ええ、とても良かったですよ。	A:

4. 次の単語をハングルで書いて、発音してみましょう。　17-16

영어	英語	여동생	妹
여행	旅行	쇼핑	買い物
취직활동	就職活動	러브스토리	ラブストーリー

第18課 一緒に韓国に行きませんか。 같이 한국에 안 갈래요?

チュンスとユジンの帰省に合わせて、理沙と隼人も韓国に旅行することが決まったようです!

ユジン(유진)
隼人(하야토)
理沙(리사)
チュンス(준수)

1 あらすじをチェック

준수　二人は休みに何か計画ありますか。

隼人　私はまだありませんけど。理沙はどう？ 計画ある?

理沙　私もまだありません。でも、どこか旅行しようと思ってます。

유진　じゃ、私たちと一緒に韓国に行きませんか。

준수　そうしましょうよ。ユジンも私も韓国に帰る予定ですから。

理沙　韓国？ うわあ! いいですね! 一緒に行きましょう。

隼人　わあ! 韓国旅行! 私も大丈夫ですよ。

유진　よかった。じゃ、一緒に旅行の計画立てましょう。

2 単語と表現をチェック　18-01

☐ 두 사람 二人　☐ 방학【放學】学校の長期の休み　☐ 때 時　☐ 무슨 何か、何の
☐ 계획【計劃】計画　☐ 있어요? ありますか　☐ 어때? どう? ※어떻다(どうだ)の해体
☐ 있어? ある? ※있다の해体　☐ 아직 まだ　☐ 없어요 ありません
☐ 하지만 でも、だけど [接続詞]　☐ 어딘가 どこか　☐ 여행가려고 해요 旅行しようと思っています ※여행가다(語幹)+려고 해요(しようと思っています)　☐ 우리 私たち
☐ 랑 と [助詞(行動を共にする相手)]　☐ 같이 一緒に ※発音[가치]　☐ 안 갈래요? 行きませんか? ※안+가다(語幹)+ㄹ래요　☐ 그래요 そうしましょうよ ※誘い　☐ 유진이 유진+이 ユジン ※子音で終わる名前につけて語調を整える　☐ 돌아갈 거예요 帰るつもりです
☐ 우와! うわあ!　☐ 좋아요 いいですよ　☐ 와! わあ!　☐ 괜찮아요 大丈夫です
☐ 잘 됐네요 よかったですね ※잘 됐다:うまくいった、잘됐다(語幹)+네요(ですね) ※発音[잘 됀네요]　☐ 세워요 立てましょう ※誘い、세우다の해요体

3 本文を聞いてみよう　18-02 韓　18-03 日→韓

준수: 두 사람은 방학 때 무슨 계획 있어요?

隼人: 저는 아직 없어요. 리사는 어때? 계획 있어?

理沙: 저도 아직 없어요. 하지만 어딘가 여행가려고 해요.

유진: 그럼, 우리랑 같이 한국에 안 갈래요?

준수: 그래요. 유진이도 저도 한국에 돌아갈 거예요.

理沙: 한국? 우와! 좋아요! 같이 가요.

隼人: 와! 한국 여행! 저도 괜찮아요.

유진: 잘 됐네요. 그럼 같이 여행 계획 세워요.

4 文法と表現をチェック

1. 動詞+ㄹ래요/을래요(?) ～します(か)　意向を尋ねる・表す

18-04

本文
같이 한국에 안 갈래요?
一緒に韓国に行きませんか?

作り方
母音で終わる動詞(語幹)　　　　　　}
ㄹで終わる動詞 → ㄹ脱落　　　　　　} ＋ ㄹ래요
子音で終わる動詞(語幹)　　　　　　＋ 을래요

作ってみよう 1　解答集 p.16

動詞(語幹)+ㄹ래요		動詞(語幹)+을래요	
가다		먹다	
마시다		찍다 撮る	
ㄹで終わる動詞 →ㄹ脱落+ㄹ래요			
놀다			
만들다			

「何にしますか?」「何を食べますか」のように、聞き手に意向を尋ねる時には、ㄹ래요/을래요?を使います。

丁寧形	ㄹ래요? しますか?
非丁寧形	ㄹ래? する?

●「私はコーヒーにします」「私はビビンバを食べます」のように、話し手が自分の意向を表す時には、ㄹ래요/을래요を使います。

丁寧形	ㄹ래요 します
非丁寧形	ㄹ래 する

第18課　一緒に韓国に行きませんか

💻 뭐 먹어요?とすると、「普通何を食べますか」の意味になり、相手の習慣を尋ねることになります。相手の意向を尋ねる時には、ㄹ래요?を使いましょう!

🔍 **単語**
커피 コーヒー
서울타워 ソウルタワー
비빔밥 ビビンバ

(1) 何飲みますか。/私はコーヒー飲みます。 ※カフェで
_____

(2) 何食べますか。/私はビビンバ食べます。 ※食堂で
_____

(3) どこに行きますか。/私たちソウルタワーに行きましょう。
_____

2. 動詞+(으)려고 해요 ～しようと思っています　意志

本文 18-05

어딘가 여행가려고 해요.
どこか旅行しようと思っています。

作り方

母音で終わる動詞(語幹) ┐
ㄹで終わる動詞(語幹)   ├ + 려고 해요
子音で終わる動詞(語幹)　 + 으려고 해요

💻 「夏休みにソウルに行こうと思っています」「来年韓国に留学しようと思っています」のように、「～しようとする」意志を表す時には、(으)려고 해요を使います。

🔍 **単語**
사다 買う
시작하다【始作하다】始める
바꾸다 換える
만들다 作る
읽다 読む
찍다 撮る

作ってみよう 2　解答集 p.17

動詞(語幹)+려고 해요		動詞(語幹)+으려고 해요	
사다		읽다	
시작하다		찍다	
바꾸다			
만들다			

🔍 **単語**
차【車】車
아르바이트 アルバイト
스마트폰 スマートフォン

(1) 車を買おうと思っています。
_____

(2) アルバイトを始めようと思っています。
_____

(3) スマートフォンを変えようと思っています。
_____

3. 助詞 랑/이랑 と　　行動を共にする相手

本文　18-06

우리랑 같이 한국에 안 갈래요?
私達と一緒に韓国に行きませんか?

作り方

母音で終わる名詞 + 랑
子音で終わる名詞 + 이랑

作ってみよう 3　　解答集 p.17

母音で終わる名詞+랑	子音で終わる名詞+이랑
누구	선생님
친구	부모님
동료	여동생

(1) 誰と行くつもりですか。/ 友達と行くつもりです。

(2) 誰と行ったんですか。/ 妹と行きました。

(3) お昼は誰と食べますか。/ 会社の同僚と食べます。(習慣)

「(誰々)と〜する」のように、行動を共にする相手を表す時には、랑/이랑を使います。

10課で習った하고とは何が違うんですか?

하고も랑/이랑も、「行動を共にする相手」を表します。両方とも話し言葉で使われますが、意味の違いはありません。

単語
선생님【先生님】先生
부모님【父母님】両親
동료【同僚】同僚 ※発音[동뇨]
점심【點心】昼ご飯
회사【會社】会社

漢字語で語彙力アップ

- 계획【計劃】計画
- 계산【計算】計算
- 여행【旅行】旅行
- 여권【旅券】パスポート
  ※発音[여꿘]

ティータイム

年齢を聞くのは当たり前!

🍵 韓国人は初対面で「お年はいくつですか」あるいはやや間接的に「なにどし生まれですか」と相手の年齢を聞くことが多いです。
それは、自分と相手のどちらが年上かを確認し、丁寧語(해요体)で話すべきか、ため口(해体)で話すべきかを決めるためなのです。
相手が年下とわかった瞬間、年上の人はため口(해体)でいかにもリラックスして(上から目線で!?)話し始めます。
同い年だったら、「우리, 말 편하게 해요.(私たち言葉を楽にしましょうよ)」と言って、ため口(해体)モードに切り替えます。ため口(해体)がうまく使えるようになれば、同い年の韓国人とはあっという間に距離が縮まりますよ!

練習をはじめよう

5 単語を書いてみよう

방학 때	長期の休みの時		
무슨	何か、何の		
계획	計画		
어딘가	どこか		
여행가다	旅行する		
려고 해요	~しようと思っています		
우리랑	私たちと		
같이	一緒に		
한국	韓国		
안 갈래요?	行きませんか		
돌아가다	帰る		
잘 됐네요	よかった		
세워요	立てましょう		

6 韓国語で書いてみよう

(1) 休みに何か計画ありますか?

_____

(2) どこか旅行しようと思っています。

_____

(3) 私たちと一緒に韓国に行きませんか。

_____

(4) ユジンも私も韓国に帰るつもりです。

_____

(5) よかった。じゃ、一緒に旅行の計画立てましょうよ。

_____

7 発音の練習をしよう　18-07

준수: 두 사람은 방학 때 무슨 계획 있어요?
隼人: 저는 아직 없어요.
　　　리사는 어때? 계획 있어?
理沙: 저도 아직 없어요. 하지만 어딘가 여행가려고 해요.
유진: 그럼, 우리랑 같이 한국에 안 갈래요?
준수: 그래요. 유진이도 저도 한국에 돌아갈 거예요.
理沙: 한국? 우와! 좋아요! 같이 가요.
隼人: 와! 한국 여행! 저도 괜찮아요.
유진: 잘 됐네요. 그럼 같이 여행 계획 세워요.

いよいよ本格的な発音練習です。最初はテキストを見ても構いません。慣れてきたらテキストを見ないで練習しましょう。

① まず、一文ずつ止めながら、音声に続いて発音してみましょう。

② 慣れてきたら、声優の声に少し遅れるようについて発音(シャドーイング)してみましょう。

声優と同じようなリズムと速さで話せるようになるまでシャドーイングを繰り返すことをお勧めします。

8 日本語に翻訳してみよう

준수: ＿＿＿＿＿＿＿＿＿＿＿＿＿＿＿＿＿＿
隼人: ＿＿＿＿＿＿＿＿＿＿＿＿＿＿＿＿＿＿
理沙: ＿＿＿＿＿＿＿＿＿＿＿＿＿＿＿＿＿＿
유진: ＿＿＿＿＿＿＿＿＿＿＿＿＿＿＿＿＿＿
준수: ＿＿＿＿＿＿＿＿＿＿＿＿＿＿＿＿＿＿
理沙: ＿＿＿＿＿＿＿＿＿＿＿＿＿＿＿＿＿＿
隼人: ＿＿＿＿＿＿＿＿＿＿＿＿＿＿＿＿＿＿
유진: ＿＿＿＿＿＿＿＿＿＿＿＿＿＿＿＿＿＿

確認してみよう
① ～します(か)
② ～しようと思っています
③ と [助詞(行動を共にする相手)]

第19課では
① ～したいです
② ～しますね
③ には [助詞の連続→縮約]
④ ～てみる
を学びます。お楽しみに！

9 韓国語で話してみよう

上の日本語の会話文を、韓国語で表現できれば目標達成です。
お疲れ様でした！

第18課　一緒に韓国に行きませんか　143

Practice 18

1. 次の会話を例のように韓国語で書いて、練習してみましょう。　18-08

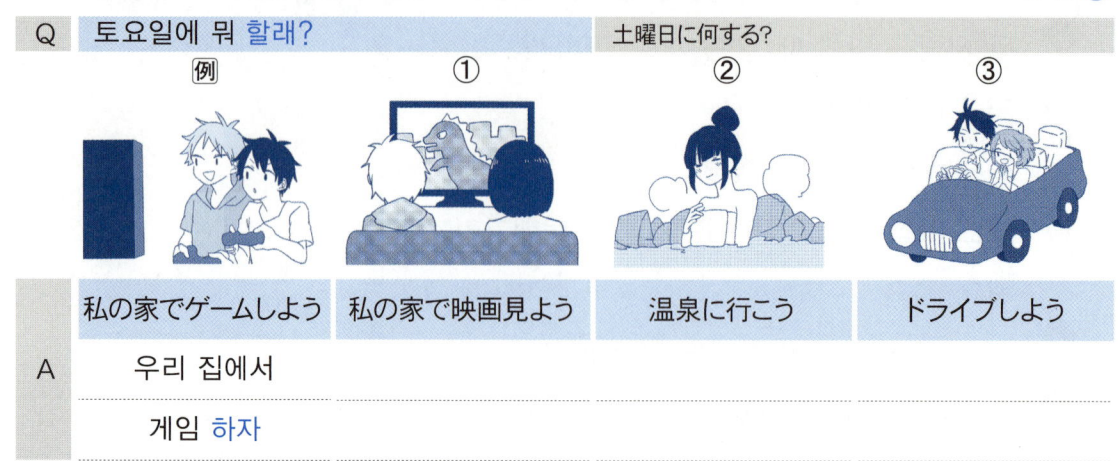

Q	토요일에 뭐 할래?		土曜日に何する?	
	例	①	②	③
	私の家でゲームしよう	私の家で映画見よう	温泉に行こう	ドライブしよう
A	우리 집에서			
	게임 하자			

2. 次の会話を韓国語で書いて、練習してみましょう。　18-09

（日）	（韓）
A：土曜日に何か計画あるの?	A：
B：まだありません。どうしてですか?	B：
A：じゃ、一緒に公園に行かない?	A：
B：公園ですか? いいですね! 行きましょう。	B：
A：お昼は公園でお弁当食べよう。	A：
B：いいですね。お弁当は買うんですか?	B：
A：いや。サンドイッチ作るつもりだよ。	A：
B：じゃ、私はのり巻きを作りますね。	B：

3. 次の単語をハングルで書いて、発音してみましょう。　18-10

게임	ゲーム	아직	まだ
우리 집	私の家	공원	公園
온천	温泉	도시락	弁当
드라이브	ドライブ	샌드위치	サンドイッチ
무슨	何か	김밥	のり巻き
계획	計画	만들게요	作りますね

形容詞の過去形(〜かったです)を作ってみよう

P111の練習用プリント 解答集P17

作り方

形容詞(해形) + ㅆ어요

		辞書形	해요体	해形	過去形 해形+ㅆ어요
1	多い	많다	많아요	많아	많았어요
2	小さい	작다			
3	大丈夫	괜찮다			
4	よい	좋다			
5	安い	싸다			
6	高い	비싸다			
7	遠い	멀다	멀어요	멀어	멀었어요
8	少ない	적다			
9	長い	길다			
10	おいしい	맛있다			
11	面白い	재미있다			
12	面白くない	재미없다			
13	かっこいい	멋있다			
14	きれい・清潔	깨끗하다	깨끗해요	깨끗해	깨끗했어요
15	暖かい	따뜻하다			
16	涼しい	시원하다			
17	忙しい	바쁘다	바빠요	바빠	바빴어요
18	悪い	나쁘다			
19	痛い	아프다			
20	空腹だ	배고프다			
21	うれしい	기쁘다	기뻐요	기뻐	기뻤어요
22	かわいい	예쁘다			
23	悲しい	슬프다			
24	大きい	크다			
25	暑い	덥다	더워요	더워	더웠어요
26	寒い	춥다			
27	難しい	어렵다			
28	簡単だ	쉽다			
29	近い	가깝다			
30	からい	맵다			

第19課　参鶏湯を食べたいです。　삼계탕을 먹고 싶어요.

4人が韓国旅行の話で盛り上がっています!

ユジン(유진)
隼人(하야토)
理沙(리사)
チュンス(준수)

1　あらすじをチェック

理沙　韓国旅行が本当に楽しみですね。

隼人　私は韓国で参鶏湯を食べたいですね。

理沙　私はサムギョプサルを食べたいです。

유진　いいですよ。私がソウルで案内しますね。

준수　もしかして釜山には関心ありませんか。私は8月10日に釜山に帰る予定なんですけど。

理沙　私は釜山にも行ってみたいですね。

준수　そうですか。じゃ、その時一緒に行きましょうよ。隼人さんはどうしますか。

隼人　悪いけど、私は今回はソウルを満喫したいです。

2　単語と表現をチェック　19-01

☐ 여행【旅行】旅行　　☐ 정말 本当に　　☐ 기대되다【期待되다】期待される　　☐ 기대돼요【期待돼요】楽しみです　※直訳：期待されます　　☐ 삼계탕【蔘鷄湯】サムゲタン　　☐ 먹고 싶어요 食べたいです　※먹다(語幹)+고 싶어요(したいです)　　☐ 삼겹살【三겹살】豚の三枚肉　　☐ 제가 私が　※저(私)は助詞가(が)の前では저가ではなく제가(私が)となる　　☐ 안내할게요【案內할게요】案内しますね　※안내하다(語幹)+ㄹ게요(しますね)　　☐ 혹시【或是】もしかして　　☐ 에는 には　※에+는　助詞の連続　　☐ 관심【關心】関心　　☐ 돌아갈 거예요 帰るつもりです　　☐ 에도 にも　※에+도　助詞の連続　　☐ 가 보고 싶어요 行ってみたいです　※가다(해形)+보다(語幹)+고 싶어요(たいです)　　☐ 어떻게 どのように　　☐ 할래요? しますか?　※하다(語幹)+ㄹ래요?(ますか)　　☐ 미안해요【未安해요】すみません、ごめんなさい　　☐ 이번【이番】今回　　☐ 엔 には　※에는の縮約形　　☐ 만끽하다【滿喫하다】満喫する　※発音[만끼카다]　　☐ 만끽하고 싶어요 満喫したいです

3. 本文を聞いてみよう

理沙: 한국 여행이 정말 기대돼요.
隼人: 저는 한국에서 삼계탕을 먹고 싶어요.
理沙: 저는 삼겹살을 먹고 싶어요.
유진: 좋아요. 제가 서울에서 안내할게요.
준수: 혹시 부산에는 관심 없어요?
       저는 8월 10일에 부산에 돌아갈 거예요.
理沙: 저는 부산에도 가 보고 싶어요.
준수: 그래요? 그럼 그때 같이 가요. 하야토 씨는 어떻게 할래요?
隼人: 미안해요. 저는 이번엔 서울을 만끽하고 싶어요.

4. 文法と表現をチェック

1. 動詞+고 싶어요 ～したいです 【希望・願望】

本文

삼계탕을 먹고 싶어요.
　参鶏湯を食べたいです。

부산에도 가고 싶어요.
　釜山にも行きたいです。

作り方

動詞(語幹) + 고 싶어요

作ってみよう 1　　解答集 p.18

(1) 何食べたいですか。/ カルビを食べたいです。

(2) どこに行きたいですか。/ ソウルに行きたいです。

(3) お手洗いに行きたいです。

「食べたいです」「行きたいです」のように、希望・願望を表す時には、고 싶어요 を使います。

해요体	고 싶어요 したいです
해体	고 싶어 したい

● 目上の人に希望・願望を聞くのは一般的には失礼になります。「何を召し上がりたいですか」ではなく、「뭘 드시겠어요?(何を召し上がりますか)」と聞くのがいいでしょう。

※ 드시다 召し上がる

単語

뭐　何
갈비　カルビ
서울　ソウル
화장실【化粧室】お手洗い

「(私が)案内しますね」「10時に行きますね」のように話し手の意志・約束を表す時にはㄹ게요/을게요を使います。

丁寧形	ㄹ게요 〜しますね
非丁寧形	ㄹ게 〜するね

● ㄹ게요は、話し手が主語の場合しか使えません。

● 目上の人に改まって話す時にㄹ게요を使って제가 갈게요(私が行きますね)と言うと失礼になります。その場合は제가 가겠습니다(私が行きます)と言いましょう。

2. 動詞+ㄹ게요/을게요 〜しますね   意志・約束

本文   19-05

제가 서울에서 안내할게요.
私がソウルで案内しますね。

作り方

母音で終わる動詞(語幹)　　　　｝ + ㄹ게요
ㄹで終わる動詞→ㄹ脱落
子音で終わる動詞(語幹)　+ 을게요

作ってみよう2   解答集 p.18

動詞(語幹)+ㄹ게요		動詞(語幹)+을게요	
가다		먹다	
쓰다 使う		찍다 撮る	
ㄹで終わる動詞 →ㄹ脱落+ㄹ게요			
만들다			

「週末には」「金曜日には」等の「には」を表す時には에는を使います。話し言葉では縮約形の엔を使うことも多いです。

에는 → 엔 (縮約形)

🔍 単語

내년【來年】来年
한국【韓國】韓国
여름　夏
친구【親舊】友達
부산【釜山】釜山
주말【週末】週末
집　家

3. 助詞　엔 〜には   助詞の連続→縮約

本文   19-06

이번엔 서울을 만끽하고 싶어요.
今回はソウルを満喫したいです。(直訳：今回には〜)

作り方

名詞 + 엔

作ってみよう3   解答集 p.18

(1) 来年には韓国に行きたいです。
　　＿＿＿＿

(2) 夏には友達と釜山に行くつもりです。
　　＿＿＿＿

(3) 週末には家で休みたいです。
　　＿＿＿＿

148　第19課　삼계탕을 먹고 싶어요

4. 動詞(해形) + 보다 ~てみる　　試み

本文
19-07

부산에도 가 보고 싶어요.
釜山にも行ってみたいです。

作り方

動詞(해形) + 보다

「行ってみる」「食べてみる」のように、試み(一度やってみる)を表す時には、動詞(해形)+보다を使います。

作ってみよう 4　　解答集 p.18

辞書形	해요体	해形	해形+보다
가다 行く	가요	가	가 보다
먹다 食べる			
입다 着る			

(1) どこに行きたいですか。/済州島に行ってみたいです。
_____

(2) 何食べたいですか。/韓定食を食べてみたいです。
_____

(3) 韓服を着てみたいです。
_____

単語

제주도【濟州島】済州島
※韓国の最南端に位置する火山島。韓国のハワイとも呼ばれる観光地。

한정식【韓定食】韓定食
※韓国伝統料理のコース

한복【韓服】韓服
※韓国の伝統衣装。女性はチョゴリ(上着)にチマ(スカート)を、男性はチョゴリ(上着)にパジ(ズボン)を合わせて着る。

漢字語で語彙力アップ

- □ 기대【期待】期待
- □ 기간【期間】期間

- □ 안내【案内】案内
- □ 내용【內容】内容

- □ 관심【關心】関心
- □ 관계【關係】関係

- □ 만끽【滿喫】満喫
- □ 만족【滿足】満足

ティータイム

サムゲタン（蔘鶏湯）

7月中旬から8月上旬の酷暑の時期を三伏(さんぷく)（初伏(しょふく)・中伏(ちゅうぷく)・末伏(まっぷく)）と言い、韓国では三伏の日(복날)に、夏バテ防止のため삼계탕(サムゲタン)を食べます。
サムゲタンは、内臓を取った若鶏にもち米、高麗人参、ナツメ、栗、松の実、ニンニク等を詰め3時間以上かけてじっくり煮込んで作る熱々のスープ料理です。鶏肉、もち米、高麗人参の深い味わいが食欲をそそります。
三伏の日(복날)はどこのサムゲタン店も大行列ができます。

練習をはじめよう

5 単語を書いてみよう

한국에서	韓国で		
삼계탕	サムゲタン		
먹고 싶어요	食べたいです		
제가	私が		
서울에서	ソウルで		
안내할게요	案内しますね		
부산에도	釜山にも		
가 보다	行ってみる		
어떻게	どのように		
할래요?	しますか		
이번엔	今回は		
만끽하다	満喫する		

6 韓国語で書いてみよう

(1) 私は韓国で参鶏湯を食べたいです。

―――――――――――――――

(2) 私がソウルで案内しますね。

―――――――――――――――

(3) 私は釜山にも行ってみたいです。

―――――――――――――――

(4) 隼人さんはどうしますか。

―――――――――――――――

(5) 私は今回はソウルを満喫したいです。（直訳：今回には）

―――――――――――――――

第19課　삼계탕을 먹고 싶어요

7 発音の練習をしよう 19-08

理沙: 한국 여행이 정말 기대돼요.
隼人: 저는 한국에서 삼계탕을 먹고 싶어요.
理沙: 저는 삼겹살을 먹고 싶어요.
유진: 좋아요. 제가 서울에서 안내할게요.
준수: 혹시 부산에는 관심 없어요?
     저는 8월 10일에 부산에 돌아갈 거예요.
理沙: 저는 부산에도 가 보고 싶어요.
준수: 그래요? 그럼 그때 같이 가요. 하야토 씨는 어떻게 할래요?
隼人: 미안해요. 저는 이번엔 서울을 만끽하고 싶어요.

いよいよ本格的な発音練習です。最初はテキストを見ても構いません。慣れてきたらテキストを見ないで練習しましょう。

① まず、一文ずつ止めながら、音声に続いて発音してみましょう。

② 慣れてきたら、声優の声に少し遅れるようについて発音(シャドーイング)してみましょう。

声優と同じようなリズムと速さで話せるようになるまでシャドーイングを繰り返すことをお勧めします。

8 日本語に翻訳してみよう

確認しましょう
① 〜したいです
② 〜しますね
③ には 助詞の連続→縮約
④ 〜てみる

第20課では
① ○○ください
② 丁寧に表現する語尾
③ ○○お願いします
● に(する) 助詞(選択・決定)
を学びます。お楽しみに！

9 韓国語で話してみよう

上の日本語の会話文を、韓国語で表現できれば目標達成です。
お疲れ様でした！

Practice 19

1. 次の会話を例のように韓国語で書いて、練習してみましょう。　19-09

Q	한국에서 뭐 하고 싶어요?		韓国で何したいですか?	
	例	①	②	③
	参鶏湯を食べたいです	マッサージを受けたいです	韓服を着てみたいです	明洞で買い物したいです
A	삼계탕을 먹고 싶어요			

2. 次の会話を韓国語で書いて、練習してみましょう。　19-10

(日)	(韓)
A：韓国で何したいですか?	A：
B：私は韓国の食べ物を満喫したいですね。	B：
A：どんな食べ物を食べたいですか?	A：
B：参鶏湯とプルコギとケジャンを食べたいです。	B：
A：私は韓定食も食べたいです。	A：
B：私たち韓国でおいしいものたくさん食べましょうね。	B：

3. 次の単語をハングルで書いて、発音してみましょう。　19-11

마사지	マッサージ	어떤 음식	どんな食べ物
받다	受ける	불고기	プルコギ
한복	韓服	게장	ケジャン(かにの醤油漬け)
입어 보다	着てみる	한정식	韓定食
명동	明洞	맛있는 거	おいしいもの
한국 음식	韓国の食べ物	많이	たくさん

152　Practice19

MEMO

第20課　何になさいますか。　뭘로 하시겠어요?

韓国に来て初めての食事です。今日は理沙が食べたかったサムギョップサルのようです!

	ユジン(유진)
	隼人(하야토)
	理沙(리사)
	チュンス(준수)

1　あらすじをチェック

준수　　　すみません。
아주머니　はい、お客様。ご注文なさいますか。
유진　　　みんな、サムギョップサルでいいですか。
隼人　理沙　준수　うん、いいですよ。
유진　　　ここ、サムギョップサル4人前ください。
아주머니　はい、かしこまりました。お飲物は何になさいますか。
유진　　　私はコーラお願いします。　隼人　私もコーラください。
理沙　　　私はオレンジジュースで。　준수　私は生ビールお願いします。
아주머니　はい、コーラ二つ、オレンジジュース一つ、生ビール一つですね。
　　　　　　しばらくお待ちくださいませ。

2　単語と表現をチェック　　20-01

☐ 여기 ここ　　☐ 요 丁寧に表現する語尾　　☐ 여기요 すみません/ここですよ ※手を挙げて人を呼ぶ　　☐ 아주머니 おばさん、おばちゃん ※親戚でない既婚女性、直接呼ぶ時にも使う　　☐ 손님 お客さん、お客様　　☐ 주문【注文】注文　　☐ 하시겠어요? なさいますか?　　☐ 모두 みんな、全ての人　　☐ 삼겹살【三겹살】豚の三枚肉　　☐ 응 うん ※あいづち　　☐ 좋아요 いいですよ　　☐ 4인분【4人分】4人分、4人前　　☐ 주세요 ください　　☐ 알겠습니다 かしこまりました、わかりました　　☐ 음료【飲料】飲み物 ※発音[음뇨]　　☐ 뭐 何　　☐ 로(하다) ～に(する) [助詞(選択)]　　☐ 뭘로 何に ※뭐로の会話形　　☐ 콜라 コーラ　　☐ 오렌지주스 オレンジジュース　　☐ 생맥주【生麥酒】生ビール　　☐ 둘 二つ　　☐ 하나 一つ　　☐ 잠시【暫時】しばらくの間　　☐ 만 だけ [助詞]　　☐ 기다려 주세요 お待ちください ※기다리다(해形)+주세요(ください)

3 本文を聞いてみよう

20-02 韓　20-03 日→韓

준수: 여기요.

아주머니: 네! 손님, 주문하시겠어요?

유진: 모두 삼겹살 괜찮아요?

隼人 理沙 준수: 응, 좋아요.

유진: 여기 삼겹살 4인분 주세요.

아주머니: 네, 알겠습니다. 음료는 뭘로 하시겠어요?

유진: 저는 콜라요. **隼人**: 저도 콜라 주세요. **理沙**: 저는 오렌지주스요.

준수: 저는 생맥주요.

아주머니: 네, 콜라 둘, 오렌지주스 하나, 생맥주 하나요. 잠시만 기다려 주세요.

4 文法と表現をチェック

20-04

1. 食事と飲み物の注文の仕方　　주세요を使って注文

食事

店員	주문하시겠어요?	ご注文なさいますか。
客1	삼겹살 3인분 주세요.	サムギョップサル3人前ください。
客2	갈비 4인분 주세요.	カルビ4人前ください。
客3	된장찌개 셋, 비빔밥 하나 주세요.	テンジャンチゲ三つ、ビビンバ一つください。
客4	삼계탕 넷 주세요.	サムゲタン四つください。

飲み物

店員	음료는 뭘로 하시겠어요?	お飲物は何になさいますか。
客1	맥주 두 병 주세요.	ビール二本ください。
客2	소주 한 병 주세요.	焼酎一本下さい。
客3	생맥주 한 잔, 콜라 두 병 주세요.	生ビール一杯、コーラ二本ください。
客4	콜라 두 병, 사이다 두 병 주세요.	コーラ二本、サイダー二本ください。

お店で「サムゲタン四つください」のように注文する時には주세요を使います。

● 「~人前」で注文する時

	인분【人分】人分
1	일 인분
2	이 인분
3	삼 인분
4	사 인분

● ビール等(ビンの飲み物)

	병【瓶】本		
1	한 병	3	세 병
2	두 병	4	네 병

● 生ビール、コーヒー

	잔【盞】杯		
1	한 잔	3	세 잔
2	두 잔	4	네 잔

🔍 **単語**

된장찌개 韓国味噌のチゲ
소주【燒酒】焼酎
맥주【麥酒】ビール

第20課　何になさいますか　155

店員を呼び寄せたり、食べ物や飲み物を注文したりするときに、「ここ」「僕はコーラ」「僕は生ビール」のように、名詞の形で言い終わるのは丁寧な言い方になりません。丁寧に言う時には、名詞の後ろに요/이요をつけます。

🔍 単語

커피　コーヒー

2. 名詞+요/이요

丁寧に表現する語尾

	非丁寧		丁寧
呼び寄せる	여기.	ここ	여기요.
注文する	나는 콜라.	僕はコーラ	저는 콜라요.
	나는 생맥주.	僕は生ビール	저는 생맥주요.

作り方

母音で終わる名詞 + 요
子音で終わる名詞 + 이요

作ってみよう 2
解答集 p.18

母音で終わる名詞+요	子音で終わる名詞+이요
커피	삼겹살 3인분
비빔밥 하나	맥주 두 병

3. 食事と飲み物の注文の仕方

요/이요を使って注文

食事

店員	주문하시겠어요?	ご注文なさいますか。
客1	삼겹살 3인분이요.	サムギョップサル3人前お願いします。
客2	갈비 4인분이요.	カルビ4人前お願いします。
客3	된장찌개 셋, 비빔밥 하나요.	テンジャンチゲ三つ、ビビンバ一つお願いします。
客4	삼계탕 넷이요.	サムゲタン四つお願いします。

飲み物

店員	음료는 뭘로 하시겠어요?	お飲物は何になさいますか。
客1	맥주 두 병이요.	ビール二本お願いします。
客2	소주 한 병이요.	焼酎一本お願いします。
客3	생맥주 한 잔, 콜라 두 병이요.	生ビール一杯、コーラ二本お願いします。
客4	콜라 두 병, 사이다 두 병이요.	コーラ二本、サイダー二本お願いします。

練習をはじめよう

5 単語を書いてみよう

손님	お客様		
주문	注文		
하시겠어요?	なさいますか		
삼겹살	サムギョップサル		
4인분	4人前		
알겠습니다	かしこまりました		
음료	飲み物		
뭘로	何に		
콜라	コーラ		
생맥주	生ビール		
오렌지주스	オレンジジュース		
잠시만	しばらく		
기다려 주세요	お待ちください		

6 韓国語で書いてみよう

(1) お客様。ご注文なさいますか。

―――――――――――――――――――

(2) サムギョップサル4人前ください。

―――――――――――――――――――

(3) はい、かしこまりました。

―――――――――――――――――――

(4) お飲物は何になさいますか。

―――――――――――――――――――

(5) 私はコーラお願いします。私は生ビールお願いします。

―――――――――――――――――――

(6) コーラ二つ、オレンジジュース一つ、生ビール一つですね。

―――――――――――――――――――

(7) しばらくお待ちくださいませ。

―――――――――――――――――――

漢字語で語彙力アップ

☐ 주문【注文】注文
☐ 주의【注意】注意
　※発音[주이]

☐ 음료【飲料】飲み物
　※発音[음뇨]

☐ 음주【飲酒】飲酒

☐ 잠시【暫時】しばらくの間
☐ 시간【時間】時間

ティータイム

包んで食べると맛있어요!

韓国で焼肉を注文すると、상추(サンチュ：チシャの葉)や깻잎(ケンニップ：エゴマの葉)が一緒に出てきます。焼肉を焼いたら、まず左手に葉を広げて置き、その上に肉、お好みでキムチ、味噌、ニンニク等をのせて、右手でくるっと巻いてそのまま口に入れるのが韓国式の食べ方です。家族同士や恋人同士でお互いに、サンチュで包んでアーンと口に入れているほのぼのとした光景もよく目にします。
焼肉以外にも、보쌈(ポッサム：蒸した豚肉)、족발(豚足)、さらには회(刺身)までサンチュで包んで食べるのが韓国スタイルです!

いよいよ本格的な発音練習です。最初はテキストを見ても構いません。慣れてきたらテキストを見ないで練習しましょう。
① まず、一文ずつ止めながら、音声に続いて発音してみましょう。
② 慣れてきたら、声優の声に少し遅れるようについて発音(シャドーイング)してみましょう。
声優と同じようなリズムと速さで話せるようになるまでシャドーイングを繰り返すことをお勧めします。

7 発音の練習をしよう　20-07

준수: 여기요.
아주머니: 네! 손님, 주문하시겠어요?
유진: 모두 삼겹살 괜찮아요?
隼人・理沙・준수: 응, 좋아요.
유진: 여기 삼겹살 4인분 주세요.
아주머니: 네, 알겠습니다. 음료는 뭘로 하시겠어요?
유진: 저는 콜라요.　隼人: 저도 콜라 주세요.
理沙: 저는 오렌지 주스요.　준수: 저는 생맥주요.
아주머니: 네. 콜라 둘, 오렌지주스 하나, 생맥주 하나요. 잠시만 기다려 주세요.

上の対話文を日本語に訳してみましょう。

8 日本語に翻訳してみよう

준수: ＿＿＿＿＿＿＿＿＿＿＿＿
아주머니: ＿＿＿＿＿＿＿＿＿＿＿＿
유진: ＿＿＿＿＿＿＿＿＿＿＿＿
隼人・理沙・준수: ＿＿＿＿＿＿＿＿
유진: ＿＿＿＿＿＿＿＿＿＿＿＿
아주머니: ＿＿＿＿＿＿＿＿＿＿＿＿
유진: ＿＿＿＿＿＿　隼人: ＿＿＿＿＿＿
理沙: ＿＿＿＿＿＿　준수: ＿＿＿＿＿＿
아주머니: ＿＿＿＿＿＿＿＿＿＿＿＿

確認しましょう
① ○○ください
② 丁寧に表現する語尾
③ ○○お願いします
● 에(する) 助詞(選択・決定)

第21課では
① 〜でしょう?
② 〜ですね
③ 〜すると思いますよ
を学びます。お楽しみに！

9 韓国語で話してみよう

上の日本語の会話文を、韓国語で表現できれば目標達成です。
お疲れ様でした！

158　第20課　뭘로 하시겠어요?

Practice 20

1. (1) ここは韓国の분식점※です。次の会話を韓国語で書いて、練習してみましょう。　20-08

（日）	（韓）
A：すみません。	A：
B：はい。お客様、ご注文なさいますか?	B：
A：メニュー見せてもらえますか?	A：메뉴 보여 주시겠어요?
B：はい、メニューはこちらでございます。	B：네. 메뉴, 여기 있습니다.
A：のり巻き2つ、トッポッキ2人前ください。	A：
B：はい。かしこまりました。お飲物は何になさいますか?	B：네, 알겠습니다.
A：コーラとサイダーください。	A：
B：はい。コーラ1本、サイダー1本ですね。しばらくお待ちくださいませ。	B：

☆ トッポッキは分量(~人前)で注文します。　※분식점【粉食店】：のり巻きや麺類などの軽食が食べられる店

메뉴 メニュー　20-09

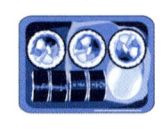

떡볶이 4,000원 — トッポッキ
쫄면 5,000원 — チョルミョン（甘辛いビビン麺）
비빔밥 6,000원 — ビビンバ
사이다 1,500원 — サイダー
김밥 3,500원 — のり巻き
냉면 6,000원 — 冷麺
칼국수 6,000원 — カルグクス（韓国風うどん）
콜라 1,500원 — コーラ

(2) 友達2人~5人で분식점に来ています。上のメニューの中から注文するものを選んで、(1)のように会話を作って練習してみましょう。

※ 注文する時の単位　20-10

個数	하나	둘	셋	넷	다섯
	1つ	2つ	3つ	4つ	5つ
分量	1인분	2인분	3인분	4인분	5인분
	1人前	2人前	3人前	4人前	5人前
瓶	한 병	두 병	세 병	네 병	다섯 병
	1本	2本	3本	4本	5本

第21課　本当においしいですね。　정말 맛있네요.

みんなでサムギョップサルを食べています。キムチもおいしいし、大満足のようです！

ユジン(유진)
隼人(하야토)
理沙(리사)
チュンス(준수)

1　あらすじをチェック

유진　サムギョップサル、どうですか。おいしいでしょう？

隼人　ええ、本当においしいですね。

준수　隼人さん、たくさん召し上がってくださいね。ところで、理沙さんは辛いもの何でもよく食べますか。

理沙　いいえ。実は辛いものあんまり食べられないんです。でも、キムチは好きです。

준수　そうなんですね。この店のキムチはそんなに辛くないですよ。一度食べてみてください。

理沙　本当にあんまり辛くないですね。すごくおいしいです。

유진　後でチャーハンも出てくると思いますよ。この店はチャーハンも本当においしいんですよ。

隼人　チャーハンですか。わあ、おいしそう！

2　単語と表現をチェック　21-01

☐ 어때요? どうですか?　☐ 맛있지요? おいしいでしょう? ※맛있다(語幹)+지요(でしょう)
☐ 정말 本当に　☐ 맛있네요 おいしいですね! ※맛있다(語幹)+네요(ですね) ※発音[마신네요]
☐ 많이 たくさん　☐ 드세요 召し上がってください　☐ 매운 거 辛いもの ※맵다(連体形)+거(もの)
☐ 잘 먹어요? (何でも)よく食べますか　☐ 사실은【事實은】実は　☐ 못 먹어요 食べられません ※못は「못＋動詞」で不可能を表す。発音[몬머거요]　☐ 잘 못 먹어요 あんまり食べられません　☐ 하지만 でも [接続詞]　☐ 김치 キムチ　☐ 좋아해요 好きです　☐ 이 この　☐ 집 店、家　☐ 별로 それほど(～ない)　☐ 안 매워요 辛くありません　☐ 한번【한番】一度　☐ 먹어 보세요 食べてみてください　☐ 안 맵네요 辛くありませんね ※안 맵다(語幹)+네요(ですね) ※発音[안 맴네요]　☐ 너무 あまりにも、すごく　☐ 맛있어요 おいしいです　☐ 이따가 後で、後ほど　☐ 볶음밥 チャーハン ※発音[보끔밥]　☐ 도 も [助詞]　☐ 나올 거예요 出てくると思います ※나오다(語幹)+ㄹ거예요(すると思いますよ)　☐ 이요? ～ですか ※丁寧な聞き返し　☐ 와! わあ!　☐ 맛있겠다! おいしそう!

3 本文を聞いてみよう

21-02 韓 21-03 日→韓

유진: 삼겹살 어때요? 맛있지요?

隼人: 네. 정말 맛있네요.

준수: 하야토 씨, 많이 드세요. 그런데 리사 씨는 매운 거 잘 먹어요?

理沙: 아니요. 사실은 매운 거 잘 못 먹어요. 하지만 김치는 좋아해요.

준수: 그래요? 이 집 김치는 별로 안 매워요. 한번 먹어 보세요.

理沙: 정말 별로 안 맵네요. 너무 맛있어요.

유진: 이따가 볶음밥도 나올 거예요. 이 집은 볶음밥도 정말 맛있어요.

隼人: 볶음밥이요? 와! 맛있겠다.

4 文法と表現をチェック

1. 形容詞・存在詞+지요? ～でしょう？ 〔確認・同意を求める〕

本文 21-04

삼겹살 어때요? 맛있지요?
サムギョップサルどうですか。おいしいでしょう？

作り方

形容詞・存在詞(語幹) + 지요?

「サムギョップサルおいしいでしょう?」「市場は安いでしょう?」のように、聞き手に確認したり、同意を求める時には、지요?を使います。会話では지요?の縮約形の죠?もよく使われます。

丁寧形	지요? ～でしょう？
非丁寧形	지? ～でしょう/だろう？

作ってみよう 1
解答集 p.19

形容詞	語幹+지요?	存在詞	語幹+지요?
싸다		맛있다	
많다		재미있다	

(1) 市場は安いでしょう? / ええ、とても安いです。

(2) ソウルは車が多いでしょう? / ええ、すごく多いです。

(3) 韓国語の勉強おもしろいでしょう? / ええ、おもしろいです。

単語
시장【市場】市場
아주 とても
서울 ソウル
차【車】車
너무 すごく
한국어【韓國語】韓国語
공부【工夫】勉強

第21課 本当においしいですね 161

「かわいいですね」「韓国語お上手ですね」「おいしいですね」のように、話し手が今その場で、見たり、聞いたり、食べたりして、感じたことを表す時には네요を使います。

丁寧形	네요 ～ですね
非丁寧形	네 ～だね

🔍 単語
이 この
카페 カフェ
분위기【雰圍氣】雰囲気
좋다 よい
좋네요 いいですね
　※発音[존네요]
우리 うちの
오빠 兄
멋있다 かっこいい、すてきだ
멋있네요 かっこいいですね
　※発音[머신네요]
야경【夜景】夜景

「明日は雨が降ると思いますよ」「あの人は知らないと思いますよ」のように、話し手の予測を表す時にはㄹ/을 거예요を使います。

해요体	ㄹ 거예요 ～すると思いますよ
해体	ㄹ 거야 ～すると思うよ

🔍 単語
내일【來日】明日
비 雨
비가 오다 雨が降る
도서관【圖書館】図書館

2. 形容詞(語幹)+네요 ～ですね　　今感じたこと、感嘆

本文　　21-05

정말 맛있네요.　　本当においしいですね。
정말 별로 안 맵네요.　　本当にあまり辛くありませんね。

作り方

形容詞(語幹) + 네요
ㄹで終わる形容詞 → ㄹ脱落 + 네요

作ってみよう 2　　解答集 p.19

(1) このカフェ雰囲気がいいでしょう？/ いいですね。

(2) うちの兄、かっこいいでしょう？/ かっこいいですね。

(3) 夜景がすてきでしょう？/ すてきですね。

3. 動詞・存在詞+ㄹ/을 거예요 ～すると思いますよ　　予測

本文　　21-06

이따가 볶음밥도 나올 거예요.
後でチャーハンも出てくると思いますよ。

作り方

母音で終わる動詞(語幹)　　　　　　　} + ㄹ 거예요
ㄹで終わる動詞 → ㄹ脱落
子音で終わる動詞(語幹)　　+ 을 거예요

作ってみよう 3　　解答集 p.19

語幹+ㄹ 거예요		語幹+을 거예요	
来る	오다	いる	있다
知らない	모르다	いない	없다

(1) 明日は雨が降ると思いますよ。

(2) ユジンさんは知らないと思いますよ。

(3) チュンスさんは図書館にいると思いますよ。

162　第21課　정말 맛있네요

練習をはじめよう

5 単語を書いてみよう

삼겹살	サムギョップサル		
어때요?	どうですか?		
맛있지요?	おいしいでしょう?		
정말	本当に		
맛있네요	おいしいですね		
매운 거	辛いもの		
잘 먹어요	よく食べます		
사실은	実は		
잘 못 먹어요	あまり食べられません		
별로	それほど		
안 맵네요	辛くありませんね		
이따가	後で		
볶음밥	チャーハン		
나올 거예요	出てくると思います		

6 韓国語で書いてみよう

(1) サムギョップサル、どうですか。おいしいでしょう?

___

(2) 本当においしいですね。

___

(3) 理沙さんは辛いもの(何でも)よく食べますか。

___

(4) 実は辛いものあんまり食べられないんです。

___

(5) 本当にあんまり辛くないですね。

___

(6) 後でチャーハンも出てくると思いますよ。

___

漢字語で語彙力アップ

☐ 사실【事實】事実
☐ 사건【事件】事件
　※発音[사껀]

ティータイム

韓国の食事マナー

🍵 韓国料理を食べる時は、箸とスプーンの両方を使います。ご飯や汁物(汁も具も)はスプーンで、おかずは箸で食べます。

ご飯や汁物の器を含め、食器は手で持たずに、置いたまま食べるのがマナーです。

韓国では儒教の影響で、食事の席でも、目上の人に対して尊敬の念を表します。食事は、目上の人が箸をつけてから食べ始め、目上の人が食べ終わったら終えます。目上の人にお酒を注ぐときは、右手で注ぎ、左の手のひらを右腕の下に添えます。

目上の人の前でお酒を飲む時は、顔を横に向けて口元を隠して飲むのが礼儀です。

第21課　本当においしいですね

いよいよ本格的な発音練習です。最初はテキストを見ても構いません。慣れてきたらテキストを見ないで練習しましょう。

① まず、一文ずつ止めながら、音声に続いて発音してみましょう。

② 慣れてきたら、声優の声に少し遅れるようについて発音(シャドーイング)してみましょう。

声優と同じようなリズムと速さで話せるようになるまでシャドーイングを繰り返すことをお勧めします。

7 発音の練習をしよう　　21-07

유진	삼겹살 어때요? 맛있지요?
隼人	네. 정말 맛있네요.
준수	하야토 씨, 많이 드세요. 그런데 리사 씨는 매운 거 잘 먹어요?
理沙	아니요. 사실은 매운 거 잘 못 먹어요. 하지만 김치는 좋아해요.
준수	그래요? 이 집 김치는 별로 안 매워요. 한번 먹어 보세요.
理沙	정말 별로 안 맵네요. 너무 맛있어요.
유진	이따가 볶음밥도 나올 거예요. 이 집은 볶음밥도 정말 맛있어요.
隼人	볶음밥이요? 와! 맛있겠다.

上の対話文を日本語に訳してみましょう。

8 日本語に翻訳してみよう

유진	_____
隼人	_____
준수	_____
理沙	_____
준수	_____
理沙	_____
유진	_____
隼人	_____

確認しましょう
① ～でしょう?
② ～ですね
③ ～すると思いますよ

第22課では
① 動詞、形容詞の **합니다**体 現在
② 動詞、形容詞の **합니다**体 過去
● いくら
を学びます。お楽しみに!

9 韓国語で話してみよう

上の日本語の会話文を、韓国語で表現できれば目標達成です。
お疲れ様でした!

Practice 21

1. 次の会話を例のように韓国語で書いて、練習してみましょう。 21-08

	例 この参鶏湯	① この花	② 今日の天気	③ 韓国ドラマ
A	이 삼계탕			
	美味しいでしょう?	きれいでしょう	寒いでしょう	面白いでしょう
	맛있지요?			
B	美味しいですね	きれいですね	寒いですね	面白いですね
	맛있네요			

2. 次の会話を韓国語で書いて、練習してみましょう。 21-09

（日）	（韓）
A：この店のカルビは本当に美味しいですよ。	A：
B：そうですか? わぁ! 美味しそう。いただきます。	B：그래요? 와! 맛있겠다. 잘 먹겠습니다.
A：どうですか? 美味しいでしょう?	A：
B：本当に美味しいですね。	B：
A：この水冷麺も一度食べてみてください。	A：
B：辛くないですか?	B：
A：ええ、水冷麺は辛くないですよ。	A：
B：本当にあんまり辛くないですね。 とても美味しいです。	B：

3. 次の単語をハングルで書いて、発音してみましょう。 21-10

꽃	花	갈비	カルビ
오늘	今日	맛있겠다	美味しそうだ
날씨	天気	물냉면	水冷麺
한국 드라마	韓国ドラマ	별로	あんまり

第22課　美味しくいただきました。　맛있게 먹었습니다.

サムギョプサルは大満足でした! 代金はユジンがまとめて払っています。

	ユジン(유진)
	隼人(하야토)
	理沙(리사)
	チュンス(준수)

1 あらすじをチェック

유진　　　여기 お会計お願いします。

아주머니　はい、ありがとうございます。一緒に計算なさいますか。

유진　　　ええ、全部でおいくらですか。

아주머니　62,000ウォンです。

유진　　　これでお願いします。

아주머니　70,000ウォンいただきました。こちら8,000ウォンのお返しです。

유진・준수　おいしくいただきました。

아주머니　はい、ありがとうございました。お気をつけて。またお越しくださいませ。

隼人　　　ごちそうさまでした。お元気で。

2 単語と表現をチェック　　　　22-01

☐ 여기 ここ　　☐ 계산【計算】計算、勘定　　☐ 이요 丁寧に表現する語尾　　☐ 감사합니다【감사합니다】ありがとうございます　　☐ 같이 一緒に　　☐ 하시겠어요? なさいますか　　☐ 전부【全部】全部、全部で　　☐ 얼마 いくら [疑問詞]　　☐ 원 ウォン ※韓国の貨幣単位　　☐ 62,000원 62,000ウォン ※ハングル表記：육만 이천원　　☐ 여기 있습니다 これでお願いします ※直訳：ここにあります　　☐ 70,000원 70,000ウォン ※ハングル表記：칠만원　　☐ 받았습니다 受け取りました ※辞書形：받다(해형)+ㅆ습니다(ました)、합니다体　　☐ 8,000원 8,000ウォン ※ハングル表記：팔천원　　☐ 거스름돈 お釣り　　☐ 맛있게 おいしく　　☐ 먹었습니다 食べました　　☐ 안녕히 가세요 お気をつけてお帰り下さい　　☐ 또 また、再び　　☐ 오세요 お越しください　　☐ 잘 먹었습니다 ごちそうさまでした ※直訳：よく食べました　　☐ 안녕히 계세요 お元気でいらしてください

3 本文を聞いてみよう

22-02 韓　22-03 日→韓

유진: 여기 계산이요.
아주머니: 네, 감사합니다. 같이 계산하시겠어요?
유진: 네, 전부 얼마예요?
아주머니: 62,000원입니다.
유진: 여기 있습니다.
아주머니: 70,000원 받았습니다. 여기 8,000원 거스름돈입니다.
유진・준수: 맛있게 먹었습니다.
아주머니: 네, 감사합니다. 안녕히 가세요. 또 오세요.
隼人: 잘 먹었습니다. 안녕히 계세요.

4 文法と表現をチェック

1. 動詞・形容詞の합니다体　現在

22-04

本文
감사합니다.　ありがとうございました。
여기 있습니다.　これでお願いします。

作り方

母音で終わる動・形(語幹)　　　　＋ ㅂ니다/ㅂ니까?
ㄹで終わる動・形 → ㄹ脱落

子音で終わる動・形(語幹)　＋ 습니다/습니까?

22-05

母音で終わる動詞・形容詞		語幹+ㅂ니다	합니다体
行く	가다	가 ＋ㅂ니다	갑니다
祝う	축하하다	축하하＋ㅂ니다	축하합니다
始める	시작하다	시작하＋ㅂ니다	시작합니다
歓迎する	환영하다	환영하＋ㅂ니다	환영합니다
申し訳ない	죄송하다	죄송하＋ㅂ니다	죄송합니다

> 합니다体は、接客、ニュース、プレゼンテーション等で使われる改まった丁寧な文体です。

> 가다のように語幹が母音で終わる動詞・形容詞は、語幹にㅂ니다を付けると합니다体になります。
> 例 가＋ㅂ니다 ⇒ 갑니다
> ● 축하합니다(おめでとうございます)はお祝いの言葉。
> ● 죄송합니다(申し訳ありません)は謝罪の言葉。

第22課 美味しくいただきました　167

맞다のように語幹が子音で終わる動詞・形容詞は、語幹に습니다を付けると합니다体になります。
例 맞+습니다 ⇒ 맞습니다

● 存在詞있다, 없다も同様です。

알다のように語幹がㄹで終わる動詞・形容詞は、ㄹを取ってㅂ니다を付けると합니다体になります。
例 아+ㅂ니다 ⇒ 압니다

● 金額の表し方　22-10

	万ウォン	千ウォン
1	만 원	천 원
2	이만 원	이천 원
3	삼만 원	삼천 원
4	사만 원	사천 원
5	오만 원	오천 원
6	육만 원	육천 원
7	칠만 원	칠천 원
8	팔만 원	팔천 원
9	구만 원	구천 원

単位　만 원【萬원】万ウォン
　　　천 원【千원】千ウォン
　　　백 원【百원】百ウォン

※1万ウォンは「일 만원」ではなく만 원と表す。

※육만 원[융마눤]発音に注意

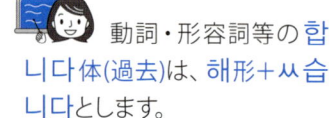

動詞・形容詞等の합니다体(過去)は、해形+ㅆ습니다とします。

● 存在詞있다, 없다も同様です。

ホテル、デパート、お店、食堂等の従業員は、お客さんに対して합니다体を用いてやや改まって話すことが多いです。

22-06

子音で終わる動詞・形容詞		語幹+습니다	합니다体
合っている	맞다	맞 +습니다	맞습니다
撮る	찍다	찍 +습니다	찍습니다
有難い	고맙다	고맙+습니다	고맙습니다
うれしい	반갑다	반갑+습니다	반갑습니다
大丈夫だ	괜찮다	괜찮+습니다	괜찮습니다
よい	좋다	좋 +습니다	좋습니다
ある	있다	있 +습니다	있습니다

22-07

語幹がㄹで終わる動詞・形容詞		ㄹ脱落+ㅂ니다	합니다体
知る・分かる	알다	아+ㅂ니다	압니다
遠い	멀다	머+ㅂ니다	멉니다

2. 動詞・形容詞の합니다体　　過去

本文　22-08

70,000원 받았습니다.　　7万ウォンいただきました。
맛있게 먹었습니다.　　　おいしくいただきました。

作り方

動詞・形容詞(해形) + ㅆ습니다/ㅆ습니까?

22-09

	해요体	해形+ㅆ습니다	합니다体
食べる	먹어요	먹어 +ㅆ습니다	먹었습니다
来る	와요	와 +ㅆ습니다	왔습니다
見る	봐요	봐 +ㅆ습니다	봤습니다
もらう	받아요	받아 +ㅆ습니다	받았습니다
する	해요	해 +ㅆ습니다	했습니다
よい	좋아요	좋아 +ㅆ습니다	좋았습니다
有難い	고마워요	고마워+ㅆ습니다	고마웠습니다
嬉しい	반가워요	반가워+ㅆ습니다	반가웠습니다
ある	있어요	있어 +ㅆ습니다	있었습니다
ない	없어요	없어 +ㅆ습니다	없었습니다

練習をはじめよう

5 単語を書いてみよう

여기	ここ		
계산	計算、会計		
이요	丁寧に表現する語尾		
같이	一緒に		
하시겠어요?	なさいますか		
전부	全部		
얼마	いくら		
원	ウォン		
받았습니다	受け取りました		
거스름돈	お釣り		
맛있게	おいしく		
먹었습니다	食べました		

6 韓国語で書いてみよう

(1) ここお会計お願いします。

_____

(2) 一緒に計算なさいますか。

_____

(3) 全部でおいくらですか。

_____

(4) 70,000ウォンいただきました。

_____

(5) こちら8,000ウォンのお返しです。

_____

(6) おいしくいただきました。

_____

漢字語で語彙力アップ

□ 계산【計算】計算
□ 예산【豫算】予算

□ 전부【全部】全部
□ 전국【全國】全国

ティータイム

韓国で韓国語は必要ない?!

韓国旅行は初めてという人が一番気になるのが、「韓国では日本語が通じるのか」ということでしょう。
日本人がよく泊まるソウルや釜山のホテル、レストラン、観光地(明洞、南大門市場、東大門市場、仁寺洞、景福宮、昌徳宮)等には、日本語の看板やメニューもあるし、従業員も実に流暢な日本語で話すので、韓国語で話すぞと意気込んでいた人はちょっと拍子抜けするかもしれません。
韓国語の世界にどっぷりと浸かりたい、とにかく韓国語を使ってみたいという人には、韓国の地元の人が行くお店、食堂、市場に行くことをお勧めします。
韓国のアジュモニ(おばさん)、アジョシ(おじさん)たちと身振り手振りも交えながら話をすれば、一味違った旅になること間違いなし!

いよいよ本格的な発音練習です。最初はテキストを見ても構いません。慣れてきたらテキストを見ないで練習しましょう。

①まず、一文ずつ止めながら、音声に続いて発音してみましょう。

②慣れてきたら、声優の声に少し遅れるようについて発音(シャドーイング)してみましょう。

声優と同じようなリズムと速さで話せるようになるまでシャドーイングを繰り返すことをお勧めします。

上の対話文を日本語に訳してみましょう。

確認しましょう
① 動詞、形容詞の**합니다**体 現在
② 動詞、形容詞の**합니다**体 過去
● いくら

第23課では
① ～することができます
　～することができません
② として 助詞(資格・立場)
③ ～しに行く
● の 助詞(所在地)
を学びます。お楽しみに！

7 発音の練習をしよう   22-11

유진: 여기 계산이요.
아주머니: 네, 감사합니다. 같이 계산하시겠어요?
유진: 네, 전부 얼마예요?
아주머니: 62,000원입니다.
유진: 여기 있습니다.
아주머니: 70,000원 받았습니다. 여기 8,000원 거스름돈입니다.
유진・준수: 맛있게 먹었습니다.
아주머니: 네, 감사합니다. 안녕히 가세요. 또 오세요.
隼人: 잘 먹었습니다. 안녕히 계세요.

8 日本語に翻訳してみよう

유진: ____
아주머니: ____
유진: ____
아주머니: ____
유진: ____
아주머니: ____
유진・준수: ____
아주머니: ____
隼人: ____

9 韓国語で話してみよう

上の日本語の会話文を、韓国語で表現できれば目標達成です。
お疲れ様でした！

Practice 22

1. (1) ここは韓国の居酒屋です。次の会話を韓国語で書いて、練習してみましょう。　22-12

（日）	（韓）
A：すみません。	A：
B：はい、お客様。ご注文なさいますか？	B：
A：はい。ここ、 海鮮チヂミ1つ 、 豆腐キムチ1つ 、 プデチゲ2人前 ください。	A：
B：はい。かしこまりました。お飲物は何になさいますか？	B：
A： 焼酎2本 と コーラ1つ ください。	A：
B： 焼酎2本 、 コーラ1本 ですね。しばらくお待ちくださいませ。	B：

☆ プデチゲは分量(～人前)で注文します。

메뉴 メニュー　22-13

부대찌개 8,000원 プデチゲ	김치전 9,000원 キムチチヂミ	맥주 4,000원 瓶ビール
낙지볶음 15,000원 タコ炒め	제육볶음 10,000원 豚肉炒め	막걸리 6,000원 マッコリ
두부김치 10,000원 豆腐キムチ	계란말이 7,000원 玉子焼き	소주 3,000원 焼酎
해물파전 13,000원 海鮮チヂミ	공기밥 1,000원 白ご飯	음료수 1,500원 ソフトドリンク

(2) 友達 2人～5人で韓国の居酒屋に来ています。上のメニューの中から注文するものを選んで、(1)のように会話を作って練習してみましょう。

※ 注文する時の単位　22-14

個数	하나	둘	셋	넷	다섯
	1つ	2つ	3つ	4つ	5つ
分量	1인분	2인분	3인분	4인분	5인분
	1人前	2人前	3人前	4人前	5人前
瓶	한 병	두 병	세 병	네 병	다섯 병
	1本	2本	3本	4本	5本

2. 次の会話を韓国語で書いて、練習してみましょう。　　　22-15

（日）	（韓）
A：ここ会計お願いします。	A：
B：はい。ありがとうございます。　一緒に計算なさいますか？	B：
A：ええ。全部でおいくらですか？	A：
B： 46,500 ウォンです。	B：　　　　　　　　원입니다.
A：これでお願いします。	A：여기 있습니다.
B： 50,000 ウォンいただきました。　 3,500 ウォンのお返しです。	B：
A：おいしくいただきました。	A：
B：ありがとうございました。　またお越し下さいませ。	B：
A：さようなら。	A：안녕히 계세요.

172　Practice22

MEMO

第23課 遊覧船から夜景を見ることができますか。 유람선에서 야경을 볼 수 있어요?

次は漢江遊覧船でのナイトクルーズに決定。ソウルの夜景は最高です!

- ユジン(유진)
- 隼人(하야토)
- 理沙(리사)
- チュンス(준수)

1 あらすじをチェック

유진 次は何したいですか。

理沙 私は漢江で遊覧船に乗りたいです。

준수 じゃ、漢江のナイトクルーズはどうですか。

理沙 ナイトクルーズですか。遊覧船から夜景を見ることができるんですか。

준수 もちろんですよ。漢江の夜景は本当にきれいですよ。それで最近デートコースとして人気があるんですよ。

隼人 そうなんですね。遊覧船、いいですね。

유진 じゃ、私たち夜は遊覧船乗りに行きましょう。私も遊覧船は初めてです。

2 単語と表現をチェック　　　23-01

- ☐ 다음 次　　☐ 뭐 何　　☐ 하고 싶어요? したいですか?　　☐ 한강【漢江】漢江 ※ハンガン、ソウル市の中央を北西方向に流れる川、ソウル市内では幅約1km　　☐ 에서 で [助詞(動作の場所)]
- ☐ 유람선【遊覧船】遊覧船　　☐ 타다 乗る ※助詞に注意 유람선을 타다(直訳:遊覧船を乗る)
- ☐ 타고 싶어요 乗りたいです　　☐ 그럼 じゃ　　☐ 나이트 크루즈 ナイトクルーズ　　☐ 어때요? どうですか?　　☐ 요? 丁寧な聞き返し　　☐ 에서 から [助詞(起点)]　　☐ 야경【夜景】夜景　　☐ 볼 수 있어요? 見ることができますか? ※보다(語幹)+ㄹ 수 있어요?(することができますか)
- ☐ 그럼요 もちろんですよ ※発音[그럼뇨]　　☐ 의 の ※発音[에] [助詞(所在地)]　　☐ 정말 本当に　　☐ 아름다워요 美しいです ※아름답다(美しい)の해요体　　☐ 그래서 それで　　☐ 요즘 最近　　☐ 데이트 デート　　☐ 코스 コース　　☐ 로 として [助詞(資格)]　　☐ 인기 人気 ※発音[인끼]　　☐ 많아요 多いです　　☐ 인기가 많아요 人気があります　　☐ 그래요? そうなんですね　　☐ 좋네요 いいですね ※좋다(語幹)+네요(ですね)　　☐ 밤에 夜に　　☐ 타러 가요 乗りに行きましょう ※타다(語幹)+러 가요(~しに行きましょう)　　☐ 처음 初めて

3 本文を聞いてみよう

23-02 韓 23-03 日→韓

유진: 다음은 뭐 하고 싶어요?

理沙: 저는 한강에서 유람선을 타고 싶어요.

준수: 그럼, 한강의 나이트 크루즈 어때요?

理沙: 나이트 크루즈요? 유람선에서 야경을 볼 수 있어요?

준수: 그럼요. 한강의 야경은 정말 아름다워요. 그래서 요즘 데이트 코스로 인기가 많아요.

隼人: 그래요? 유람선, 좋네요.

유진: 그럼 우리 밤에 유람선 타러 가요. 저도 유람선은 처음이에요.

4 文法と表現をチェック

1. 動詞+ㄹ/을 수 있어요 ～することができます 〔可能〕

本文 23-04

야경을 볼 수 있어요?
夜景を見ることができますか。

作り方

母音で終わる動詞(語幹) ┐
ㄹで終わる動詞 → ㄹ脱落 ├ + ㄹ 수 있어요
子音で終わる動詞(語幹)   + 을 수 있어요

作ってみよう 1
解答集 p.20

母音で終わる動詞(語幹)+ ㄹ 수 있어요		
行く	가다	
見る	보다	
送る	보내다	
ㄹで終わる動詞 → ㄹ脱落+ ㄹ 수 있어요		
作る	만들다	
子音で終わる動詞(語幹)+ 을 수 있어요		
食べる	먹다	
もらう	받다	

「夜景を見ることができますか」「明日一緒に行くことができますか」のように可能であることを表す時には、ㄹ/을 수 있어요を使います。

해요体	ㄹ 수 있어요 ～ことができます
해体	ㄹ 수 있어 ～ことができる

● ㄹ/을 수 있어요は能力を表す時にも使われます。

일본어 할 수 있어요?
日本語できますか？

네, 할 수 있어요.
はい、できます。

●「今は見ることができません」「今日は行くことができません」のように不可能であることを表す時には、ㄹ/을 수 없어요を使います。

해요体	ㄹ 수 없어요 ～ことができません
해体	ㄹ 수 없어 ～ことができない

第23課 遊覧船から夜景を見ることができますか 175

🔍 単語

같이　一緒に
문자【文字】メッセージ
　※発音[문짜]
보내다　送る
지금【只今】今
저녁　晩ご飯
괜찮다　大丈夫

(1) 一緒に行けますか。/ ええ、一緒に行きましょう。

_____

(2) メッセージ送れますか。/ 今送りますね。

_____

(3) 晩ご飯一緒に食べられますか。/ ええ、大丈夫ですよ。

_____

2. 助詞　로/으로　～として　［資格・立場］

本文　23-05

요즘 데이트 코스로 인기가 많아요.
最近デートコースとして人気があるんですよ。

💻「デートコースとして人気があります」「お土産として人気があります」のように、資格・立場を表す時には、로/으로を使います。

作り方

母音で終わる名詞　　│
ㄹで終わる名詞　　 │ ＋ 로

子音で終わる名詞　　＋ 으로

作ってみよう2　　　解答集 p.20

母音で終わる名詞+로	
관광지	観光地
온천지	温泉地

ㄹで終わる名詞+로	
선물	お土産

子音で終わる名詞+으로	
간식	間食

(1) 鹿児島は観光地として人気があります。

_____

(2) 化粧品がお土産として人気があります。

_____

(3) 韓国ではトッポッキが間食として人気があります。

_____

🔍 単語

가고시마　鹿児島
화장품【化粧品】化粧品
떡볶이　トッポッキ
※韓国の細長い餅をコチュジャンで
　甘辛く煮込んだもの

3. 動詞+러/으러 가다 ～しに行く　移動の目的

本文　23-06

우리 밤에 유람선 타러 가요.
私達、夜は遊覧船乗りに行きましょうよ。

作り方

母音で終わる動詞(語幹)　　　　┐
ㄹで終わる動詞(語幹)　　　　　├ + 러 가다
子音で終わる動詞(語幹)　　　　+ 으러 가다

作ってみよう 3　解答集 p.20

母音で終わる動詞(語幹)+러 가다		
보다	見る	
마시다	飲む	
식사하다	食事する	
ㄹで終わる動詞(語幹)+러 가다		
놀다	遊ぶ	

子音で終わる動詞(語幹)+으러 가다		
먹다	食べる	

(1) コーヒー飲みに行きましょうよ。／ええ、そうしましょう。

(2) 食事しに行きませんか。／ええ、行きましょう。

(3) うちに遊びに来ますか。／ええ、行きたいです。

「映画を見に行く」「食事しに行く」のように、行く目的を表す時には、러/으러 가다を使います。

해요体	러 가요 ～しに行きます
해体	러 가 ～しに行く

● 「遊びに来る」のように、来る目的を表す時には、러/으러 오다を使います。

해요体	러 와요 ～しに来ます
해体	러 와 ～しに来る

応用
언제 한번 놀러 오세요. [尊敬語]
いつか一度遊びに来てくださいね。

🔍 単語

커피　コーヒー
그래요　そうしましょう
안 갈래요?　行きませんか?
※意向を尋ねる
가요　行きましょう
우리 집　うち、私の家
에　に [助詞(目的地)]
올래요?　来ますか?
※意向を尋ねる
가고 싶어요　行きたいです

第23課　遊覧船から夜景を見ることができますか

漢字語で語彙力アップ

- 한강【漢江】漢江
- 한문학【漢文學】漢文学
- 유람선【遊覽船】遊覽船
- 유원지【遊園地】遊園地
- 야경【夜景】夜景
- 경기【景氣】景気

ティータイム

旧正月と秋夕は二大名節

旧暦1月1日(旧正月)は설날(ソルラル)といい、1年の始まりをお祝いする韓国の名節(伝統的な祭日)です。
ソルラルには、故郷に帰って家族や親戚に挨拶をし、楽しく過ごします。ソルラル当日の朝には차례(チャレ、茶禮)と呼ばれる祖先を祭る儀式を行い、その後先祖の墓参りをします。
旧暦8月15日は추석(チュソク、秋夕)といい、설날(ソルラル)と並ぶ韓国の二大名節の一つです。
チュソクには、故郷に親戚一同が集まり、チャレ(祖先を祭る儀式)を行い、先祖の墓参りをします。秋の収穫に感謝するという意味合いもあります。
ソルラルとチュソクの3連休は「民族大移動」となり、下り線は大渋滞となります。
チャレ(祖先を祭る儀式)の準備に、全員の食事の準備と大変ですが、両親や親戚そして祖先に礼を尽くす大切な行事となっています。

練習をはじめよう

5 単語を書いてみよう

한강에서	漢江で		
유람선	遊覽船		
타고 싶어요	乗りたいです		
한강에서	漢江から		
야경	夜景		
볼 수 있어요?	見られますか		
정말	本当に		
아름다워요	美しいです		
요즘	最近		
데이트 코스	デートコース		
로	として		
인기가 많아요	人気があります		
밤에	夜に		
타러 가요	乗りに行きましょう		

6 韓国語で書いてみよう

(1) 私は漢江で遊覽船に乗りたいです。

―――――――――――――――――――

(2) 遊覽船から夜景を見ることができるんですか。

―――――――――――――――――――

(3) 漢江の夜景は本当にきれいですよ。

―――――――――――――――――――

(4) 最近デートコースとして人気があるんですよ。

―――――――――――――――――――

(5) 私たち夜は遊覽船乗りに行きましょう。

―――――――――――――――――――

7　発音の練習をしよう　23-07

유진: 다음은 뭐 하고 싶어요?
리사: 저는 한강에서 유람선을 타고 싶어요.
준수: 그럼, 한강의 나이트 크루즈 어때요?
리사: 나이트 크루즈요? 유람선에서 야경을 볼 수 있어요?
준수: 그럼요. 한강의 야경은 정말 아름다워요.
그래서 요즘 데이트 코스로 인기가 많아요.
하야토: 그래요? 유람선, 좋네요.
유진: 그럼 우리 밤에 유람선 타러 가요.
저도 유람선은 처음이에요.

いよいよ本格的な発音練習です。最初はテキストを見ても構いません。慣れてきたらテキストを見ないで練習しましょう。

① まず、一文ずつ止めながら、音声に続いて発音してみましょう。

② 慣れてきたら、声優の声に少し遅れるようについて発音(シャドーイング)してみましょう。

声優と同じようなリズムと速さで話せるようになるまでシャドーイングを繰り返すことをお勧めします。

8　日本語に翻訳してみよう

上の対話文を日本語に訳してみましょう。

確認しましょう
① 〜することができます
　〜することができません
② として　助詞(資格・立場)
③ 〜しに行く
● の　助詞(所在地)

第24課では
① 〜たことがあります
② 〜当たり、〜に付き
　　助詞(基準)
③ 〜と思いますよ
を学びます。お楽しみに!

9　韓国語で話してみよう

上の日本語の会話文を、韓国語で表現できれば目標達成です。
お疲れ様でした!

第23課　遊覧船から夜景を見ることができますか　179

Practice 23

1. 次の会話を例のように韓国語で書いて、練習してみましょう。　　　　23-08

Q	인사동에서는 뭘 할 수 있어요?		仁寺洞では何ができますか?	
	例	①	②	③
	お土産を 買うことができます	韓国伝統茶を 飲むことができます	韓定食を 食べることができます	伝統工芸品を 見ることができます
A	선물을 살 수 있어요			
	お土産 買いに行きましょう	韓国伝統茶 飲みに行きましょう	韓定食 食べに行きましょう	伝統工芸品 見に行きましょう
	선물 사러 가요			

2. 次の会話を韓国語で書いて、練習してみましょう。　　　　23-09

（日）	（韓）
A：Bさん、明日仁寺洞に行きませんか? 仁寺洞におみやげ買いに行きましょうよ。	A：
B：仁寺洞、いいですね。そうしましょう。	B：
A：その後に韓定食食べに行きましょう。	A：
B：わぁ!韓定食、食べたいです。	B：
A：仁寺洞では伝統工芸品も見ることができるんですよ。	A：
B：じゃ、食事の後に伝統工芸品見に行きましょうね。	B：

3. 次の単語をハングルで書いて、発音してみましょう。　　　　23-10

내일	明日	한정식	韓定食
선물	おみやげ	전통공예품	伝統工芸品
전통차	伝統茶	식사 후에	食事の後に

MEMO

第24課 漢江遊覧船乗ったことがありますか。 한강 유람선 타 봤어요?

漢江遊覧船の出発時間、所要時間、料金について話しています。

ユジン(유진)
隼人(하야토)
理沙(리사)
チュンス(준수)

1 あらすじをチェック

유진 遊覧船の時間は私が調べますね。ちょっと待ってくださいね。

隼人 チュンスさんは漢江遊覧船乗ったことがあるんですか。

준수 ええ、去年の夏に1回乗ったことがあります。本当によかったですよ。

유진 みなさん。遊覧船はチャムシルから夜の7時30分出発です!

隼人 時間はどのくらいかかるんですか。

유진 90分です。それから料金は一人当たり15,000ウォンです。

理沙 ユジンさん、遊覧船は今日乗ることができますか。

유진 そうですね。電話で問い合わせてみますね。多分大丈夫だと思いますよ。

2 単語と表現をチェック　　24-01

□ 유람선【遊覽船】遊覧船　□ 시간【時間】時間　□ 제가 私が　□ 알아보다 調べる　□ 알아볼게요 調べますね　□ 잠깐만요 ちょっと待ってください　□ 한강【漢江】漢江　□ 타 봤어요? 乗ったことがありますか? ※타다(해形)+봤어요?(みましたか)　□ 작년【昨年】去年 ※発音[장년]　□ 여름 夏　□ 에 に [助詞(時)]　□ 한 번【한番】1回　□ 타 봤어요 乗ったことがあります　□ 정말 本当に　□ 좋았어요 よかったです　□ 여러분 みなさん　□ 잠실【蠶室】チャムシル ※ソウルの地名　□ 에서 から [助詞(出発地点)]　□ 7시 30분 7時30分 ※일곱 시 삼십 분　□ 출발【出發】出発　□ 얼마나 どのくらい　□ 걸려요? かかりますか?　□ 90분【分】90分 ※구십 분　□ 그리고 それから　□ 요금【料金】料金　□ 한 사람 一人　□ 에 ～当たり、～に対して [助詞(基準)]　□ 15,000원 15,000ウォン ※만 오천 원　□ 오늘 今日　□ 탈 수 있어요? 乗ることができますか? ※타다(語幹)+ㄹ 수 있어요?(することができますか)　□ 글쎄요 さあ、どうですかね　□ 전화【電話】電話　□ 로 で [助詞(道具)]　□ 문의하다【問議하다】問い合わせる ※発音[무니하다]　□ 문의해 볼게요 問い合わせてみますね　□ 아마 多分　□ 괜찮다 大丈夫だ　□ 괜찮을 거예요 大丈夫だと思います ※괜찮다(語幹)+을 거예요(と思いますよ)

3 本文を聞いてみよう

24-02 韓　24-03 日→韓

유진: 유람선 시간은 제가 알아볼게요. 잠깐만요.

隼人: 준수 씨는 한강 유람선 타 봤어요?

준수: 네. 작년 여름에 한 번 타 봤어요. 정말 좋았어요.

유진: 여러분. 유람선은 잠실에서 저녁 7시 30분 출발이에요.

隼人: 시간은 얼마나 걸려요?

유진: 90분이에요. 그리고 요금은 한 사람에 15,000원이에요.

理沙: 유진 씨, 유람선은 오늘 탈 수 있어요?

유진: 글쎄요. 전화로 문의해 볼게요. 아마 괜찮을 거예요.

4 文法と表現をチェック

1. 動詞(해形) + 봤어요 ～たことがあります 〔経験〕

24-04

本文

한강 유람선 타 봤어요?
漢江遊覧船乗ったことがありますか。

작년 여름에 한 번 타 봤어요.
去年の夏に1回乗ったことがありますよ。

作り方

動詞(해形) + 봤어요

「韓国に行ったことがありますか?」「ソウルに1回行ったことがあります」のように、聞き手や話し手の経験を表す時には、動詞(해形)＋봤어요を使います。

해요体	해形+봤어요 ～たことがあります
해体	해形+봤어 ～たことがある

作ってみよう 1

解答集 p.20

辞書形	動詞(해形)+봤어요	辞書形	動詞(해形)+봤어요
가다		먹다	
마시다		타다	

(1) 韓国に行ったことがありますか。/ ええ、二回行ったことがあります。

(2) サムゲタン食べたことがありますか。/ いいえ、食べたことありません。

単語

한국【韓國】韓国
두 번 2回
삼계탕【蔘鷄湯】サムゲタン
안 먹어 봤어요 食べたことがありません

第24課　漢江遊覧船乗ったことがありますか　183

「一人当たり1,000円」「一つに付き500円」「一泊に付き8,000円」「1時間に付き900円」等、基準の単位について、それに対する金額、分量等を表す時には、에を使います。

単語

호텔 ホテル
일박【一泊】一泊
얼마 いくら
팔만 원 8万ウォン
편의점【便宜店】コンビニ
아르바이트 アルバイト
한 시간【한 時間】1時間
구백 엔【九百엔】900円
한 달 ひと月、一ヶ月
벌어요? 稼ぎますか
※辞書形：벌다
사만 엔【四萬엔】4万円

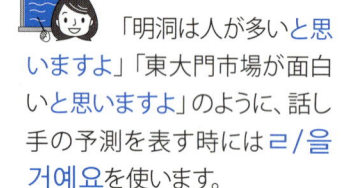

2. 助詞　에　～当たり、～に付き　[基準]

本文　24-05

한 사람에 15,000원이에요.
一人当たり15,000ウォンです。

作り方

名詞 + 에

作ってみよう2　解答集 p.21

(1) ホテルは一泊に付きいくらですか。／80,000ウォンです。

(2) コンビニのバイトは1時間に付きいくらですか。／900円です。

(3) ひと月当たりいくら稼ぎますか。／4万円稼ぎます。

「明洞は人が多いと思いますよ」「東大門市場が面白いと思いますよ」のように、話し手の予測を表す時にはㄹ/을 거예요を使います。

해요体	ㄹ 거예요 ～と思いますよ
해体	ㄹ 거야 ～と思うよ

単語

빠르다 早い・速い
마트 マート
※大型ショッピングセンター
지하철【地下鐵】地下鉄
로 で [助詞(手段)]
점심때 昼時
1시 1時
쯤 頃

3. 形容詞+ㄹ/을 거예요　～と思いますよ　[予測]

本文　24-06

아마 괜찮을 거예요.
多分大丈夫だと思いますよ。

作り方

母音で終わる形容詞(語幹)　　　　　｝+ ㄹ 거예요
ㄹで終わる形容詞→ㄹ脱落　　　　　
子音で終わる形容詞(語幹)　+ 을 거예요

作ってみよう3　解答集 p.21

形容詞(語幹)+ㄹ 거예요		形容詞(語幹)+을 거예요	
싸다		많다	
빠르다		괜찮다	

(1) マートが安いと思いますよ。マートに行きましょうよ。

(2) 地下鉄が早いと思いますよ。地下鉄で行きましょうよ。

(3) 昼時は人が多いと思いますよ。1時頃に行きましょうよ。

練習をはじめよう

5 単語を書いてみよう

한강	漢江		
유람선	遊覧船		
타 봤어요?	乗ったことがありますか		
작년 여름	去年の夏		
한 번	1回		
요금	料金		
한 사람에	一人当たり		
원	ウォン		
오늘	今日		
탈 수 있어요?	乗ることができますか		
아마	多分		
괜찮을 거예요	大丈夫だと思います		

6 韓国語で書いてみよう

(1) 漢江遊覧船乗ったことがありますか。

_____

(2) 去年の夏に1回乗ったことがあります。

_____

(3) 料金は一人当たり15,000ウォンです。

_____

(4) 遊覧船は今日乗ることができますか。

_____

(5) 多分大丈夫だと思いますよ。

_____

漢字語で語彙力アップ

□ 잠실【蠶室】蠶室
□ 교실【教室】教室
□ 출발【出發】出発
□ 출구【出口】出口
□ 요금【料金】料金
□ 요리【料理】料理
□ 문의하다【問議하다】問い合わせる
□ 문제【問題】問題

ティータイム

韓国人は熱い！

漢江遊覧船はデートスポットとして人気があり、特に夜の遊覧船内は甘いムードで一杯！カップルたちがあちらこちらで人目も気にせずに愛情表現をしています。ソウルの素晴らしい夜景よりもカップルたちの方が気になってしまうのは気のせいでしょうか？そんな韓国のカップルたちは、二人の大事な記念日(特に100日記念日)を大切にします。初デートの日にスマホのD-dayカウンターをセット、100日記念日を迎えたら二人で盛大にお祝いします。100日目を迎えたらカップルの安定期に入るということなのでしょうね。

いよいよ本格的な発音練習です。最初はテキストを見ても構いません。慣れてきたらテキストを見ないで練習しましょう。

①まず、一文ずつ止めながら、音声に続いて発音してみましょう。

②慣れてきたら、声優の声に少し遅れるようについて発音(シャドーイング)してみましょう。

声優と同じようなリズムと速さで話せるようになるまでシャドーイングを繰り返すことをお勧めします。

7 発音の練習をしよう　24-07

유진: 유람선 시간은 제가 알아볼게요. 잠깐만요.
隼人: 준수 씨는 한강 유람선 타 봤어요?
준수: 네. 작년 여름에 한 번 타 봤어요. 정말 좋았어요.
유진: 여러분. 유람선은 잠실에서 저녁 7시 30분 출발이에요.
隼人: 시간은 얼마나 걸려요?
유진: 90분이에요. 그리고 요금은 한 사람에 15,000원이에요.
理沙: 유진 씨, 유람선은 오늘 탈 수 있어요?
유진: 글쎄요. 전화로 문의해 볼게요. 아마 괜찮을 거예요.

上の対話文を日本語に訳してみましょう。

8 日本語に翻訳してみよう

유진:
隼人:
준수:
유진:
隼人:
유진:
理沙:
유진:

確認しましょう
① 〜たことがあります
② 〜当たり、〜に付き
　　助詞(基準)
③ 〜と思いますよ

第25課では
① 〜しましょうか
② 〜はどうですか
③ 〜ですね
を学びます。お楽しみに!

9 韓国語で話してみよう

上の日本語の会話文を、韓国語で表現できれば目標達成です。
お疲れ様でした!

Practice 24

1. 自分の経験についてチェックした後、インタビューしてみましょう。　24-08

Q	例 교토 京都	① 도쿄 디즈니랜드 東京ディズニーランド	② 오키나와 沖縄	③ 오사카 大阪											
	(교토)에 가 봤어요? (京都)に行ったことがありますか？	교토	디즈니랜드	오키나와	오사카	교토	디즈니랜드	오키나와	오사카	교토	디즈니랜드	오키나와	오사카		
A	아직 안 가 봤어요. まだ行ったことがありません。														
	한 번 가 봤어요. 一回行ったことがあります。														
	몇 번 가 봤어요. 何回か行ったことがあります。														
	インタビューした人の名前	自分				❶				❷					

2. (1) 次の会話を声に出して練習してみましょう。　24-09

例	❶ 도쿄 ～ 서울 東京 ～ ソウル	Q	韓	❶ 도쿄에서 서울까지 얼마나 걸려요?
			日	東京からソウルまで どのくらいかかりますか？
	❷ 비행기로 飛行機で	A	韓	❷ 비행기로 ❸ 2시간 30분 걸려요.
	❸ 2시간 30분		日	飛行機で 2時間30分 かかります。

(2) 次の①～④を使って、例のように会話を作って練習してみましょう。　24-10

	①	②	③	④
❶	공항 ～ 시내 空港 ～ 市内	집 ～ 학교 家 ～ 学校	집 ～ 회사 家 ～ 会社	집 ～ 슈퍼 家 ～ スーパー
❷	공항버스로 空港バスで	버스로 バスで	자전거로 自転車で	걸어서 歩いて
❸	1시간 10분	40분	15분	7분

第25課 明日は何しましょうか。 내일은 뭐 할까요?

明日は仁寺洞に行くことに決定！ホテルのロビーで朝9時半に待ち合わせです。

> ユジン(유진)
> 隼人(하야토)
> 理沙(리사)
> チュンス(준수)

1 あらすじをチェック

隼人 今日の遊覧船は本当によかったですね。

理沙 本当に。いつまでもずっと記憶に残りそうですね。

유진 私達明日は何しましょうか。

隼人 仁寺洞はどうですか。仁寺洞はぜひ一度行ってみたかったんです。

理沙 私も仁寺洞でお土産を買いたいです。

유진 いいですね。じゃ、明日は仁寺洞に行きましょう。

준수 明日どこで何時に会いましょうか。

隼人 明日ホテルのロビーで9時半はどうですか。

2 単語と表現をチェック　　25-01

- 오늘 今日
- 유람선【遊覽船】遊覽船
- 정말 本当に
- 좋았어요 よかったです
- 맞아요 その通りです
- 오래오래 末長く、いつまでも
- 기억【記憶】記憶
- 남다 残る
- 남을 거예요 残ると思います
- 우리 私たち
- 내일【來日】明日
- 뭐 何
- 할까요? しましょうか ※하다(語幹)+ㄹ까요?(しましょうか)
- 인사동【仁寺洞】仁寺洞 ※ソウル市の中心部に位置する街。伝統家屋、伝統茶屋、骨董品店、ギャラリーが多い。
- 어때요? どうですか
- 꼭 ぜひ
- 한번【한番】一度
- 가 보다 行ってみる
- 가 보고 싶었어요 行ってみたかったです
- 에서 で 助詞(動作の場所)
- 선물【膳物】お土産、プレゼント
- 사고 싶어요 買いたいです
- 좋은데요 いいですね ※좋다(語幹)+은데요(ですね)
- 그럼 じゃ
- 어디서 どこで ※서は에서の縮約形
- 몇 시에 何時に
- 만날까요? 会いましょうか ※만나다(語幹)+ㄹ까요?(しましょうか)
- 호텔 ホテル
- 로비 ロビー
- 9시【時】9時
- 반【半】半

3 本文を聞いてみよう

25-02 韓 25-03 日→韓

隼人: 오늘 유람선은 정말 좋았어요.
理沙: 맞아요. 오래오래 기억에 남을 거예요.
유진: 우리 내일은 뭐 할까요?
隼人: 인사동 어때요? 인사동은 꼭 한번 가 보고 싶었어요.
理沙: 저도 인사동에서 선물을 사고 싶어요.
유진: 좋은데요. 그럼 내일은 인사동에 가요.
준수: 내일 어디서 몇 시에 만날까요?
隼人: 내일 호텔 로비에서 9시 반 어때요?

4 文法と表現をチェック

1. ㄹ/을 까요? ～しましょうか　提案して、意見を求める

本文　25-04

내일은 뭐 할까요?
明日何しましょうか。
어디서 몇 시에 만날까요?
どこで何時に会いましょうか。

作り方

母音で終わる動詞(語幹)　　　　　　 ＋ ㄹ까요?
ㄹで終わる動詞 → ㄹ脱落
子音で終わる動詞(語幹)　　＋ 을까요?

「明日何しましょうか?」「どこで食べましょうか?」のように、話し手が何かすることを提案して、聞き手の意見を求める時にはㄹ까요?を使います。

丁寧形	ㄹ까요? ～しましょうか
非丁寧形	ㄹ까? ～しようか

作ってみよう１　解答集 p.21

母音で終わる動詞(語幹)+ ㄹ까요?	
(1)어디서 만나다　どこで会う	
(2)몇 시에 만나다　何時に会う	
ㄹで終わる動詞 → ㄹ脱落+ ㄹ까요?	
(3)뭐 만들다　何作る	
子音で終わる動詞(語幹)+ 을까요?	
(4)뭐 먹다　何食べる	
(5)어디서 먹다　どこで食べる	

第25課　明日は何しましょうか　189

「(行先として)仁寺洞はどうですか」「(集合場所、時間として)ホテルのロビーで9時半はどうですか」のように、具体的な場所・時間等を提案する時には、名詞 어때요?を使います。

해요体	어때요? どうですか?
해体	어때? どう?

🔍 単語

명동【明洞】ミョンドン
좋아요 いいですよ
개찰구【改札口】改札口
앞 前
에서 で [助詞(動作の場所)]
학생식당【學生食堂】
　　　学生食堂

2. 名詞 어때요? ○○はどうですか? 〔具体的に提案する〕

本文 25-05

인사동 어때요?
　仁寺洞はどうですか。
호텔 로비에서 9시 반 어때요?
　ホテルのロビーで9時半はどうですか。

作り方

名詞　어때요?

作ってみよう 2　　解答集 p.21

(1) 明洞はどうですか。/ いいですよ。

(2) 改札口の前で11時はどうですか。/ いいですよ。

(3) 学生食堂で12時半はどうですか。/ 1時がいいです。

「いいですね」「すてきですね」のように、感想を伝える時には、ㄴ데요/은데요を使います。
● ㄴ데요/은데요で感想を伝える時は、イントネーションが大変重要です。音声を聞きながら練習しましょう!

🔍 単語

예쁘다 かわいい
멋지다 すてきだ
괜찮다 なかなかいい
치마 スカート
너무 すごく
그래요? そうですか?
안경【眼鏡】メガネ
고마워요 ありがとう
잘 よく
어울려요 似合っています
여기 ここ
분위기【雰圍氣】雰囲気

3. 形容詞+ㄴ데요/은데요 ～ですね 〔感想を伝える〕

本文 25-06

좋은데요.
　いいですね。(いいんじゃないですか)

作り方

母音で終わる形容詞(語幹)　　　　　} + ㄴ데요
ㄹで終わる形容詞→ㄹ脱落
子音で終わる形容詞(語幹)　+ 은데요

作ってみよう 3　　解答集 p.21

形容詞(語幹)+ㄴ데요		形容詞(語幹)+은데요	
예쁘다		좋다	
멋지다		괜찮다	

(1) スカートすごくかわいいですね。/ そうですか。ありがとう。

(2) メガネすごく素敵ですね。よく似合っていますよ。

(3) ここ雰囲気なかなかいいですね。

練習をはじめよう

5 単語を書いてみよう

우리	私たち		
내일	明日		
뭐 할까요?	何しましょうか		
인사동	仁寺洞		
어때요?	どうですか。		
꼭	ぜひ		
한번	一度		
가 보고 싶었어요	行ってみたかったです		
좋은데요	いいですね		
어디서	どこで		
몇 시에	何時に		
만날까요?	会いましょうか		
호텔 로비	ホテルのロビー		
9시 반	9時半		

6 韓国語で書いてみよう

(1) 私達明日は何しましょうか。

(2) 仁寺洞はどうですか。

(3) 仁寺洞はぜひ一度行ってみたかったんです。

(4) いいですね。

(5) 明日どこで何時に会いましょうか。

(6) 明日ホテルのロビーで9時半はどうですか。

ティータイム

「孝道」と『沈清伝(심청전)』

韓国語で親孝行のことを「孝道(효도)」と言います。古典小説『沈清伝(심청전)』は父親を思う娘沈清(シンチョン)のお話しです。

沈清は、目の見えない父親のもとで苦労しながら成長する。ある日、米三百石を寺に納めれば仏の慈悲により目が開くという話を父親が聞くが、米を買う金もなく途方に暮れていた。

そんなある日、沈清が海岸を歩いていると、中国の船乗りが海が荒れないようにいけにえとして捧げる若い娘を探していた。沈清は、自分を生けにえとして捧げる代わりに、米三百石をもらう約束をした。沈清は、泣きすがる父親と別れ、生けにえとなって海に身を投げてしまう。

沈清の親孝行に深く感動した海の皇帝は、沈清を蓮の花に乗せて再び人間界に生還させた。海に浮かんだ大きな蓮の花を見つけた中国商人はそれを王様に捧げ、その蓮の中から出てきた美しい沈清を見た王子は、沈清を王妃として迎えた。

父親のことを気にかける沈清の気持ちを察した王子が盲人のための宴を開き、沈清は宴にやって来た父親とついに再会を果たす。死んだはずの娘と再会できた父親は喜びで目が開き、沈清と共に末永く幸せに暮らしたという。

いよいよ本格的な発音練習です。最初はテキストを見ても構いません。慣れてきたらテキストを見ないで練習しましょう。

①まず、一文ずつ止めながら、音声に続いて発音してみましょう。

②慣れてきたら、声優の声に少し遅れるようについて発音(シャドーイング)してみましょう。

声優と同じようなリズムと速さで話せるようになるまでシャドーイングを繰り返すことをお勧めします。

7　発音の練習をしよう　25-07

隼人: 오늘 유람선은 정말 좋았어요.
理沙: 맞아요. 오래오래 기억에 남을 거예요.
유진: 우리 내일은 뭐 할까요?
隼人: 인사동 어때요? 인사동은 꼭 한번 가 보고 싶었어요.
理沙: 저도 인사동에서 선물을 사고 싶어요.
유진: 좋은데요. 그럼 내일은 인사동에 가요.
준수: 내일 어디서 몇 시에 만날까요?
隼人: 내일 호텔 로비에서 9시 반 어때요?

上の対話文を日本語に訳してみましょう。

8　日本語に翻訳してみよう

確認しましょう
①～しましょうか
②～はどうですか
③～ですね

第26課では
①～のおかげで
②～してください
● でも 助詞の連続
を学びます。お楽しみに！

9　韓国語で話してみよう

上の日本語の会話文を、韓国語で表現できれば目標達成です。
お疲れ様でした!

Practice 25

1. (1) 次の会話を韓国語で書いて、練習してみましょう。　25-08

例） 피자 ピザ　① 라면 ラーメン　② 카레 カレー　③ 비빔밥 ビビンバ　④ 돈가스 トンカツ

（日）	（韓）
A：今日のお昼何食べようか？	A：
B：ピザ はどう？	B：
A：いいよ。	A：
私も ピザ 食べたい。	
B：じゃ、今日は ピザ 食べに行こう。	B：

(2) ①～④を使って、例のように会話を作って練習してみましょう。

2. (1) 次の会話を韓国語で書いて、練習してみましょう。　25-09

❶ 例）취직설명회 就職説明会　① 야구시합 野球の試合　② 회식 飲み会　③ 한국어 말하기 대회 韓国語スピーチ大会

❷ 버스 バス　지하철 地下鉄　택시 タクシー　걸어서 歩いて

❸ 학교 学校　개찰구 改札口　회사 会社　학교 学校

❹ 8시 50분　12시　18시 20분　9시 15분

（日）	（韓）
A：土曜日に ❶ 就職説明会 がありますね。	A：토요일에 취직설명회가 있지요?
B：ええ。Aさんはどうやって行くつもりですか？	B：네. A씨는 어떻게 갈 거예요?
A：私は ❷ バス で行きます。	A：저는 버스로 가요.
Bさんはどうやって行くつもりですか？	
B：私も ❷ バス で行くつもりです。	B：
A：じゃ、一緒に行きましょうか？	A：
B：そうしましょう。	B：
どこで何時に会いましょうか？	
A：❸ 学校 の前で ❹ 8時50分 はどうですか？	A：
B：いいですよ。じゃ、土曜日に会いましょう。	B：

(2) ①～③を使って、例のように会話を作って練習してみましょう。

第26課 思い出たくさん作ってくださいね。 추억 많이 만드세요.

楽しかった4人でのソウル旅行が終わり、チュンスと理沙は釜山に向けて出発します！

ユジン(유진)
隼人(하야토)
理沙(리사)
チュンス(준수)

1 あらすじをチェック

理沙　今回のソウル旅行はユジンさんのおかげで本当に楽しかったです。

隼人　漢江の夜景、仁寺洞、食べ物、ショッピング、全部大満足です。

理沙　ユジンさん、ありがとうございました。

준수　ユジン、本当にご苦労様。ありがとう。

유진　私も楽しかったです。理沙さん、釜山でも思い出たくさん作ってくださいね。

隼人　二人とも楽しい旅行をしてくださいね。

理沙　ええ、行ってきますね。

준수　理沙さん、釜山旅行も期待してくださいね。

2 単語と表現をチェック　　26-01

☐ 이번【이번】今回の、今度の　☐ 서울 ソウル　☐ 여행【旅行】旅行　☐ 덕분에【德分에】〜のおかげで　☐ 정말 本当に　☐ 즐거웠어요 楽しかったです ※즐겁다の過去形　☐ 한강【漢江】漢江　☐ 의 の ※発音[에] [助詞(所在地)]　☐ 야경【夜景】夜景　☐ 인사동【仁寺洞】インサドン(地名)　☐ 음식【飲食】食べ物　☐ 쇼핑 ショッピング　☐ 모두 すべて、全部　☐ 대만족【大満足】大満足　☐ 고마워요 ありがとう　☐ 유진아 유진+아 ユジン！ ※子音で終わる名前を敬称なしで呼ぶ [参考] 준수야 준수+야 チュンス！ ※母音で終わる名前を敬称なしで呼ぶ　☐ 수고했어 ご苦労様 ※해体　☐ 고맙다 ありがとう　☐ 부산【釜山】プサン　☐ 에서도 でも ※에서+도 [助詞の連続]　☐ 추억【追憶】思い出　☐ 많이 たくさん　☐ 만드세요 作ってくださいね ※만들다(ㄹ脱落)+세요(してください)　☐ 두 사람 二人　☐ 여행【旅行】旅行　☐ 잘 하세요 楽しくしてくださいね ※잘 하다(語幹)+세요(してください)　☐ 갔다 오다 行ってくる　☐ 갔다 올게요 行ってきますね ※갔다 오다(語幹)+ㄹ게요(しますね)　☐ 기대하세요【期待하세요】期待してくださいね ※기대하다(語幹)+세요(してください)

3　本文を聞いてみよう

26-02 韓　26-03 日→韓

理沙：이번 서울 여행은 유진 씨 덕분에 정말 즐거웠어요.
隼人：한강의 야경, 인사동, 음식, 쇼핑 모두 대만족이에요.
理沙：유진 씨, 고마워요.
準秀：유진아, 정말 수고했어. 고맙다.
유진：저도 즐거웠어요. 리사 씨, 부산에서도 추억 많이 만드세요.
隼人：두 사람 여행 잘 하세요.
理沙：네, 갔다 올게요.
準秀：리사 씨, 부산 여행도 기대하세요.

4　文法と表現をチェック

1. 名詞+덕분에　〜のおかげで　［恩恵を表す］

26-04

本文
유진 씨 덕분에 정말 즐거웠어요.
　ユジンさんのおかげで本当に楽しかったです。

作り方
名詞 + 덕분에

「ユジンさんのおかげで〜できました」のように恩恵を受けたことを表現する時には名詞+덕분에を使います。

● 「ユジンさんのおかげで」の助詞「の」は不要です。

応用

덕분에 잘 다녀왔어요.
おかげ様で楽しく行ってきました。※다녀오다 行ってくる

덕분에 시험 잘 봤어요.
おかげ様で試験よくできました。

유진 씨 덕분이에요.
ユジンさんのおかげです。

🔍 単語
시험【試験】試験
잘 보다　よくできる
한국어【韓國語】韓国語
늘다　上達する、伸びる
축하합니다【祝賀합니다】
　おめでとうございます

作ってみよう 1　　解答集 p.23

(1) 理沙さんのおかげで試験よくできました。
_____

(2) ユジンさんのおかげで韓国語が上達しました。
_____

(3) おめでとうございます！/ チュンスさんのおかげです。
_____

第26課　思い出たくさん作ってくださいね

「思い出たくさん作ってくださいね」「遊びに来てくださいね」「風邪に気を付けてくださいね」のように、相手に行動を促す時には세요/으세요(尊敬語)を使います。

● あいさつ　26-06

①お気をつけて
안녕히 가세요.
②お元気で
안녕히 계세요.
③またいらしてください
또 오세요.

● 教室でよく使う表現　26-07

①やってください
하세요.
②見てください
보세요.
③やってみてください
해 보세요
④言ってみてください
말해 보세요.
⑤聞いてみてください
들어 보세요.
⑥書いてみてください
써 보세요.
⑦読んでみてください
읽어 보세요.
⑧尋ねてみてください
물어 보세요.

🔍 **単語**

감기【感氣】風邪
조심하다【操心하다】
　　　　　気を付ける
경주【慶州】慶州
※かつて朝鮮半島を統一した新羅
　王朝の古都
에도　にも
한번【한 번】一度
이것도　これも　※이것＋도
일본【日本】日本
많이　たくさん

2. 動詞+세요/으세요　～してください　行動を促す

本文　26-05

부산에서도 추억 많이 만드세요.
プサンでも思い出たくさん作ってくださいね。
두 사람 여행 잘 하세요.
二人とも楽しい旅行をしてくださいね。
부산 여행도 기대하세요.
釜山旅行も期待してくださいね。

作り方

母音で終わる動詞(語幹)　　　　｝＋세요
ㄹで終わる動詞→ㄹ脱落
子音で終わる動詞(語幹)　　＋으세요

作ってみよう2　　　解答集 p.23

母音で終わる動詞(語幹)+세요		
気を付ける	조심하다	
行ってみる	가 보다	
食べてみる	먹어 보다	
遊びに来る	놀러 오다	
ㄹで終わる動詞 →ㄹ脱落+세요		
食べる	들다	
子音で終わる動詞(語幹)+으세요		
すわる	앉다	

(1) 風邪気を付けてくださいね。
　　_____

(2) 慶州にも一度行ってみてください。
　　_____

(3) これも食べてみてください。
　　_____

(4) 日本にも遊びに来てくださいね。
　　_____

(5) たくさん召し上がってくださいね。
　　_____

練習をはじめよう

5 単語を書いてみよう

덕분에	のおかげで		
정말	本当に		
즐거웠어요	楽しかったです		
유진아	ユジン！		
수고했어	ご苦労様		
부산에서도	プサンでも		
추억	思い出		
많이	たくさん		
만드세요	作ってくださいね		
두 사람	二人		
여행	旅行		
잘 하세요	楽しくしてくださいね		
갔다 올게요	行ってきますね		
기대하세요	期待してくださいね		

6 韓国語で書いてみよう

(1) ユジンさんのおかげで本当に楽しかったです。

―――――――――――――――――

(2) ユジン！本当にお疲れ様。

―――――――――――――――――

(3) 釜山でも思い出たくさん作ってくださいね。

―――――――――――――――――

(4) 二人とも楽しい旅行をしてくださいね。

―――――――――――――――――

(5) ええ、行ってきますね。

―――――――――――――――――

(6) 釜山旅行も期待してくださいね。

―――――――――――――――――

漢字語で語彙力アップ

- 여행【旅行】旅行
- 여권【旅券】パスポート
  ※発音[여꿘]
- 음식【飲食】食べ物
- 식사【食事】食事
- 만족【滿足】満足
- 만원【滿員】満員
- 기대【期待】期待
- 기말【期末】期末

ティータイム

韓国料理で美しく！

海外旅行をする時に、即席のご飯や味噌汁、梅干し等を持っていく方も多いことでしょう。でも、韓国旅行にはまったく必要ありません。韓国は主食が米で、雑穀ご飯やおかゆもよく食べます。味噌汁がなくても、テンジャンチゲ（味噌鍋）があるし、梅干しがなくてもキムチがあります。韓国料理というと焼肉を連想する方も多いと思いますが、実は韓国は世界有数の野菜消費国なのです。調理には、醤油、味噌、コチュジャン等の発酵食品や唐辛子、ニンニク、生姜、ゴマといった栄養価の高い食材もたっぷり使います。豆腐料理や麺料理がたくさんあるのも日本人にはうれしいですね。野菜不足が気になる方は韓国に行って韓国の食を楽しまれてはいかがでしょうか？

第26課　思い出たくさん作ってくださいね

いよいよ本格的な発音練習です。最初はテキストを見ても構いません。慣れてきたらテキストを見ないで練習しましょう。

①まず、一文ずつ止めながら、音声に続いて発音してみましょう。

②慣れてきたら、声優の声に少し遅れるようについて発音(シャドーイング)してみましょう。

声優と同じようなリズムと速さで話せるようになるまでシャドーイングを繰り返すことをお勧めします。

7 発音の練習をしよう　26-08

理沙　이번 서울 여행은 유진 씨 덕분에 정말 즐거웠어요.

隼人　한강의 야경, 인사동, 음식, 쇼핑 모두 대만족이에요.

理沙　유진 씨, 고마워요.

準秀　유진아, 정말 수고했어. 고맙다.

유진　저도 즐거웠어요. 리사 씨, 부산에서도 추억 많이 만드세요.

隼人　두 사람 여행 잘 하세요.

理沙　네, 갔다 올게요.

準秀　리사 씨, 부산 여행도 기대하세요.

上の対話文を日本語に訳してみましょう。

8 日本語に翻訳してみよう

理沙 ___
隼人 ___
理沙 ___
準秀 ___
유진 ___
隼人 ___
理沙 ___
準秀 ___

確認しましょう
① 〜のおかげで
② 〜してください
● でも 助詞の連続

9 韓国語で話してみよう

上の日本語の会話文を、韓国語で表現できれば目標達成です。お疲れ様でした!

Practice 26

1. 次の文を韓国語で書いて、発音してみましょう。　26-09

①	②	③	④
よく聞いてみてください	もう一度、言ってみてください	読んでみてください	書いてみてください

2. 次の会話を韓国語で書いて、練習してみましょう。　26-10

（日）	（韓）
A：韓国語の勉強はどうですか？	A：
B：面白いです。	B：
でも韓国語は発音がすごく難しいです。	
A：パッチムが難しいでしょう。	A：
B：はい。でも、頑張ります。	B：네. 하지만 열심히 할 거예요.
A：韓国語をどのように活用したいですか？	A：
B：韓国ドラマを韓国語で見たいです。	B：
それから韓国に旅行したいです。	
A：そうなんですね。	A：그렇군요.
頑張ってください。ファイト！	

3. 次の単語をハングルで書いて、発音してみましょう。　26-11

잘	よく	열심히 하다	頑張る
다시 한번	もう一度	어떻게	どのように
발음	発音	활용하다	活用する
받침	パッチム	화이팅	ファイト

ユジン　　　理沙　　　隼人　　　チュンス

『これで話せる韓国語ＳＴＥＰ１』はこれで終わりです。お疲れ様でした！
本書に出てくる表現はそのまま使えるものがたくさんあります。
ぜひ使ってみてくださいね。

ＳＴＥＰ２でまたお会いしましょう！

여러분, 또 만나요! (みなさん、また会いましょう)

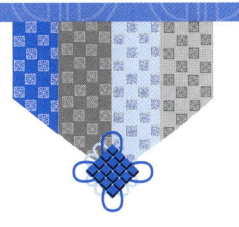

これで話せる韓国語
STEP 1

付録

日本の都道府県名のハングル表記

1	北海道	홋카이도		25	滋賀	시가
2	青森	아오모리		26	京都	교토
3	岩手	이와테		27	大阪	오사카
4	宮城	미야기		28	兵庫	효고
5	秋田	아키타		29	奈良	나라
6	山形	야마가타		30	和歌山	와카야마
7	福島	후쿠시마		31	鳥取	돗토리
8	茨城	이바라키		32	島根	시마네
9	栃木	도치기		33	岡山	오카야마
10	群馬	군마		34	広島	히로시마
11	埼玉	사이타마		35	山口	야마구치
12	千葉	치바		36	徳島	도쿠시마
13	東京	도쿄		37	香川	가가와
14	神奈川	가나가와		38	愛媛	에히메
15	新潟	니이가타		39	高知	고치
16	富山	도야마		40	福岡	후쿠오카
17	石川	이시카와		41	佐賀	사가
18	福井	후쿠이		42	長崎	나가사키
19	山梨	야마나시		43	熊本	구마모토
20	長野	나가노		44	大分	오이타
21	岐阜	기후		45	宮崎	미야자키
22	静岡	시즈오카		46	鹿児島	가고시마
23	愛知	아이치		47	沖縄	오키나와
24	三重	미에				

発音の変化について　　−本文の単語や文において表記と発音が異なる場合−

連音化　終声の子音を、次に来る母音と一緒に発音する

こんな時 ⇒ ●終声のある語(子音で終わる語)の後ろに母音で始まる語が来た時

	1課		2課		3課	5課
表記	이유진입니다	이쪽은	선물이에요	서울이에요	사진이에요	한국인
発音	이유지님니다	이쪼근	선무리에요	서우리에요	사지니에요	한구긴
	イユジンです	こちらは	プレゼントです	ソウルです	写真です	韓国人

3課：출신이에요, 부산입니다
4課：사람은, 이름이
5課：맞아요, 알아요, 서울에
6課：도서관에, 있어요, 수업은
7課：날에, 주말에는, 만들어요, 정말이요
8課：토요일에, 토요일이요, 집에, 일요일에는　…その他多数

鼻音化①　鼻音[ㄴ, ㅁ, ㅇ]にして発音する

こんな時 ⇒ ●終声[ㄱ]の後ろに[ㄴ、ㅁ]が来た時には、[ㄱ]を[ㅇ]にして発音します。 例 작문
●終声[ㄷ]の後ろに[ㄴ、ㅁ]が来た時には、[ㄷ]を[ㄴ]にして発音します。 例 끝났어요
●終声[ㅂ]の後ろに[ㄴ、ㅁ]が来た時には、[ㅂ]を[ㅁ]にして発音します。 例 입니다

	1課		2課	16課	18課
表記	입니다	반갑습니다	감사합니다	작문 끝났어요?	잘 됐네요
発音	임니다	반갑씀니다	감사함니다	장문 끈나써요	잘 됀네요
	です	うれしいです	ありがとうございます	作文 終わりましたか	よかった

	21課			23課	24課
表記	맛있네요	못 먹어요	안 맵네요	좋네요	작년
発音	마신네요	몬 머거요	안 맴네요	존네요	장년
	おいしいですね	食べられません	辛くないですね	いいですね	昨年

鼻音化②　鼻音[ㄴ]にして発音する

こんな時 ⇒ ●終声[ㅁ]の後ろに[ㄹ]が来た時には、[ㄹ]を[ㄴ]にして発音します。

	20課
表記	음료
発音	음뇨
	飲み物

濁音化　濁音にして発音する

こんな時 ⇒ ●[ㄱ ㄷ ㅂ ㅈ]が母音の後ろに来た時　例 이거
　　　　　 ●[ㄱ ㄷ ㅂ ㅈ]がパッチム「ㄴ, ㅁ, ㅇ」の後ろに来た時　例 해운대

	2課		3課		
表記	이거	이게	어디	사진	해운대
発音	이거 イゴ	이게 イゲ	어디 オディ	사진 サジン	해운대 ヘウンデ
	これ	これが	どこ	写真	海雲台 ※地名

3課：여기, 아주, 바다
4課：누구, 가족, 아버지, 그리고
5課：인사동, 친구
6課：여보세요, 지금, 도서관　…その他多数

ㅎの無音化　ㅎの音は全く発音されない

こんな時 ⇒ ●パッチム「ㅎ」の後ろに母音 (아, 이, 으等) が来た時

	7課	8課	12課	13課	15課	25課
表記	좋아해요	좋아요	괜찮아요	어렵지 않아요?	많이	좋은데요
発音	조아해요	조아요	괜차나요	어렵찌 아나요?	마니	조은데요
	好きです	いいです	大丈夫です	難しくありませんか	たくさん	いいですね

口蓋音化　口蓋音[ㅊ]にして発音する

※口蓋音とは舌の上面と口蓋 (口の上の壁) との間で作られる子音のこと

こんな時 ⇒ ●終声[ㅌ]の後ろに[이]が来た時には、「티」を「치」にして発音します。

	8課
表記	같이
発音	가치
	一緒に

激音化　激音[ㅋ, ㅌ, ㅍ, ㅊ]にして発音する

こんな時 ⇒
- [ㄱ]の前または後ろに[ㅎ]が来た時には、[ㄱ]+[ㅎ]を[ㅋ]にして発音します。
- [ㄷ]の前または後ろに[ㅎ]が来た時には、[ㄷ]+[ㅎ]を[ㅌ]にして発音します。
- [ㅂ]の前または後ろに[ㅎ]が来た時には、[ㅂ]+[ㅎ]を[ㅍ]にして発音します。
- [ㅈ]の前または後ろに[ㅎ]が来た時には、[ㅈ]+[ㅎ]を[ㅊ]にして発音します。

	9課	12課	13課		16課
表記	시작해요	기억해요	어떻게	그렇지요	못해요
発音	시자캐요	기어캐요	어떠케	그러치요	모태요
	始めます	覚えています	どのようにして	そうですよね	できません

	23課	24課
表記	만끽하고 싶어요	꼭 한번
発音	만끼카고 시퍼요	꼬칸번
	満喫したいです	ぜひ一度

濃音化①　濃音[ㄲ ㄸ ㅃ ㅆ ㅉ]にして発音する

こんな時 ⇒
- 終声[ㄱ ㄷ ㅂ]の後ろに、「ㄱ ㄷ ㅂ ㅅ ㅈ」で始まる語が来た時

	9課	11課	12課	13課	15課
表記	약속	몇 번	학교	맞지요?	어렵지 않아요?	역시
発音	약쏙	면 뻔	학꾜	맏찌요?	어렵찌 아나요?	역씨
	約束	何番	学校	そうですよね	難しくありませんか	やはり

16課：걱정　　21課：맛있겠다　　26課：덕분에, 고맙다

濃音化②　濃音[ㄲ]にして発音する

こんな時 ⇒
- 動詞+ㄹ 거예요(〜するつもりです)、動詞+ㄹ게요(〜しますね)

	17課			19課
表記	돌아갈 거야	있을 거예요	갈 거예요?	안내할게요
発音	도라갈 꺼야	이쓸 꺼에요	갈 꺼에요?	안내할께요
	帰るつもりだよ	いる予定です	行くつもりですか	案内しますね

濃音化③　濃音[ㄲ ㅃ ㅉ]にして発音する

こんな時 ⇒
- [ㄱ, ㅂ, ㅈ]で始まる一部の漢字は、語中でも濁音化せず、濃音化します。

	15課	23課
表記	한자	인기
発音	한짜	인끼
	漢字	人気

ㅎの弱化　　ㅎの音は弱くなりほとんど発音されない

※全く発音されないわけではありません。

こんな時 ⇒ ●「ㅎ」が、母音と鼻音 (ㄴ, ㅁ, ㅇ) または、母音と流音(ㄹ)にはさまれた時

	1課	11課		16課		19課
表記	안녕하세요	전화	번호	잘해요	열심히	미안해요
発音	안녕아세요	저놔	버노	자래요	열씨미	미아내요
	こんにちは	電話	番号	上手です	一生懸命	ごめんなさい

ㄴ添加　　ㄴの音を入れて発音する

こんな時 ⇒ ●子音(ㄹ以外)で終わる語の後ろに、ヤ行の音[요]で始まる語が来た時には、[요]を[뇨]にして発音する。
　　　　　　●子音(ㄹ以外)で終わる語の後ろに、[이]で始まる語が来た時には、[이]を[니]にして発音する。

	11課	12課		17課
表記	잠깐만요	그럼요	무슨 일이에요?	오빠는요?
発音	잠깐만뇨	그럼뇨	무슨 니리에요?	오빠는뇨?
	ちょっと待ってください	もちろんですよ	どうしたんですか	先輩は?

ㄹ添加　　ㄹの音を入れて発音する

こんな時 ⇒ ●子音[ㄹ]で終わる語の後ろに、ヤ行の音[여]で始まる語が来た場合には、[여]を[려]にして発音する。
　　　　　　●子音[ㄹ]で終わる語の後ろに、[이]で始まる語が来た場合には、[이]を[리]にして発音する。

	固有語の数詞(P73)		
表記	열여섯	열일곱	열여덟
発音	열려섣	열릴곱	열려덜
	16	17	18

流音化　　流音[ㄹ]にして発音する

※流音とは舌を上のあごに近づけて、息がその両側を通る際に出される子音のこと

こんな時 ⇒ ●[ㄴ]の前または後ろに[ㄹ]が来た時には、[ㄴ]を[ㄹ]にして発音する。

	固有語の数詞(P73)	15課
表記	열넷	일년
発音	열렏	일련
	14	1年

動詞の文体(現在形)

	辞書形		해요体 丁寧な文体	해体 くだけた文体	합니다体 改まった文体
グループ 1	가다	行く	가요	가	갑니다
	사다	買う	사요	사	삽니다
	타다	乗る	타요	타	탑니다
	만나다	会う	만나요	만나	만납니다
	일어나다	起きる	일어나요	일어나	일어납니다
	자다	寝る	자요	자	잡니다
	돌아가다	帰る	돌아가요	돌아가	돌아갑니다
	끝나다	終わる	끝나요	끝나	끝납니다
	오다	来る	와요	와	옵니다
	보다	見る	봐요	봐	봅니다
	받다	もらう	받아요	받아	받습니다
	살다	住む	살아요	살아	삽니다
	알다	知る	알아요	알아	압니다
	남다	残る	남아요	남아	남습니다
	놀다	遊ぶ	놀아요	놀아	놉니다
	맞다	合う	맞아요	맞아	맞습니다
グループ 2	먹다	食べる	먹어요	먹어	먹습니다
	읽다	読む	읽어요	읽어	읽습니다
	만들다	作る	만들어요	만들어	만듭니다
	찍다	撮る	찍어요	찍어	찍습니다
	쉬다	休む	쉬어요	쉬어	쉽니다
	넣다	入れる	넣어요	넣어	넣습니다
	보이다	見える	보여요	보여	보입니다
	마시다	飲む	마셔요	마셔	마십니다
	다니다	通う	다녀요	다녀	다닙니다
	걸리다	かかる	걸려요	걸려	걸립니다
	기다리다	待つ	기다려요	기다려	기다립니다
	어울리다	似合う	어울려요	어울려	어울립니다
	가르치다	教える	가르쳐요	가르쳐	가르칩니다
	보내다	送る	보내요	보내	보냅니다
	되다	なる	돼요	돼	됩니다
	배우다	習う	배워요	배워	배웁니다
	세우다	立てる	세워요	세워	세웁니다
グループ 3	하다	する	해요	해	합니다
	말하다	言う	말해요	말해	말합니다
	일하다	仕事する	일해요	일해	일합니다
	공부하다	勉強する	공부해요	공부해	공부합니다
	시작하다	始める	시작해요	시작해	시작합니다
	좋아하다	好む	좋아해요	좋아해	좋아합니다
グループ 4	쓰다	書く・使う	써요	써	씁니다
	끄다	消す	꺼요	꺼	끕니다
ㄷ不規則	듣다	聞く	들어요	들어	듣습니다
르不規則	모르다	知らない	몰라요	몰라	모릅니다

動詞の文体(過去形)

	辞書形		해요体(過去) 丁寧な文体	해体(過去) くだけた文体	합니다体(過去) 改まった文体
グループ ①	가다	行く	갔어요	갔어	갔습니다
	사다	買う	샀어요	샀어	샀습니다
	타다	乗る	탔어요	탔어	탔습니다
	만나다	会う	만났어요	만났어	만났습니다
	일어나다	起きる	일어났어요	일어났어	일어났습니다
	자다	寝る	잤어요	잤어	잤습니다
	돌아가다	帰る	돌아갔어요	돌아갔어	돌아갔습니다
	끝나다	終わる	끝났어요	끝났어	끝났습니다
	오다	来る	왔어요	왔어	왔습니다
	보다	見る	봤어요	봤어	봤습니다
	받다	もらう	받았어요	받았어	받았습니다
	살다	住む	살았어요	살았어	살았습니다
	알다	知る	알았어요	알았어	알았습니다
	남다	残る	남았어요	남았어	남았습니다
	놀다	遊ぶ	놀았어요	놀았어	놀았습니다
	맞다	合う	맞았어요	맞았어	맞았습니다
グループ ②	먹다	食べる	먹었어요	먹었어	먹었습니다
	읽다	読む	읽었어요	읽었어	읽었습니다
	만들다	作る	만들었어요	만들었어	만들었습니다
	찍다	撮る	찍었어요	찍었어	찍었습니다
	쉬다	休む	쉬었어요	쉬었어	쉬었습니다
	넣다	入れる	넣었어요	넣었어	넣었습니다
	보이다	見える	보였어요	보였어	보였습니다
	마시다	飲む	마셨어요	마셨어	마셨습니다
	다니다	通う	다녔어요	다녔어	다녔습니다
	걸리다	かかる	걸렸어요	걸렸어	걸렸습니다
	기다리다	待つ	기다렸어요	기다렸어	기다렸습니다
	어울리다	似合う	어울렸어요	어울렸어	어울렸습니다
	가르치다	教える	가르쳤어요	가르쳤어	가르쳤습니다
	보내다	送る	보냈어요	보냈어	보냈습니다
	되다	なる	됐어요	됐어	됐습니다
	배우다	習う	배웠어요	배웠어	배웠습니다
	세우다	立てる	세웠어요	세웠어	세웠습니다
グループ ③	하다	する	했어요	했어	했습니다
	말하다	言う	말했어요	말했어	말했습니다
	일하다	仕事する	일했어요	일했어	일했습니다
	공부하다	勉強する	공부했어요	공부했어	공부했습니다
	시작하다	始める	시작했어요	시작했어	시작했습니다
	좋아하다	好む	좋아했어요	좋아했어	좋아했습니다
グループ ④	쓰다	書く・使う	썼어요	썼어	썼습니다
	끄다	消す	껐어요	껐어	껐습니다
ㄷ不規則	듣다	聞く	들었어요	들었어	들었습니다
르不規則	모르다	知らない	몰랐어요	몰랐어	몰랐습니다

8 形容詞・存在詞の文体(現在形)

※存は存在詞

	辞書形		해요体 丁寧な文体	해体 くだけた文体	합니다体 改まった文体
グループ 1	많다	多い	많아요	많아	많습니다
	작다	小さい	작아요	작아	작습니다
	괜찮다	大丈夫だ	괜찮아요	괜찮아	괜찮습니다
	같다	同じだ	같아요	같아	같습니다
	달다	甘い	달아요	달아	답니다
	싸다	安い	싸요	싸	쌉니다
	비싸다	値段が高い	비싸요	비싸	비쌉니다
	짜다	塩辛い	짜요	짜	짭니다
	좋다	よい	좋아요	좋아	좋습니다
グループ 2	멀다	遠い	멀어요	멀어	멉니다
	길다	長い	길어요	길어	깁니다
	적다	少ない	적어요	적어	적습니다
	있다 存	ある、いる	있어요	있어	있습니다
	없다 存	ない、いない	없어요	없어	없습니다
	맛있다 存	おいしい	맛있어요	맛있어	맛있습니다
	맛없다 存	まずい	맛없어요	맛없어	맛없습니다
	멋있다 存	かっこいい	멋있어요	멋있어	멋있습니다
	재미있다 存	おもしろい	재미있어요	재미있어	재미있습니다
	재미없다 存	おもしろくない	재미없어요	재미없어	재미없습니다
グループ 3	깨끗하다	清潔、きれい	깨끗해요	깨끗해	깨끗합니다
	따뜻하다	暖かい	따뜻해요	따뜻해	따뜻합니다
	시원하다	涼しい	시원해요	시원해	시원합니다
	대단하다	すごい	대단해요	대단해	대단합니다
	편리하다	便利だ	편리해요	편리해	편리합니다
	유명하다	有名だ	유명해요	유명해	유명합니다
	불편하다	不便だ	불편해요	불편해	불편합니다
グループ 4	바쁘다	忙しい	바빠요	바빠	바쁩니다
	나쁘다	悪い	나빠요	나빠	나쁩니다
	아프다	痛い	아파요	아파	아픕니다
	배고프다	空腹だ	배고파요	배고파	배고픕니다
	예쁘다	きれい かわいい	예뻐요	예뻐	예쁩니다
	기쁘다	うれしい	기뻐요	기뻐	기쁩니다
	슬프다	悲しい	슬퍼요	슬퍼	슬픕니다
	크다	大きい	커요	커	큽니다

付録 209

	辞書形		해요体 丁寧な文体	해体 くだけた文体	합니다体 改まった文体
ㅂ不規則	가깝다	近い	가까워요	가까워	가깝습니다
	덥다	暑い	더워요	더워	덥습니다
	춥다	寒い	추워요	추워	춥습니다
	어렵다	難しい	어려워요	어려워	어렵습니다
	쉽다	簡単	쉬워요	쉬워	쉽습니다
	맵다	辛い	매워요	매워	맵습니다
	귀엽다	かわいい	귀여워요	귀여워	귀엽습니다
	고맙다	ありがたい	고마워요	고마워	고맙습니다
	반갑다	嬉しい	반가워요	반가워	반갑습니다
	즐겁다	楽しい	즐거워요	즐거워	즐겁습니다
	아름답다	美しい	아름다워요	아름다워	아름답습니다
르不規則	다르다	違う	달라요	달라	다릅니다
	빠르다	速い	빨라요	빨라	빠릅니다

形容詞・存在詞の文体(過去形)

※存は存在詞

	辞書形		해요体(過去) 丁寧な文体	해体(過去) くだけた文体	합니다体(過去) 改まった文体
グループ 1	많다	多い	많았어요	많았어	많았습니다
	작다	小さい	작았어요	작았어	작았습니다
	괜찮다	大丈夫だ	괜찮았어요	괜찮았어	괜찮았습니다
	같다	同じだ	같았어요	같았어	같았습니다
	달다	甘い	달았어요	달았어	달았습니다
	싸다	安い	쌌어요	쌌어	쌌습니다
	비싸다	値段が高い	비쌌어요	비쌌어	비쌌습니다
	짜다	塩辛い	짰어요	짰어	짰습니다
	좋다	よい	좋았어요	좋았어	좋았습니다
グループ 2	멀다	遠い	멀었어요	멀었어	멀었습니다
	길다	長い	길었어요	길었어	길었습니다
	적다	少ない	적었어요	적었어	적었습니다
	있다 　存	ある、いる	있었어요	있었어	있었습니다
	없다 　存	ない、いない	없었어요	없었어	없었습니다
	맛있다 　存	おいしい	맛있었어요	맛있었어	맛있었습니다
	맛없다 　存	まずい	맛없었어요	맛없었어	맛없었습니다
	멋있다 　存	かっこいい	멋있었어요	멋있었어	멋있었습니다
	재미있다 存	おもしろい	재미있었어요	재미있었어	재미있었습니다
	재미없다 存	おもしろくない	재미없었어요	재미없었어	재미없었습니다
グループ 3	깨끗하다	清潔、きれい	깨끗했어요	깨끗했어	깨끗했습니다
	따뜻하다	暖かい	따뜻했어요	따뜻했어	따뜻했습니다
	시원하다	涼しい	시원했어요	시원했어	시원했습니다
	대단하다	すごい	대단했어요	대단했어	대단했습니다
	편리하다	便利だ	편리했어요	편리했어	편리했습니다
	유명하다	有名だ	유명했어요	유명했어	유명했습니다
	불편하다	不便だ	불편했어요	불편했어	불편했습니다
グループ 4	바쁘다	忙しい	바빴어요	바빴어	바빴습니다
	나쁘다	悪い	나빴어요	나빴어	나빴습니다
	아프다	痛い	아팠어요	아팠어	아팠습니다
	배고프다	空腹だ	배고팠어요	배고팠어	배고팠습니다
	예쁘다	きれい かわいい	예뻤어요	예뻤어	예뻤습니다
	기쁘다	うれしい	기뻤어요	기뻤어	기뻤습니다
	슬프다	悲しい	슬펐어요	슬펐어	슬펐습니다
	크다	大きい	컸어요	컸어	컸습니다

	辞書形		해요体(過去) 丁寧な文体	해体(過去) くだけた文体	합니다体(過去) 改まった文体
ㅂ不規則	가깝다	近い	가까웠어요	가까웠어	가까웠습니다
	덥다	暑い	더웠어요	더웠어	더웠습니다
	춥다	寒い	추웠어요	추웠어	추웠습니다
	어렵다	難しい	어려웠어요	어려웠어	어려웠습니다
	쉽다	簡単	쉬웠어요	쉬웠어	쉬웠습니다
	맵다	辛い	매웠어요	매웠어	매웠습니다
	귀엽다	かわいい	귀여웠어요	귀여웠어	귀여웠습니다
	고맙다	ありがたい	고마웠어요	고마웠어	고마웠습니다
	반갑다	嬉しい	반가웠어요	반가웠어	반가웠습니다
	즐겁다	楽しい	즐거웠어요	즐거웠어	즐거웠습니다
	아름답다	美しい	아름다웠어요	아름다웠어	아름다웠습니다
르不規則	다르다	違う	달랐어요	달랐어	달랐습니다
	빠르다	速い	빨랐어요	빨랐어	빨랐습니다

韓国語漢字音&用例集

あ

亜	아	亞熱帶	아열대
哀	애	哀願	애원
愛	애	戀愛	연애
曖	애	曖昧	애매
悪	악	惡意	악의
	오	惡寒	오한
握	악	握手	악수
圧	압	壓力	압력
扱	급	取扱	취급
安	안	安全	안전
案	안	案内	안내
暗	암	暗示	암시

い

以	이	以上	이상
衣	의	衣食住	의식주
位	위	位置	위치
囲	위	範圍	범위
医	의	醫師	의사
依	의	依賴	의뢰
委	위	委員	위원
威	위	示威	시위
為	위	行爲	행위
易	이	容易	용이
胃	위	胃腸	위장
尉	위	大尉	대위
異	이	異性	이성
移	이	移民	이민
萎	위	萎縮	위축
偉	위	偉大	위대
椅	의	椅子	의자
彙	휘	語彙	어휘
意	의	意味	의미
違	위	違反	위반
維	유	維持	유지
慰	위	慰勞	위로
遺	유	遺産	유산
緯	위	緯度	위도
域	역	地域	지역
育	육	敎育	교육
一	일	第一	제일
壱	일	壹萬	일만
逸	일	逸話	일화
引	인	索引	색인
印	인	印象	인상
因	인	原因	원인
咽	인	咽喉	인후

姻	인	婚姻	혼인
員	원	滿員	만원
院	원	病院	병원
淫	음	淫亂	음란
陰	음	陰性	음성
飲	음	飮料	음료
隠	은	隱語	은어
韻	운	音韻	음운

う

右	우	左右	좌우
宇	우	宇宙	우주
羽	우	羽毛	우모
雨	우	降雨量	강우량
鬱	울	憂鬱	우울
運	운	運動	운동
雲	운	雲海	운해

え

永	영	永遠	영원
泳	영	水泳	수영
英	영	英語	영어
映	영	映畫	영화
栄	영	榮養	영양
営	영	營業	영업
詠	영	詠嘆	영탄
影	영	影響	영향
鋭	예	銳敏	예민
衛	위	衛生	위생
易	역	貿易	무역
疫	역	防疫	방역
益	익	利益	이익
液	액	血液	혈액
駅	역	釜山驛	부산역
悦	열	喜悅	희열
越	월	超越	초월
謁	알	謁見	알현
閲	열	閱覽	열람
円	원	圓熟	원숙
延	연	延期	연기
沿	연	沿海	연해
炎	염	火焰	화염
怨	원	怨恨	원한
宴	연	宴會	연회
媛	원	才媛	재원
援	원	援助	원조
園	원	公園	공원
煙	연	禁煙	금연
猿	원	類人猿	유인원

遠	원	遠距離	원거리
鉛	연	鉛筆	연필
塩	염	鹽分	염분
演	연	演奏	연주
縁	연	因緣	인연
艶	염	妖艶	요염

お

汚	오	汚點	오점
王	왕	王子	왕자
凹	요	凹凸	요철
央	앙	中央	중앙
応	응	反應	반응
往	왕	往復	왕복
押	압	押收	압수
旺	왕	旺盛	왕성
欧	구	西歐	서구
殴	구	毆打	구타
桜	앵	櫻花	앵화
翁	옹	老翁	노옹
奥	오	深奧	심오
横	횡	橫斷	횡단
屋	옥	屋上	옥상
億	억	億萬	억만
憶	억	記憶	기억
臆	억	臆測	억측
乙	을	乙	을
音	음	音樂	음악
恩	은	恩惠	은혜
温	온	氣溫	기온
穏	온	平穩	평온

か

下	하	下流	하류
化	화	文化	문화
火	화	火災	화재
加	가	追加	추가
可	가	可能	가능
仮	가	假定	가정
何	하	幾何學	기하학
花	화	花壇	화단
佳	가	佳人	가인
価	가	價格	가격
果	과	結果	결과
河	하	河川	하천
苛	가	苛酷	가혹
科	과	科學	과학
架	가	架空	가공
夏	하	夏季	하계

家	가	家庭	가정
荷	하	出荷	출하
華	화	中華	중화
菓	과	菓子	과자
貨	화	貨物	화물
渦	와	渦中	와중
過	과	過去	과거
嫁	가	轉嫁	전가
暇	가	休暇	휴가
禍	화	禍根	화근
靴	화	紳士靴	신사화
寡	과	寡默	과묵
歌	가	歌謠	가요
箇	개	箇數	개수
稼	가	稼働	가동
課	과	課程	과정
牙	아	牙城	아성
瓦	와	瓦解	와해
我	아	自我	자아
画	화	映畫	영화
	획	計劃	계획
芽	아	發芽	발아
賀	하	祝賀	축하
雅	아	優雅	우아
餓	아	餓死	아사
介	개	紹介	소개
回	회	回答	회답
灰	회	灰色	회색
会	회	會話	회화
快	쾌	快感	쾌감
戒	계	警戒	경계
改	개	改定	개정
怪	괴	怪物	괴물
拐	괴	誘拐	유괴
悔	회	後悔	후회
海	해	海水浴	해수욕
界	계	世界	세계
皆	개	皆勤	개근
械	계	機械	기계
絵	회	繪畫	회화
開	개	開始	개시
階	계	階段	계단
塊	괴	金塊	금괴
解	해	解決	해결
潰	궤	潰瘍	궤양
壊	괴	破壞	파괴
懐	회	懷古	회고

貝	패	魚貝類	어패류	肝	간	肝臟	간장	気	기	氣候	기후	逆	역	逆轉	역전
外	외	外國	외국	官	관	官廳	관청	岐	기	岐路	기로	虐	학	虐待	학대
劾	핵	彈劾	탄핵	冠	관	王冠	왕관	希	희	希望	희망	九	구	九月	구월
害	해	被害	피해	卷	권	卷頭	권두	忌	기	忌避	기피	久	구	永久	영구
涯	애	生涯	생애	看	간	看護	간호	汽	기	汽車	기차	及	급	普及	보급
街	가	街頭	가두	陷	함	缺陷	결함	奇	기	奇異	기이	弓	궁	洋弓	양궁
慨	개	感慨	감개	乾	건	乾燥	건조	祈	기	祈願	기원	丘	구	砂丘	사구
蓋	개	頭蓋骨	두개골	勘	감	勘案	감안	季	계	季節	계절	旧	구	舊式	구식
該	해	該當	해당	患	환	患者	환자	紀	기	紀行	기행	休	휴	休息	휴식
概	개	概念	개념	貫	관	貫通	관통	軌	궤	軌道	궤도	吸	흡	吸入	흡입
骸	해	形骸化	형해화	寒	한	寒波	한파	既	기	既婚	기혼	朽	후	老朽	노후
各	각	各自	각자	喚	환	召喚	소환	記	기	記號	기호	臼	구	脫臼	탈구
角	각	角度	각도	換	환	交換	교환	起	기	起源	기원	求	구	要求	요구
拡	확	擴大	확대	敢	감	勇敢	용감	飢	기	飢餓	기아	究	구	研究	연구
革	혁	改革	개혁	棺	관	石棺	석관	鬼	귀	鬼才	귀재	泣	읍	感泣	감읍
格	격	性格	성격	款	관	約款	약관	帰	귀	歸國	귀국	急	급	緊急	긴급
核	핵	核心	핵심	間	간	時間	시간	基	기	基礎	기초	級	급	階級	계급
殻	각	地殼	지각	閑	한	閑散	한산	寄	기	寄宿舍	기숙사	糾	규	糾彈	규탄
郭	곽	輪郭	윤곽	勧	권	勸誘	권유	規	규	規則	규칙	宮	궁	宮殿	궁전
覚	각	覺悟	각오	寛	관	寬大	관대	亀	균	龜裂	균열	救	구	救急	구급
較	교	比較	비교	幹	간	根幹	근간	喜	희	喜劇	희극	球	구	地球	지구
隔	격	間隔	간격	感	감	感覺	감각	幾	기	幾何學	기하학	給	급	月給	월급
閣	각	內閣	내각	漢	한	漢字	한자	揮	휘	發揮	발휘	嗅	후	嗅覺	후각
確	확	確認	확인	慣	관	習慣	습관	期	기	期間	기간	窮	궁	窮極	궁극
獲	획	獲得	획득	管	관	管理	관리	棋	기	將棋	장기	牛	우	牛乳	우유
穫	확	收穫	수확	関	관	關係	관계	貴	귀	貴重	귀중	去	거	除去	제거
学	학	學習	학습	歓	환	歡迎	환영	棄	기	棄權	기권	巨	거	巨大	거대
岳	악	山嶽	산악	監	감	監視	감시	毀	훼	毀損	훼손	居	거	居住	거주
	악	音樂	음악	緩	완	緩和	완화	旗	기	國旗	국기	拒	거	拒絶	거절
樂	낙	樂園	낙원	憾	감	遺憾	유감	器	기	陶磁器	도자기	拠	거	證據	증거
	락	娛樂	오락	還	환	返還	반환	輝	휘	光輝	광휘	挙	거	擧手	거수
額	액	金額	금액	館	관	圖書館	도서관	機	기	機會	기회	虚	허	虛僞	허위
掛	괘	掛圖	괘도	環	환	環境	환경	騎	기	騎士	기사	許	허	許可	허가
潟	석	干潟地	간석지	簡	간	簡單	간단	技	기	技術	기술	距	거	距離	거리
括	괄	一括	일괄	観	관	觀光	관광	宜	의	便宜	편의	魚	어	魚類	어류
活	활	活動	활동	韓	한	韓國	한국	偽	위	僞善	위선	御	어	制御	제어
喝	갈	恐喝	공갈	艦	함	軍艦	군함	欺	기	詐欺	사기	漁	어	漁業	어업
渇	갈	渴望	갈망	鑑	감	鑑賞	감상	義	의	意義	의의	凶	흉	凶作	흉작
割	할	割愛	할애	丸	환	彈丸	탄환	疑	의	疑問	의문	共	공	共通	공통
葛	갈	葛藤	갈등	含	함	包含	포함	儀	의	儀式	의식	叫	규	絶叫	절규
滑	활	圓滑	원활	岸	안	海岸	해안	戯	희	戲曲	희곡	狂	광	熱狂	열광
褐	갈	褐色	갈색	岩	암	岩壁	암벽	擬	의	模擬	모의	京	경	上京	상경
轄	할	管轄	관할	玩	완	玩具	완구	犠	희	犧牲	희생	享	향	享樂	향락
株	주	株式	주식	眼	안	眼科	안과	議	의	會議	회의	供	공	提供	제공
釜	부	釜山	부산	顔	안	童顔	동안	菊	국	菊花	국화	協	협	協力	협력
干	간	干涉	간섭	願	원	願書	원서	吉	길	不吉	불길	況	황	狀況	상황
刊	간	週刊誌	주간지			き		喫	끽	滿喫	만끽	峡	협	海峽	해협
甘	감	甘受	감수	企	기	企業	기업	却	각	賣却	매각	挟	협	挾擊	협격
汗	한	發汗	발한	危	위	危險	위험	客	객	乘客	승객	狭	협	狹小	협소
完	완	完全	완전	机	궤	机上	궤상	脚	각	脚本	각본	恐	공	恐怖	공포

恭	공	恭賀	공하	訓	훈	訓練	훈련	見	견	意見	의견	故	고	故鄕	고향
胸	흉	胸部	흉부	勳	훈	勳章	훈장	券	권	旅券	여권	枯	고	枯死	고사
脅	협	脅迫	협박	薰	훈	薰陶	훈도	肩	견	比肩	비견	個	개	個人	개인
强	강	强要	강요	軍	군	軍隊	군대	建	건	建物	건물	庫	고	倉庫	창고
敎	교	敎育	교육	郡	군	郡部	군부	硏	연	硏究	연구	湖	호	湖水	호수
鄕	향	故鄕	고향	群	군	群衆	군중	縣	현	縣廳	현청	雇	고	雇用	고용
境	경	國境	국경			け		儉	검	儉素	검소	誇	과	誇大	과대
橋	교	陸橋	육교	兄	형	兄弟	형제	兼	겸	兼用	겸용	鼓	고	鼓舞	고무
矯	교	矯正	교정	刑	형	死刑	사형	劍	검	劍道	검도	錮	고	禁錮	금고
鏡	경	眼鏡	안경	形	형	形成	형성	拳	권	拳銃	권총	顧	고	顧問	고문
競	경	競爭	경쟁	系	계	系統	계통	健	건	健康	건강	五	오	五月	오월
響	향	交響樂	교향악	徑	경	直徑	직경	險	험	險惡	험악	互	호	相互	상호
驚	경	驚異	경이	莖	경	地下莖	지하경	圈	권	大氣圈	대기권	午	오	午前	오전
仰	앙	信仰	신앙	係	계	關係	관계	堅	견	堅固	견고	吳	오	吳越	오월
曉	효	曉鐘	효종	型	형	型式	형식	檢	검	檢査	검사	後	후	午後	오후
業	업	授業	수업	契	계	契約	계약	嫌	혐	嫌惡感	혐오감	娛	오	娛樂	오락
凝	응	凝視	응시	計	계	計劃	계획	獻	헌	獻身	헌신	悟	오	覺悟	각오
曲	곡	名曲	명곡	惠	혜	惠澤	혜택	絹	견	絹	견	碁	기	碁盤	기반
局	국	結局	결국	啓	계	啓蒙	계몽	遣	견	派遣	파견	語	어	語學	어학
極	극	積極的	적극적	揭	게	揭示板	게시판	權	권	權利	권리	誤	오	誤解	오해
玉	옥	玉石	옥석	溪	계	溪谷	계곡	憲	헌	憲法	헌법	護	호	保護	보호
巾	건	頭巾	두건	經	경	經驗	경험	賢	현	賢明	현명	口	구	人口	인구
斤	근	斤	근	螢	형	螢光燈	형광등	謙	겸	謙遜	겸손	工	공	工場	공장
均	균	平均	평균	敬	경	尊敬	존경	鍵	건	鍵盤	건반	公	공	公園	공원
近	근	接近	접근	景	경	風景	풍경	繭	견	繭絲	견사	孔	공	気孔	기공
金	금	金屬	금속	輕	경	輕快	경쾌	顯	현	顯著	현저	功	공	成功	성공
金	김	金氏	김씨	傾	경	傾向	경향	驗	험	試驗	시험	巧	교	技巧	기교
菌	균	細菌	세균	携	휴	携帶	휴대	懸	현	懸賞	현상	廣	광	廣場	광장
勤	근	勤務	근무	継	계	繼續	계속	元	원	元來	원래	甲	갑	甲板	갑판
琴	금	木琴	목금	慶	경	慶祝	경축	幻	환	幻覺	환각	交	교	交通	교통
筋	근	筋肉	근육	憬	경	憧憬	동경	玄	현	玄關	현관	光	광	觀光	관광
禁	금	禁止	금지	憩	게	休憩室	휴게실	言	언	言語	언어	向	향	方向	방향
緊	긴	緊張	긴장	警	경	警察	경찰	弦	현	上弦	상현	后	후	皇后	황후
錦	금	錦繡	금수	鷄	계	鷄卵	계란	限	한	限度	한도	好	호	好奇心	호기심
謹	근	謹賀	근하	芸	예	藝術	예술	原	원	原因	원인	江	강	漢江	한강
吟	음	吟味	음미	迎	영	歡迎	환영	現	현	現在	현재	考	고	參考	참고
銀	은	銀行	은행	鯨	경	捕鯨	포경	舷	현	右舷	우현	行	행	行動	행동
		く		劇	극	劇場	극장	減	감	減少	감소	坑	갱	炭坑	탄갱
区	구	區別	구별	擊	격	攻擊	공격	源	원	資源	자원	孝	효	孝心	효심
句	구	文句	문구	激	격	感激	감격	嚴	엄	嚴格	엄격	抗	항	抗議	항의
苦	고	苦心	고심	欠	결	缺席	결석			こ		攻	공	專攻	전공
駆	구	驅使	구사	穴	혈	墓穴	묘혈	己	기	自己	자기	更	경	變更	변경
具	구	具體的	구체적	血	혈	血液型	혈액형	戶	호	戶籍	호적	更	갱	更新	갱신
愚	우	愚問	우문	決	결	決心	결심	古	고	古典	고전	效	효	效果	효과
空	공	空港	공항	結	결	結婚	결혼	呼	호	呼吸	호흡	幸	행	幸福	행복
偶	우	偶然	우연	傑	걸	傑作	걸작	固	고	固定	고정	拘	구	拘束	구속
遇	우	境遇	경우	潔	결	淸潔	청결	股	고	股關節	고관절	肯	긍	肯定	긍정
屈	굴	不屈	불굴	月	월	歲月	세월	虎	호	虎穴	호혈	侯	후	王侯	왕후
掘	굴	發掘	발굴	犬	견	愛犬	애견	孤	고	孤獨	고독	厚	후	厚生	후생
君	군	君主	군주	件	건	條件	조건	弧	호	括弧	괄호	恒	항	恒常	항상

洪	홍	洪水	홍수	骨	골	骨子	골자	財	재	財産	재산	至	지	夏至	하지
皇	황	皇帝	황제	今	금	今年	금년	罪	죄	犯罪	범죄	志	지	志望	지망
紅	홍	紅茶	홍차	困	곤	貧困	빈곤	作	작	作品	작품	私	사	私立	사립
荒	황	荒廢	황폐	恨	한	痛恨	통한	削	삭	削除	삭제	使	사	使用	사용
郊	교	郊外	교외	根	근	根據	근거	昨	작	昨年	작년	刺	자	刺激	자극
香	향	香水	향수	婚	혼	新婚	신혼	索	색	索引	색인	始	시	開始	개시
候	후	氣候	기후	混	혼	混合	혼합	策	책	政策	정책	姉	자	姉妹	자매
校	교	學校	학교	痕	흔	痕跡	흔적	酢	초	食酢	식초	枝	지	枝葉	지엽
耕	경	耕作	경작	紺	감	紺色	감색	搾	착	搾取	착취	祉	지	福祉	복지
航	항	航空	항공	魂	혼	靈魂	영혼	錯	착	錯覺	착각	肢	지	四肢	사지
貢	공	貢獻	공헌	墾	간	開墾	개간	冊	책	冊子	책자	姿	자	姿勢	자세
降	강	降雨量	강우량	懇	간	懇切	간절	札	찰	名札	명찰	思	사	思想	사상
降	항	降伏	항복	**さ**				刷	쇄	印刷	인쇄	指	지	指導	지도
高	고	最高	최고	左	좌	左右	좌우	刹	찰	古刹	고찰	施	시	施設	시설
康	강	健康	건강	佐	좌	補佐	보좌	殺	살	殺人	살인	師	사	敎師	교사
控	공	控除	공제	査	사	調査	조사	殺	쇄	殺到	쇄도	恣	자	恣意的	자의적
梗	경	梗塞	경색	砂	사	土砂	토사	察	찰	觀察	관찰	紙	지	用紙	용지
黃	황	黃金	황금	唆	사	示唆	시사	撮	촬	撮影	촬영	脂	지	脂肪	지방
喉	후	咽喉	인후	差	차	差別	차별	擦	찰	摩擦	마찰	視	시	視力	시력
慌	황	恐慌	공황	詐	사	詐欺	사기	雜	잡	雜談	잡담	紫	자	紫外線	자외선
港	항	港灣	항만	鎖	쇄	連鎖	연쇄	三	삼	三角形	삼각형	詞	사	歌詞	가사
硬	경	硬度	경도	座	좌	座席	좌석	山	산	登山	등산	齒	치	齒科	치과
絞	교	絞首刑	교수형	挫	좌	挫折	좌절	參	참	參席	참석	嗣	사	嫡嗣	적사
項	항	項目	항목	才	재	才能	재능	參	삼	參萬	삼만	試	시	試驗	시험
溝	구	排水溝	배수구	再	재	再開	재개	蠶	잠	蠶食	잠식	詩	시	詩人	시인
鑛	광	鑛山	광산	災	재	火災	화재	慘	참	慘事	참사	資	자	資格	자격
構	구	構造	구조	妻	처	良妻	양처	産	산	出産	출산	飼	사	飼料	사료
綱	강	綱領	강령	采	채	喝采	갈채	傘	산	雨傘	우산	誌	지	雜誌	잡지
酵	효	發酵	발효	碎	쇄	粉碎	분쇄	散	산	散步	산보	雌	자	雌雄	자웅
稿	고	原稿	원고	宰	재	主宰	주재	算	산	算數	산수	摯	지	眞摯	진지
興	흥	興奮	흥분	栽	재	栽培	재배	酸	산	酸素	산소	賜	사	下賜	하사
衡	형	均衡	균형	彩	채	色彩	색채	贊	찬	贊成	찬성	諮	자	諮問	자문
鋼	강	製鋼	제강	採	채	採用	채용	殘	잔	殘高	잔고	示	시	指示	지시
講	강	講義	강의	濟	제	經濟	경제	斬	참	斬新	참신	字	자	文字	문자
購	구	購入	구입	祭	제	映畫祭	영화제	暫	잠	暫時	잠시	寺	사	寺院	사원
号	호	番號	번호	齋	제	書齋	서재	**し**				次	차	目次	목차
合	합	合計	합계	細	세	零細	영세	士	사	武士	무사	耳	이	耳鼻	이비
拷	고	拷問	고문	菜	채	野菜	야채	子	자	子孫	자손	自	자	自然	자연
剛	강	金剛山	금강산	最	최	最近	최근	支	지	支障	지장	似	사	類似	유사
傲	오	傲慢	오만	裁	재	裁判	재판	止	지	中止	중지	兒	아	兒童	아동
豪	호	豪雨	호우	債	채	負債	부채	氏	씨	姓氏	성씨	事	사	無事	무사
克	극	克服	극복	催	최	開催	개최	仕	사	仕樣	사양	侍	시	侍使	시사
告	고	告白	고백	塞	새	要塞	요새	史	사	歷史	역사	治	치	政治	정치
谷	곡	溪谷	계곡	塞	색	腦硬塞	뇌경색	司	사	司會	사회	持	지	持參	지참
刻	각	時刻	시각	歲	세	歲月	세월	四	사	四月	사월	時	시	時間	시간
国	국	國際	국제	載	재	揭載	게재	市	시	市民	시민	滋	자	滋養	자양
黑	흑	黑白	흑백	際	제	國際	국제	矢	시	嚆矢	효시	慈	자	慈悲	자비
穀	곡	雜穀	잡곡	在	재	存在	존재	旨	지	趣旨	취지	辭	사	辭典	사전
酷	혹	酷使	혹사	材	재	材料	재료	死	사	死亡	사망	磁	자	磁石	자석
獄	옥	地獄	지옥	劑	제	消化劑	소화제	糸	사	綿絲	면사	餌	이	食餌	식이

璽	새	國璽	국새	趣	취	趣向	취향	術	술	手術	수술	祥	상	不祥事	불상사
式	식	形式	형식	壽	수	壽命	수명	俊	준	俊敏	준민	稱	칭	稱讚	칭찬
識	식	意識	의식	受	수	受驗生	수험생	春	춘	靑春	청춘	笑	소	微笑	미소
	지	標識	표지	呪	주	呪文	주문	瞬	순	瞬間	순간	唱	창	合唱	합창
軸	축	地軸	지축	授	수	敎授	교수	旬	순	上旬	상순	商	상	商社	상사
七	칠	七月	칠월	需	수	必需品	필수품	巡	순	巡廻	순회	涉	섭	交涉	교섭
叱	질	叱責	질책	儒	유	儒敎	유교	盾	순	矛盾	모순	章	장	文章	문장
失	실	失望	실망	樹	수	樹立	수립	准	준	批准	비준	紹	소	紹介	소개
室	실	室內	실내	收	수	收入	수입	殉	순	殉職	순직	訟	송	訴訟	소송
疾	질	疾病	질병	囚	수	死刑囚	사형수	純	순	純眞	순진	勝	승	勝利	승리
執	집	執行	집행	州	주	州議會	주의회	循	순	循環	순환	掌	장	掌握	장악
濕	습	濕度	습도	秀	수	秀才	수재	順	순	順序	순서	晶	정	水晶	수정
嫉	질	嫉妬	질투	周	주	周邊	주변	準	준	準備	준비	燒	소	燒却	소각
漆	칠	漆器	칠기	宗	종	宗敎	종교	潤	윤	潤澤	윤택	焦	초	焦土	초토
質	질	質問	질문	拾	습	收拾	수습	遵	준	遵法	준법	硝	초	硝酸	초산
實	실	實力	실력	秋	추	秋分	추분	處	처	處分	처분	粧	장	化粧	화장
芝	지	靈芝	영지	臭	취	惡臭	악취	初	초	最初	최초	詔	조	詔書	조서
寫	사	寫眞	사진	修	수	修了	수료	所	소	所得	소득	證	증	證明	증명
社	사	社會	사회	終	종	終了	종료	書	서	書店	서점	象	상	對象	대상
車	차	自動車	자동차	羞	수	羞恥	수치	庶	서	庶民	서민	傷	상	負傷	부상
	거	自轉車	자전거	習	습	習慣	습관	暑	서	避暑	피서	獎	장	獎學金	장학금
舍	사	寄宿舍	기숙사	週	주	週末	주말	署	서	警察署	경찰서	照	조	照明	조명
者	자	第三者	제삼자	就	취	就任	취임	緖	서	情緖	정서	詳	상	詳細	상세
射	사	日射病	일사병	衆	중	公衆	공중	諸	제	諸般	제반	彰	창	表彰	표창
捨	사	取捨	취사	集	집	集合	집합	女	여	女子	여자	障	장	故障	고장
赦	사	赦免	사면	愁	수	哀愁	애수		녀	男女	남녀	憧	동	憧憬	동경
斜	사	傾斜	경사	酬	수	報酬	보수	如	여	缺如	결여	衝	충	衝突	충돌
遮	차	遮斷	차단	醜	추	醜態	추태	助	조	助手	조수	賞	상	賞品	상품
謝	사	感謝	감사	蹴	축	一蹴	일축	序	서	序論	서론	償	상	報償	보상
邪	사	邪惡	사악	襲	습	世襲	세습	敍	서	敍述	서술	礁	초	座礁	좌초
蛇	사	長蛇	장사	十	십	十字架	십자가	徐	서	徐行	서행	鐘	종	警鐘	경종
尺	척	尺度	척도	汁	즙	果汁	과즙	除	제	除外	제외	上	상	上昇	상승
借	차	借用	차용	充	충	充電	충전	小	소	縮小	축소	丈	장	大丈夫	대장부
釋	석	解釋	해석	住	주	住所	주소	少	소	少女	소녀	冗	용	冗長	용장
爵	작	公爵	공작	柔	유	柔道	유도	召	소	召喚	소환	條	조	條約	조약
若	약	若干	약간	重	중	重要	중요	匠	장	巨匠	거장	狀	상	狀態	상태
弱	약	弱點	약점	從	종	服從	복종	床	상	起床	기상		장	招待狀	초대장
寂	적	閑寂	한적	銃	총	銃彈	총탄	抄	초	抄本	초본	乘	승	乘車	승차
手	수	手段	수단	獸	수	野獸	야수	肖	초	肖像畫	초상화	城	성	城壁	성벽
主	주	主人	주인	縱	종	縱斷	종단	尙	상	尙早	상조	淨	정	淨化	정화
守	수	守衛	수위	叔	숙	叔母	숙모	招	초	招待	초대	剩	잉	過剩	과잉
朱	주	朱色	주색	祝	축	祝賀	축하	承	승	繼承	계승	常	상	日常	일상
取	취	取材	취재	宿	숙	宿泊	숙박	昇	승	昇進	승진	情	정	情報	정보
狩	수	狩獵	수렵	淑	숙	淑女	숙녀	松	송	松林	송림	場	장	場所	장소
首	수	首都	수도	肅	숙	整肅	정숙	沼	소	湖沼	호소	疊	첩	重疊	중첩
殊	수	特殊	특수	縮	축	短縮	단축	昭	소	昭和	소화	蒸	증	蒸發	증발
珠	주	眞珠	진주	塾	숙	義塾	의숙	宵	소	春宵	춘소	繩	승	捕繩	포승
酒	주	飮酒	음주	熟	숙	成熟	성숙	將	장	將來	장래	壤	양	土壤	토양
腫	종	腫瘍	종양	出	출	提出	제출	消	소	消極的	소극적	孃	양	令孃	영양
種	종	種類	종류	述	술	陳述	진술	症	증	症狀	증상	錠	정	錠劑	정제

付録 217

讓	양	讓步	양보	水	수	水道	수도	整	정	整理	정리	腺	선	前立腺	전립선
釀	양	釀造	양조	吹	취	鼓吹	고취	醒	성	覺醒	각성	踐	천	實踐	실천
色	색	特色	특색	垂	수	垂直	수직	稅	세	稅金	세금	箋	전	處方箋	처방전
拭	식	拂拭	불식	炊	취	自炊	자취	夕	석	夕食	석식	錢	전	金錢	금전
食	식	食事	식사	帥	사	教師	교사	斥	척	排斥	배척	潛	잠	潛在的	잠재적
植	식	植物	식물	粹	수	純粹	순수	石	석	寶石	보석	線	선	線路	선로
殖	식	生殖	생식	衰	쇠	老衰	노쇠	赤	적	赤道	적도	遷	천	變遷	변천
飾	식	裝飾	장식	推	추	推薦	추천	昔	석	昔日	석일	選	선	選擧	선거
觸	촉	接觸	접촉	醉	취	麻醉	마취	析	석	分析	분석	薦	천	推薦	추천
囑	촉	委囑	위촉	遂	수	遂行	수행	席	석	出席	출석	纖	섬	纖細	섬세
織	직	組織	조직	睡	수	睡眠	수면	脊	척	脊椎	척추	鮮	선	新鮮	신선
職	직	職業	직업	隨	수	隨行	수행	隻	척	隻	척	全	전	全國	전국
辱	욕	恥辱	치욕	髓	수	骨髓	골수	惜	석	惜敗	석패	前	전	前後	전후
心	심	中心	중심	樞	추	中樞	중추	戚	척	親戚	친척	善	선	慈善	자선
申	신	申請	신청	崇	숭	崇拜	숭배	責	책	責任	책임	然	연	當然	당연
伸	신	伸縮	신축	數	수	數學	수학	跡	적	遺跡	유적	禪	선	禪	선
臣	신	臣下	신하	寸	촌	寸志	촌지	積	적	見積書	견적서	漸	점	漸次	점차
身	신	身體	신체			せ		績	적	成績	성적	繕	선	修繕	수선
辛	신	香辛料	향신료	是	시	是認	시인	籍	적	國籍	국적			そ	
侵	침	侵略	침략	井	장	天井	천장	切	절	親切	친절	狙	저	狙擊	저격
信	신	信用	신용	世	세	世界	세계		체	一切	일체	阻	저	阻止	저지
津	진	津津	진진	正	정	正直	정직	折	절	折衷	절충	祖	조	元祖	원조
神	신	神經	신경	生	생	生活	생활	拙	졸	稚拙	치졸	租	조	租稅	조세
娠	신	妊娠	임신	成	성	成功	성공	窃	절	竊盜	절도	素	소	素材	소재
振	진	振動	진동	西	서	西洋	서양	接	접	接待	접대	措	조	措置	조치
浸	침	浸水	침수	声	성	名聲	명성	設	설	設置	설치	粗	조	粗雜	조잡
真	진	眞實	진실	制	제	制度	제도	雪	설	積雪	적설	組	조	組織	조직
針	침	方針	방침	姓	성	姓名	성명	攝	섭	攝取	섭취	疎	소	疎外	소외
深	심	深夜	심야	征	정	征服	정복	節	절	節約	절약	訴	소	告訴	고소
紳	신	紳士	신사	性	성	性格	성격	說	설	說明	설명	塑	소	彫塑	조소
進	진	進級	진급	青	청	青年	청년		세	遊說	유세	遡	소	遡及	소급
森	삼	森林	삼림	齊	제	齊唱	제창	舌	설	毒舌	독설	礎	초	基礎	기초
診	진	診察	진찰	政	정	政治	정치	絶	절	絶對	절대	雙	쌍	雙方	쌍방
寢	침	寢臺	침대	星	성	衛星	위성	千	천	千差	천차	壯	장	强壯	강장
慎	신	愼重	신중	牲	생	犧牲	희생	川	천	河川	하천	早	조	早期	조기
新	신	新聞	신문	省	성	歸省	귀성	仙	선	仙女	선녀	爭	쟁	爭點	쟁점
審	심	審判	심판		생	省略	생략	占	점	占領	점령	走	주	走行	주행
震	진	地震	지진	逝	서	逝去	서거	先	선	先生	선생	奏	주	演奏	연주
親	친	親戚	친척	清	청	清潔	청결	宣	선	宣傳	선전	相	상	相互	상호
人	인	人間	인간	盛	성	盛大	성대	專	전	專門	전문	莊	장	別莊	별장
仁	인	仁術	인술	婿	서	同婿	동서	泉	천	溫泉	온천	草	초	雜草	잡초
尽	진	盡力	진력	晴	청	快晴	쾌청	浅	천	淺薄	천박	送	송	送別會	송별회
迅	신	迅速	신속	勢	세	勢力	세력	洗	세	洗劑	세제	倉	창	倉庫	창고
甚	심	深甚	심심	聖	성	聖地	성지	染	염	染色	염색	搜	수	搜查	수사
陣	진	陣痛	진통	誠	성	誠實	성실	扇	선	扇風機	선풍기	挿	삽	挿入	삽입
尋	심	尋問	심문	精	정	精神	정신	栓	전	消火栓	소화전	巣	소	卵巢	난소
腎	신	腎臟	신장	製	제	製造	제조	旋	선	旋回	선회	掃	소	清掃	청소
		す		誓	세	盟誓	맹세	船	선	船舶	선박	曹	조	法曹界	법조계
須	수	必須	필수	静	정	靜電氣	정전기	戰	전	戰爭	전쟁	曾	증	曾祖父	증조부
図	도	地圖	지도	請	청	請求	청구	羨	선	羨望	선망	爽	상	爽快	상쾌

窓	창	窓口	창구	多	다	多少	다소	胆	담	大膽	대담	衷	충	折衷	절충
創	창	創造	창조	打	타	打擊	타격	探	탐	探求	탐구	鑄	주	鑄造	주조
喪	상	喪失	상실	妥	타	妥協	타협	淡	담	冷淡	냉담	駐	주	駐車	주차
葬	장	埋葬	매장	唾	타	唾液	타액	短	단	長短點	장단점	著	저	著者	저자
装	장	裝置	장치	堕	타	墮落	타락	嘆	탄	悲嘆	비탄	貯	저	貯蓄	저축
僧	승	僧侶	승려	惰	타	怠惰	태타	端	단	極端	극단	丁	정	丁	정
想	상	想像	상상	駄	태	駄作	태작	綻	탄	破綻	파탄	弔	조	弔問	조문
層	층	高層	고층	太	태	太陽	태양	誕	탄	誕生	탄생	庁	청	市廳	시청
総	총	總理	총리	対	대	對立	대립	鍛	단	鍛鍊	단련	兆	조	前兆	전조
遭	조	遭難	조난	体	체	體格	체격	団	단	團地	단지	長	장	長男	장남
槽	조	浴槽	욕조	耐	내	忍耐	인내	男	남	男性	남성	挑	도	挑戰	도전
踪	종	失踪	실종	待	대	期待	기대	段	단	段階	단계	帳	장	通帳	통장
操	조	操作	조작	怠	태	怠慢	태만	断	단	斷定	단정	張	장	主張	주장
燥	조	乾燥	건조	胎	태	胎兒	태아	弾	탄	爆彈	폭탄	彫	조	彫刻	조각
霜	상	霜降	상강	退	퇴	早退	조퇴	暖	난	暖房	난방	眺	조	眺望	조망
騒	소	騷音	소음	帯	대	世帶	세대	談	담	相談	상담	預	정	預上	정상
藻	조	海藻	해조	泰	태	泰然	태연	壇	단	壇上	단상	鳥	조	花鳥	화조
造	조	構造	구조	堆	퇴	堆積	퇴적			ち		朝	조	朝食	조식
像	상	自畫像	자화상	袋	대	布袋	포대	地	지	地下鐵	지하철	脹	창	膨脹	팽창
増	증	增加	증가	逮	체	逮捕	체포	池	지	乾電池	건전지	超	초	超過	초과
憎	증	憎惡	증오	替	체	代替	대체	知	지	知識	지식	腸	장	腸炎	장염
蔵	장	貯藏	저장	貸	대	貸與	대여	値	치	價値	가치	跳	도	跳躍	도약
贈	증	寄贈	기증	隊	대	軍隊	군대	恥	치	破廉恥	파렴치	徴	징	特徵	특징
臓	장	臟器	장기	滞	체	沈滯	침체	致	치	誘致	유치	嘲	조	嘲笑	조소
即	즉	卽席	즉석	態	태	態度	태도	遅	지	遲刻	지각	潮	조	風潮	풍조
束	속	約束	약속	戴	대	戴冠	대관	痴	치	癡呆	치매	澄	징	淸澄	청징
足	족	滿足	만족	大	대	大學校	대학교	稚	치	幼稚	유치	調	조	調査	조사
促	촉	催促	최촉	代	대	代理	대리	置	치	位置	위치	聴	청	視聽者	시청자
則	칙	規則	규칙	台	대	臺本	대본	緻	치	緻密	치밀	懲	징	懲役	징역
息	식	消息	소식	第	제	第一	제일	竹	죽	爆竹	폭죽	直	직	直接	직접
捉	착	捕捉	포착	題	제	問題	문제	畜	축	家畜	가축	勅	칙	勅使	칙사
速	속	時速	시속	宅	택	宅配	택배	逐	축	驅逐	구축	沈	침	沈默	침묵
側	측	側面	측면		댁	宅	댁	蓄	축	蓄積	축적	珍	진	珍味	진미
測	측	推測	추측	択	택	選擇	선택	築	축	建築	건축	朕	짐	朕	짐
俗	속	風俗	풍속	沢	택	光澤	광택	秩	질	秩序	질서	陳	진	陳列	진열
族	족	家族	가족	卓	탁	食卓	식탁	窒	질	窒息	질식	賃	임	賃金	임금
属	속	所屬	소속	拓	척	開拓	개척	茶	차	綠茶	녹차	鎮	진	鎭靜	진정
賊	족	海賊	해족	託	탁	委託	위탁		다	茶道	다도			つ	
続	속	續出	속출	濯	탁	洗濯	세탁	着	착	執着	집착	追	추	追放	추방
卒	졸	卒業	졸업	諾	낙	承諾	승락	嫡	착	嫡出	적출	椎	추	脊椎	척추
率	솔	率直	솔직	濁	탁	濁音	탁음	中	중	中央	중앙	墜	추	墜落	추락
	률	確率	확률	但	단	但書	단서	仲	중	仲介	중개	通	통	通信	통신
存	존	存在	존재	達	달	達成	달성	虫	충	害蟲	해충	痛	통	苦痛	고통
村	촌	農村	농촌	脱	탈	脫衣室	탈의실	沖	충	沖積層	충적층	坪	평	坪數	평수
孫	손	子孫	자손	奪	탈	強奪	강탈	宙	주	宇宙	우주	鶴	학	鶴	학
尊	존	尊敬	존경	棚	붕	大陸棚	대륙붕	忠	충	忠實	충실			て	
損	손	損害	손해	丹	단	丹心	단심	抽	추	抽象的	추상적	低	저	低血壓	저혈압
遜	손	謙遜	겸손	担	담	擔任	담임	注	주	注意	주의	呈	정	贈呈	증정
		た		単	단	單位	단위	昼	주	晝夜	주야	廷	정	法廷	법정
他	타	他人	타인	炭	탄	石炭	석탄	柱	주	電信柱	전신주	弟	제	兄弟	형제

定	정	決定	결정	塗	도	塗裝	도장	堂	당	堂々	당당	粘	점	粘着	점착
底	저	海底	해저	賭	도	賭博	도박	童	동	童話	동화	燃	연	燃料	연료
抵	저	抵抗	저항	土	토	國土	국토	道	도	道路	도로	**の**			
邸	저	邸宅	저택	奴	노	奴隷	노예	銅	동	銅像	동상	悩	뇌	苦惱	고뇌
亭	정	料亭	요정	努	노	努力	노력	導	도	導入	도입	納	납	納得	납득
貞	정	貞操	정조	度	도	度量	도량	瞳	동	瞳孔	동공	能	능	能力	능력
帝	제	皇帝	황제	怒	노	憤怒	분노	匿	익	匿名	익명	脳	뇌	頭腦	두뇌
訂	정	訂正	정정	刀	도	短刀	단도	特	특	特別	특별	農	농	農事	농사
庭	정	家庭	가정	冬	동	冬季	동계	得	득	獲得	획득	濃	농	濃厚	농후
逓	체	郵遞局	우체국	灯	등	點燈	점등	督	독	監督	감독	**は**			
停	정	停止	정지	当	당	當然	당연	徳	덕	道德	도덕	把	파	把握	파악
偵	정	探偵	탐정	投	투	投資	투자	篤	독	危篤	위독	波	파	波及	파급
堤	제	堤防	제방	豆	두	豆腐	두부	毒	독	中毒	중독	派	파	派遣	파견
提	제	提供	제공	東	동	東西	동서	独	독	獨立	독립	破	파	破壞	파괴
程	정	程度	정도	到	도	到着	도착	読	독	讀書	독서	覇	패	制覇	제패
艇	정	警備艇	경비정	逃	도	逃亡	도망	凸	철	凹凸	요철	馬	마	競馬	경마
締	체	締結	체결	倒	도	倒産	도산	突	돌	衝突	충돌	婆	파	老婆	노파
諦	체	諦念	체념	凍	동	冷凍	냉동	屯	둔	駐屯地	주둔지	罵	매	罵倒	매도
的	적	的中	적중	唐	당	唐나라	당나라	豚	돈	養豚	양돈	拝	배	崇拜	숭배
笛	적	警笛	경적	島	도	半島	반도	頓	돈	整頓	정돈	杯	배	祝杯	축배
摘	적	指摘	지적	桃	도	白桃	백도	貪	탐	貪慾	탐욕	背	배	背景	배경
滴	적	點滴	점적	討	토	檢討	검토	鈍	둔	鈍感	둔감	肺	폐	肺炎	폐렴
適	적	適切	적절	透	투	透明	투명	曇	담	曇天	담천	俳	배	俳優	배우
敵	적	敵意	적의	党	당	政黨	정당	**な**				配	배	配達	배달
溺	익	溺死	익사	悼	도	哀悼	애도	内	내	内容	내용	排	배	排除	배제
迭	질	更迭	경질	盗	도	盜難	도난	南	남	南北	남북	敗	패	失敗	실패
哲	철	哲學	철학	陶	도	陶磁器	도자기	軟	연	軟弱	연약	廃	폐	廢止	폐지
鉄	철	鐵道	철도	塔	탑	石塔	석탑	難	난	難點	난점	輩	배	先輩	선배
徹	철	徹夜	철야	搭	탑	搭乘	탑승	**に**				売	매	賣買	매매
撤	철	撤回	철회	棟	동	病棟	병동	二	이	二次	이차	倍	배	倍率	배율
天	천	天地	천지	湯	탕	熱湯	열탕	尼	니	比丘尼	비구니	梅	매	梅花	매화
典	전	古典	고전	痘	두	水痘	수두	弐	이	貳萬	이만	培	배	栽培	재배
店	점	本店	본점	登	등	登校	등교	肉	육	肉類	육류	陪	배	陪審	배심
点	점	點數	점수	答	답	解答	해답	日	일	日記	일기	媒	매	媒體	매체
展	전	發展	발전	等	등	平等	평등	入	입	入學	입학	買	매	購買力	구매력
添	첨	添加	첨가	筒	통	封筒	봉투	乳	유	牛乳	우유	賠	배	賠償	배상
転	전	轉勤	전근	統	통	伝統	전통	尿	요	尿素	요소	白	백	白紙	백지
填	전	充塡	충전	稲	도	水稻	수도	尿	뇨	糖尿病	당뇨병	伯	백	畵伯	화백
田	전	田園	전원	踏	답	踏査	답사	任	임	任命	임명	拍	박	拍手	박수
伝	전	傳達	전달	糖	당	糖尿	당뇨	妊	임	妊娠	임신	泊	박	宿泊	숙박
殿	전	宮殿	궁전	頭	두	頭痛	두통	忍	인	忍耐	인내	迫	박	迫害	박해
電	전	電氣	전기	謄	등	謄本	등본	認	인	認定	인정	剥	박	剝奪	박탈
と				藤	등	葛藤	갈등	**ね**				舶	박	船舶	선박
斗	두	北斗	북두	闘	투	鬪爭	투쟁	寧	녕	安寧	안녕	博	박	博士	박사
吐	토	吐露	토로	騰	등	暴騰	폭등	熱	열	熱情	열정	薄	박	輕薄	경박
妬	투	嫉妬	질투	同	동	同情	동정	年	연	年末	연말	麦	맥	麥酒	맥주
徒	도	徒歩	도보	洞	동	洞窟	동굴	年	년	新年	신년	漠	막	漠然	막연
途	도	途中	도중	洞	통	洞察力	통찰력	念	염	念頭	염두	縛	박	束縛	속박
都	도	首都	수도	胴	동	胴體	동체	念	념	信念	신념	爆	폭	爆發	폭발
渡	도	讓渡	양도	動	동	動物	동물	捻	염	捻出	염출	八	팔	八月	팔월

発	발	發明	발명	罷	파	罷免	파면	腐	부	腐敗	부패	別	별	別名	별명
髪	발	假髮	가발	避	피	避難	피난	敷	부	敷地	부지	蔑	멸	蔑視	멸시
伐	벌	殺伐	살벌	尾	미	尾行	미행	膚	부	皮膚	피부	片	편	斷片	단편
抜	발	選拔	선발	眉	미	眉目	미목	賦	부	割賦	할부	辺	변	周邊	주변
罰	벌	罰金	벌금	美	미	美術	미술	譜	보	樂譜	악보	返	반	返納	반납
閥	벌	財閥	재벌	備	비	備品	비품	侮	모	侮辱	모욕	変	변	變化	변화
反	반	反對	반대	微	미	微笑	미소	武	무	武力	무력	偏	편	偏見	편견
半	반	半面	반면	鼻	비	耳鼻	이비	部	부	部分	부분	遍	편	普遍	보편
氾	범	氾濫	범람	匹	필	匹敵	필적	舞	무	舞臺	무대	編	편	編集	편집
犯	범	犯罪	범죄	必	필	必要	필요	封	봉	封鎖	봉쇄	弁	변	辨明	변명
帆	범	出帆	출범	泌	비	分泌	분비	風	풍	風俗	풍속	便	편	便利	편리
汎	범	汎用	범용	筆	필	筆記	필기	伏	복	潛伏	잠복		변	便秘	변비
伴	반	同伴	동반	姫	희	舞姬	무희	服	복	服裝	복장	勉	면	勤勉	근면
判	판	裁判	재판	百	백	百貨店	백화점	副	부	副作用	부작용			ほ	
板	판	鐵板	철판	氷	빙	氷山	빙산	幅	폭	全幅	전폭	歩	보	步道	보도
版	판	出版	출판	表	표	發表	발표	復	복	復習	복습	保	보	保護	보호
班	반	班長	반장	票	표	投票	투표		부	復活	부활	哺	포	哺乳類	포유류
畔	반	湖畔	호반	評	평	評價	평가	福	복	福祉	복지	捕	포	逮捕	체포
般	반	一般	일반	漂	표	漂流	표류	腹	복	腹痛	복통	補	보	補充	보충
販	판	販賣	판매	標	표	目標	목표	複	복	複雜	복잡	舗	포	鋪裝	포장
斑	반	斑點	반점	苗	묘	種苗	종묘	覆	복	覆面	복면	母	모	母子	모자
搬	반	搬入	반입	秒	초	秒速	초속	払	불	支拂	지불	募	모	募集	모집
煩	번	煩雜	번잡	病	병	病院	병원	沸	비	沸騰點	비등점	墓	묘	墓地	묘지
頒	반	頒布	반포	描	묘	描寫	묘사	仏	불	佛像	불상	慕	모	思慕	사모
範	범	模範	모범	品	품	品位	품위	物	물	動物	동물	暮	모	歲暮	세모
繁	번	繁華街	번화가	浜	빈	海濱	해빈	粉	분	粉末	분말	簿	부	帳簿	장부
藩	번	藩主	번주	貧	빈	貧弱	빈약	紛	분	紛失	분실	方	방	方法	방법
晩	만	晩年	만년	賓	빈	來賓	내빈	雰	분	雰圍氣	분위기	包	포	包圍	포위
番	번	當番	당번	頻	빈	頻度	빈도	噴	분	噴水	분수	芳	방	芳香	방향
蛮	만	野蠻	야만	敏	민	敏感	민감	墳	분	古墳	고분	邦	방	連邦	연방
盤	반	基盤	기반	瓶	병	花瓶	화병	憤	분	憤慨	분개	奉	봉	奉仕	봉사
		ひ				ふ		奮	분	興奮	흥분	宝	보	寶石	보석
比	비	比較	비교	不	불	不可能	불가능	分	분	分解	분해	抱	포	抱負	포부
皮	피	皮膚	피부		부	不正	부정	文	문	文化	문화	放	방	放送	방송
妃	비	王妃	왕비	夫	부	夫婦	부부	聞	문	見聞	견문	法	법	法律	법률
否	부	否定	부정	父	부	父母	부모			へ		泡	포	水泡	수포
批	비	批判	비판	付	부	付託	부탁	丙	병	丙	병	胞	포	同胞	동포
彼	피	彼岸	피안	布	포	分布	분포	平	평	平和	평화	俸	봉	年俸	연봉
披	피	披露宴	피로연	扶	부	扶養	부양	兵	병	兵士	병사	倣	방	模倣	모방
肥	비	肥料	비료	府	부	政府	정부	併	병	合併	합병	峰	봉	巨峰	거봉
非	비	非難	비난	怖	포	恐怖	공포	並	병	竝列	병렬	砲	포	砲擊	포격
卑	비	卑下	비하	附	부	寄附	기부	陛	폐	陛下	폐하	崩	붕	崩壞	붕괴
飛	비	飛行	비행	訃	부	訃報	부보	閉	폐	閉店	폐점	訪	방	訪問	방문
疲	피	疲勞	피로	負	부	負擔	부담	幣	폐	紙幣	지폐	報	보	報道	보도
秘	비	秘密	비밀	赴	부	赴任	부임	弊	폐	弊害	폐해	蜂	봉	蜂起	봉기
被	피	被害	피해	浮	부	浮力	부력	蔽	폐	隱蔽	은폐	豊	풍	豊富	풍부
悲	비	悲慘	비참	婦	부	主婦	주부	米	미	精米	정미	飽	포	飽和	포화
扉	비	門扉	문비	符	부	符號	부호	壁	벽	壁畫	벽화	褒	포	褒賞	포상
費	비	費用	비용	富	부	富裕	부유	璧	벽	完璧	완벽	縫	봉	縫製	봉제
碑	비	記念碑	기념비	普	보	普通	보통	癖	벽	潔癖	결벽	亡	망	亡命	망명

乏	핍	欠乏	결핍	万	만	萬一	만일	野	야	分野	분야	樣	양	樣式	양식
忙	망	多忙	다망	滿	만	滿足	만족	厄	액	厄年	액년	瘍	양	潰瘍	궤양
妨	방	妨害	방해	慢	만	慢性	만성	役	역	役割	역할	踊	용	舞踊	무용
忘	망	忘年會	망년회	漫	만	漫畫	만화	約	약	約束	약속	窯	요	窯業	요업
防	방	豫防	예방			み		訳	역	通譯	통역	養	양	養子	양자
房	방	冷房	냉방	未	미	未來	미래	薬	약	藥局	약국	擁	옹	抱擁	포옹
肪	방	脂肪	지방	味	미	興味	흥미	躍	약	飛躍	비약	謠	요	民謠	민요
某	모	某	모	魅	매	魅力	매력			ゆ		曜	요	曜日	요일
冒	모	冒險	모험	密	밀	秘密	비밀	由	유	自由	자유	抑	억	抑制	억제
剖	부	解剖	해부	蜜	밀	蜜月	밀월	油	유	石油	석유	沃	옥	肥沃	비옥
紡	방	混紡	혼방	脈	맥	脈絡	맥락	喩	유	比喩	비유	浴	욕	浴室	욕실
望	망	希望	희망	妙	묘	妙案	묘안	愉	유	愉快	유쾌	欲	욕	慾望	욕망
傍	방	傍聽	방청	民	민	民族	민족	諭	유	諭旨	유지	翌	익	翌日	익일
帽	모	帽子	모자	眠	면	睡眠	수면	輸	수	輸出	수출	翼	익	尾翼	미익
棒	봉	鐵棒	철봉			む		癒	유	治癒	치유			ら	
貿	무	貿易	무역	矛	모	矛盾	모순	唯	유	唯一	유일	拉	납	拉致	납치
貌	모	容貌	용모	務	무	義務	의무	友	우	友情	우정	裸	나	裸體	나체
暴	폭	暴力	폭력	無	무	無理	무리	有	유	有無	유무		라	全裸	전라
	포	橫暴	횡포	夢	몽	惡夢	악몽	勇	용	勇氣	용기	羅	나	羅列	나열
膨	팽	膨脹	팽창	霧	무	濃霧	농무	幽	유	幽靈	유령		라	網羅	망라
謀	모	無謀	무모			め		郵	우	郵便	우편	来	내	來年	내년
北	북	南北	남북	名	명	名聲	명성	湧	용	湧出	용출		래	將來	장래
北	배	敗北	패배	命	명	命令	명령	猶	유	猶豫	유예	雷	뇌	雷同	뇌동
木	목	木造	목조	明	명	明快	명쾌	裕	유	餘裕	여유		뢰	魚雷	어뢰
朴	박	素朴	소박	迷	미	迷路	미로	遊	유	遊園地	유원지	頼	뢰	信賴	신뢰
牧	목	牧場	목장	冥	명	冥福	명복	雄	웅	英雄	영웅	絡	락	連絡	연락
睦	목	親睦	친목	盟	맹	加盟	가맹	誘	유	誘惑	유혹	落	낙	落第	낙제
僕	복	公僕	공복	銘	명	銘心	명심	憂	우	憂慮	우려		락	下落	하락
墨	묵	白墨	백묵	鳴	명	悲鳴	비명	融	융	金融	금융	酪	낙	酪農	낙농
撲	박	打撲傷	타박상	滅	멸	滅亡	멸망	優	우	優秀	우수	辣	랄	辛辣	신랄
没	몰	出沒	출몰	免	면	免許證	면허증			よ		乱	난	亂暴	난폭
勃	발	勃發	발발	面	면	面會	면회	与	여	與黨	여당		란	混亂	혼란
本	본	本質	본질	綿	면	綿密	면밀	予	예	豫定	예정	卵	난	卵子	난자
奔	분	奔走	분주	麵	면	麵	면	余	여	餘地	여지		란	鷄卵	계란
翻	번	翻譯	번역			も		誉	예	名譽	명예	覧	람	觀覽	관람
凡	범	平凡	평범	模	모	模範	모범	預	예	預金	예금	濫	남	濫用	남용
盆	분	盆栽	분재	毛	모	毛髪	모발	幼	유	幼稚	유치		람	氾濫	범람
		ま		妄	망	妄言	망언	用	용	用件	용건	藍	남	藍色	남색
麻	마	痲藥	마약	盲	맹	盲點	맹점	羊	양	羊毛	양모	欄	난	欄外	난외
摩	마	摩擦	마찰	耗	모	消耗	소모	妖	요	妖艷	요염		란	空欄	공란
磨	마	研磨	연마	猛	맹	猛烈	맹렬	洋	양	洋食	양식			り	
魔	마	魔法	마법	網	망	通信網	통신망	要	요	要點	요점	吏	리	官吏	관리
毎	매	毎日	매일	目	목	目的	목적	容	용	容量	용량	利	이	利害	이해
妹	매	姉妹	자매	黙	묵	黙認	묵인	庸	용	中庸	중용		리	勝利	승리
枚	매	枚數	매수	門	문	門戶	문호	揚	양	抑揚	억양	里	이	里程標	이정표
昧	매	曖昧	애매	紋	문	波紋	파문	揺	요	動搖	동요		리	千里	천리
埋	매	埋立	매립	間	문	問題	문제	葉	엽	落葉	낙엽	理	이	理由	이유
幕	막	暗幕	암막			や		陽	양	太陽	태양		리	管理	관리
膜	막	鼓膜	고막	冶	야	冶金	야금	溶	용	溶解	용해	痢	이	痢疾	이질
末	말	末端	말단	夜	야	深夜	심야	腰	요	腰痛	요통		리	赤痢	적리

裏	이	裏面	이면
	리	表裏	표리
履	이	履歷書	이력서
離	이	離婚	이혼
	리	隔離	격리
陸	육	陸上	육상
	륙	着陸	착륙
立	입	立法	입법
	립	獨立	독립
律	율	律動	율동
	률	法律	법률
慄	율	戰慄	전율
略	약	略式	약식
	략	省略	생략
柳	류	花柳	화류
流	유	流行	유행
	류	上流	상류
留	유	留學	유학
	류	保留	보류
竜	용	龍頭	용두
粒	입	粒子	입자
	립	顆粒	과립
隆	융	隆盛	융성
硫	유	硫黃	유황
侶	려	伴侶	반려
旅	여	旅行	여행
虜	로	捕虜	포로
慮	려	配慮	배려
了	료	完了	완료
両	양	兩國	양국
良	양	良心	양심
	량	善良	선량
料	요	料金	요금
	료	入場料	입장료
涼	량	淸凉劑	청량제

猟	엽	獵奇的	엽기적
	렵	狩獵	수렵
陵	능	陵墓	능묘
	릉	王陵	왕릉
量	양	量産	양산
	량	交通量	교통량
僚	료	同僚	동료
領	영	領土	영토
	령	要領	요령
療	요	療養	요양
	료	治療	치료
瞭	료	明瞭	명료
糧	양	糧食	양식
	량	食糧	식량
力	역	力點	역점
	력	努力	노력
緑	녹	綠茶	녹차
	록	新綠	신록
林	임	林野	임야
	림	山林	산림
厘	리	一厘	일리
倫	윤	倫理	윤리
	륜	不倫	불륜
輪	윤	輪郭	윤곽
	륜	五輪旗	오륜기
隣	인	隣接	인접
	린	近隣	근린
臨	임	臨時	임시
	림	君臨	군림

る

涙	누	涙腺	누선
	루	感涙	감루
累	누	累積	누적
塁	누	一壘	일루

類	유	類似	유사
	류	種類	종류

れ

令	영	令狀	영장
	령	命令	명령
礼	예	禮儀	예의
	례	失禮	실례
冷	냉	冷麵	냉면
励	려	激勵	격려
戻	려	返戾	반려
例	예	例外	예외
	례	實例	실례
零	영	零下	영하
霊	영	靈魂	영혼
隷	예	隷屬	예속
齢	령	年齡	연령
麗	려	華麗	화려
暦	력	陰曆	음력
歴	역	歷史	역사
歴	력	經歷	경력
列	열	列車	열차
	렬	行列	행렬
劣	열	劣等感	열등감
烈	열	烈士	열사
	렬	激烈	격렬
裂	열	破裂	파열
恋	연	戀愛	연애
連	연	連續	연속
	련	關聯	관련
廉	염	廉價	염가
	렴	低廉	저렴
練	연	練習	연습
	련	訓練	훈련
錬	연	鍊金術	연금술
	련	鍛鍊	단련

ろ

炉	로	煖爐	난로
路	노	路面	노면
	로	街路樹	가로수
露	노	露出	노출
	로	白露	백로
老	노	老人	노인
	로	長老	장로
労	노	勞動	노동
	로	勤勞	근로
弄	롱	愚弄	우롱
郎	랑	新郎	신랑
朗	낭	朗讀	낭독
	랑	明朗	명랑
浪	낭	浪費	낭비
廊	랑	畫廊	화랑
楼	누	樓閣	누각
漏	누	漏電	누전
	루	脫漏	탈루
籠	농	籠城	농성
六	육	六日	육일
録	녹	錄音	녹음
	록	記錄	기록
麓	록	山麓	산록
論	논	議論	의논
	론	輿論	여론

わ

和	화	和解	화해
話	화	話題	화제
賄	회	收賄罪	수회죄
惑	혹	誘惑	유혹
湾	만	港灣	항만
腕	완	腕力	완력

韓国語漢字音&用例集

① 当表には常用漢字2136字のうち、日本と韓国で共通の漢字語がある漢字2000字について、その韓国語漢字音(ハングル表記)と用例(漢字とハングル)が示してあります。
② 見出しの漢字は日本で使用されている新字体の漢字で、用例の漢字は韓国で使用される漢字(概ね旧字体と一致)で表記しました。
③ 用例は日本と韓国で共通の漢字語をあげました。
④ 韓国語の漢字の読みは大部分音読み1通りですが、読みが2通りあるものはその両方を示しました。

この表の使い方

① 韓国語は日本語と共通の漢字語が多く、漢字の読み方を覚えれば、韓国語の語彙拡大に大変役立ちます。毎日少しずつ声に出して読んでいくことをお勧めします。
② 韓国では一般的に漢字を書くことはほとんどありませんので、漢字語を韓国の漢字で書けるようになる必要はありません。漢字語をハングルで書けるようになることが目標です。

文法事項索引

文法と表現

고 싶어요	…したいです	146, 147
ㄴ/은데요	形容詞+ですね	188, 190
네요	…ですね	138, 160, 162, 174
ㄹ/을 거야	…つもりだよ	130, 133
ㄹ/을 거예요	…するつもりです	130, 131
ㄹ/을 거예요	…すると思いますよ	160, 162
ㄹ/을 거예요	形容詞+と思いますよ	182, 184
ㄹ/을 수 없어요	…することができません	175, 175
ㄹ/을 수 있어요	…することができます	174, 175
ㄹ/을게요	…しますね	144, 146, 148, 182, 194
ㄹ/을까요?	…しましょうか	188, 189
ㄹ을래요	…します(か)	138, 139, 146
라고/이라고 해요	…と言います	116, 118
러/으러 가다	…しに行く	174, 177
러/으러 오다	…しに来る	177
려고/으려고 해요	…しようと思っています	138, 140
못	動詞+できない ※不可能	126, 160
세요/으세요	…してください	194, 196
아니에요	(名詞)ではありません	110
안	動詞+しない	64, 66, 88, 124, 160
안	形容詞+くない	106
야/아	人名を敬称なしで呼ぶ	134
예요/이에요	…です, ですか	18, 20, 24, 32, 38, 50, 88
요/이요	丁寧に表現する語尾	44, 64, 80, 130, 154, 166
요/이요?	…ですか? ※丁寧な聞き返し	56, 64, 110, 160, 174
이	子音で終わる人名+이	80, 83, 138
입니다/입니까?	…です/…ですか	18, 20
자	…しよう	130, 134
지 마세요	…しないでください	124, 126
지 않아요	形容詞+くないです	102, 105
지요?	動詞+ますよね?	94, 97
지요?	形容詞+でしょう?	160, 161
해形		81, 111
해形+보다	…してみる	146, 149, 160, 188
해形+보세요	…してみてください	118
해形+봤어요	…したことがあります	182, 183
해形+주세요	…してもらえますか	119
動詞の해요体		57, 58, 59, 65
動詞の해요体(過去)		81
形容詞の해요体		95, 96, 97, 103, 104, 105
形容詞の해요体(過去)		111, 112
動詞・形容詞の합니다体(現在)		167
動詞・形容詞の합니다体(過去)		168
動詞・形容詞の해体		132
名詞文の해体		130, 133

※青色の数字は解説のあるページを示しています。

助詞

가/이	…が 新情報	26, 32, 38, 44, 67
까지	…まで 終了時点	130, 133
까지	…まで 到着地点	134, 134
는/은	…は 主題	18, 19, 32, 38, 50, 66, 67
도	…も 追加	56, 64, 66, 97, 124, 160
랑/이랑	…と 行動を共にする相手	138, 141
로/으로	…に(する) 選択	154
로/으로	…で 手段・道具	116, 117, 134, 182, 184
로/으로	…に、へ 方向	130
로/으로	…として 資格・立場	174, 176
를/을	…を 対象	56, 59, 88
만	…だけ 限定	80, 82, 154
부터	…から 開始時点	130, 133
서	…で 에서の縮約形	60, 188
서	(何人)で	82
에	…に 存在する場所	44, 46, 50, 188
에	…に 時(とき)	56, 59, 64, 72, 80, 102, 181, 182, 188
에	…に 目的地	64, 67, 177
에	…当たり、…に付き 基準	182, 184
에게	…に 動作の向かう先	83
에는	…には 助詞の連続	56, 59, 63, 64, 146
에도	…にも 助詞の連続	116, 146, 196
에서	…で 動作の場所	56, 60, 64, 72, 94, 174, 188, 190
에서	…から 出発地点・起点	130, 134, 174, 182
에서도	…でも 助詞の連続	194
엔	…には 에는の縮約形	146, 148
와/과	…と 列挙	33
의	…の 所在地	174, 194
하고	…と 列挙	32, 33, 56, 80
한테	(誰々)に 動作の向かう先	80, 83, 102
한테서	(誰々)から 起点	110, 112

224 ● 索引

疑問詞

누구	誰(だれ)	38, 39
누구	誰の	115
몇	何(+助数詞)	50, 52, 72, 74, 88, 188
무슨	何の、どんな、何か	64, 80, 94, 138, 144
뭐	何	24, 27, 38, 56, 64, 80, 116, 130, 147, 154, 174, 188
어느	どの	49
어디	どこ	32, 34, 50, 51, 188
어딘가	どこか	138
어때?	どう?	138
어때요?	どうですか?	72, 94, 102, 110, 116, 160, 174, 188, 190
어땠어요?	どうでしたか	110, 112
어떤	どんな	56, 152
어떻게	どのように、どのようにして	40, 102, 110, 146, 199
어떻다	どうだ	112
언제	いつ	124, 130
언제	いつか	177
얼마	いくら	166, 184
얼마나	どのくらい	116, 119, 182
왜	どうして、なぜ	64, 67, 88, 94, 132

接続詞

그래서	それで	174
그러니까	だから	124
그런데	ところで	24, 27, 94, 102, 110, 116
그런데	でも	88, 116
그럼	じゃ、では	64, 72, 174, 188
그리고	それから	38, 40, 86, 110, 182
근데	ところで ※그런데의 縮約形	27
하지만	でも、だけど	102, 109, 116, 138, 160

単語 索引(韓国語⇒日本語)

ㄱ

가게	店	93
가고시마	鹿児島 ※日本語	176
가깝다	近い	103
가끔	たまに	56
가는 법【가는法】	行き方	93
가다	行く	57, 64, 177, 188
가르치다	教える	116, 119
가방	カバン	14, 26
가수【歌手】	歌手	10
가족【家族】	家族	38
간호사【看護師】	看護師	23
갈비	カルビ	147, 155, 165
감기【感氣】	風邪	109, 196
감사합니다【感謝합니다】	ありがとうございます	24, 166, 167
갔다 오다	行ってくる	194
같이	一緒に	64, 102, 130, 138, 166, 176
개	犬	38, 43, 66
개【箇】	個	74
개찰구【改札口】	改札口	190
거기	そこ	34
거스름돈	お釣り	166
걱정	心配	102
걱정하다	心配する	124
걸리다	かかる(病気に)	109
걸리다	かかる(時間が)	119, 134, 182
걸어서	歩いて	186, 193
것	もの	25
게임	ゲーム	63, 144
게장	ケジャン(かにの醤油漬け)	152
겐로쿠엔	兼六園 ※日本語	37
겨울 방학【겨울放學】	冬休み	132
결혼하다【結婚하다】	結婚する	89, 112
경주【慶州】	慶州 ※地名	196
계란말이【鷄卵말이】	玉子焼き	170
계산【計算】	計算、勘定	166
계획【計劃】	計画、予定	138, 144
고기	肉	33
고등학교【高等學校】	高校	34
고등학생【高等學生】	高校生	23, 38
고마워요	ありがとう	24, 88, 190, 194
고맙다	ありがたい	194
고양이	猫	43
고추	唐辛子	8
고향【故鄕】	故郷	32
곧	すぐに	15

한국어	일본어	페이지
공【空】	ゼロ	90
공기밥【空器밥】	ご飯(茶碗に盛った)	170
공무원【公務員】	公務員	23
공부【工夫】	勉強	109, 124, 125, 161
공부하다【工夫하다】	勉強する	57, 102, 116
공원【公園】	公園	144
공항【空港】	空港	130, 186
공항버스【空港버스】	空港バス	186
과자【菓子】	お菓子	26, 30
관심【關心】	興味、関心	80, 146
괜찮다	大丈夫	94, 95, 138, 176
괜찮다	なかなかいい	190
교사【教師】	教師	7
구【九】	9	52
구로카와온천【구로카와溫泉】		
	黒川温泉 ※黒川は日本語	37
구월【九月】	9月	52
국적【國籍】	国籍	23
권【券】	冊 ※冊数	74
귀	耳	11
그	その	25, 64, 86
그	あの ※話し手も聞き手も知っていることを指す	106, 110
그거	それ ※그것の縮約形	25
그것	それ	25
그래?	そうか?	130
그래요	そうしましょう	72, 116, 138, 177
그래요	そうですよ	124
그래요?	そうなんですね	24, 27, 174
그래요?	そうなんですか?	50
그래요?	そうですか?	190
그랬군요	そうだったんですね ※納得	102
그러다	そうする	72
그런 거	そんなの	110
그럼요	もちろんですよ	94, 174
그렇다	そうだ	130
그렇지요?	そうですよね ※確認	102
근처【近處】	近く	46, 72, 86, 100
글쎄요	そうですね… ※返事をためらう	124, 182
금요일【金曜日】	金曜日	66, 100, 124
기다리다	待つ	119
기대되다【期待되다】	期待される、楽しみだ	146
기대하다【期待하다】	期待する	194
기말【期末】	期末	102
기쁘다	うれしい	103
기억【記憶】	記憶	188
기억하다【記憶하다】	記憶する	93, 94
긴카쿠지	金閣寺 ※日本語	37
길	道	93
길다	長い	95
김	のり(海苔)	30
김밥	キンパップ(のり巻き)	56, 144, 159
김치	キムチ	14, 30, 67, 106, 160
김치전	キムチチヂミ	170
깎다	まける(値段を)	119
깨끗하다	きれい・清潔	95
꼭	ぜひ	188
꽃	花	15, 165
끝	終わり	15
끝나다	終わる	78, 124

ㄴ

한국어	일본어	페이지
나	自分、僕、わたし	40, 130
나라	国	6, 49
나쁘다	悪い	103
나오다	出てくる	160
나이트크루즈	ナイトクルーズ	174
낙지볶음	タコ炒め	170
날씨	天気	165
남다	残る	188
남동생【男同生】	弟	38, 40, 43
남자【男子】	男	44
남자 친구【男子親舊】	彼氏	44, 45, 118
남편【男便】	夫	40
낮	昼	15, 59
내	僕の、私の	133
내년【來年】	来年	148
내일【來日】	明日	67, 70, 88, 94, 100, 102, 162, 180, 188
냉면	冷麺	159
너	お前、君	130
너무	あまりにも、すごく	115, 116, 124, 132, 160, 161, 190
네	はい、ええ	20, 38, 44
네	四つの	74
네?	え? ※聞き返し	110
넷	四つ	73, 74
넷이	四人	82, 82
년【年】	年	52
노래	歌	6, 115, 118, 125, 129
노래방【노래房】	カラオケ	70, 118
노트	ノート	8
놀다	遊ぶ	57
누나	姉(弟から見て)	6, 40, 43
눈	目	26
뉴스	ニュース	7
늘다	上達する、伸びる	195

ㄷ

다	全部	82
다리	橋/脚	6, 10
다섯	五つ	73
다섯 시【다섯 時】		
다시	再び	199
다시 한번	もう一度	199
다음	次、次の	67, 174
다음 주【週】	来週	67
대단하다	大したものだ	95
대만족【大滿足】	大満足	194
대학교【大學校】	大学	34
대학생【大學生】	大学生	23, 38
더워요	暑いです	11
덕분에【德分에】	…のおかげで	194, 195
덥다	暑い	103
데이트	デート	80, 110, 174
도 참	(誰々)ったらまったく	110
도다이지	東大寺 ※日本語	37
도로【道路】	道路	6
도서관【圖書館】	図書館	50, 63, 86, 162
도시락	弁当	123, 144
도쿄시네마	東京シネマ	64
돈	お金	122
돈가스	トンカツ	100, 193
돌아가다	帰る	86, 130
동료【同僚】	同僚	141
동생【同生】	年下の兄弟(弟または妹)	38, 40
동생【同生】	弟/妹	14
돼지	豚	10
되세요	なられますか	40
된장찌개	テンジャンチゲ	155
두	二つの	74
두 사람	二人	110, 124, 138, 194
두 시【두 時】	2時	74
두부김치【豆腐김치】	豆腐キムチ	170
둘	二つ	73, 154
둘이	二人	82
뒤	後ろ	75
드라마	ドラマ	60
드라이브	ドライブ	144
드세요	召し上がってください	160
드시다	召し上がる ※尊敬語	147
듣기	聞き取り	126
듣다	聞く	65, 110
들다	かかる(費用が)	119
들다	食べる	196
등산【登山】	登山	70
디즈니랜드	ディズニーランド	186
따뜻하다	暖かい	95
딸	娘	40
때	時(とき)	9, 72, 130, 132, 138
때문에	…のせいで	102
떡볶이	トッポッキ	115, 159, 176
또	また、再び	134, 166

ㄹ

라면	ラーメン	193
러브스토리	ラブストーリー ※映画名	64, 80, 137
레스토랑	レストラン	55
로비	ロビー ※ホテルの	188
롯데월드	ロッテワールド	34

ㅁ

마리	匹	74
마시다	飲む	57
마트	マート ※ショッピングセンター	184
마흔	40 ※固有語	73
막걸리	マッコリ	115, 170
만【萬】	万	52
만끽하다【滿喫하다】	満喫する	146
만나다	会う	18, 57
만나서	会えて	18
만들다	作る	56, 57, 140, 144
만원【萬원】	…万ウォン	168
많다	多い	95, 174
많이	たくさん	116, 152, 160, 194, 196
말	言葉	15
말하기 대회【大會】	スピーチ大会	193
말하다	言う	118
맛사지	マッサージ	152
맛없다	まずい	95
맛있게	おいしく	166
맛있겠다	おいしそう	160, 165
맛있는 거	おいしいもの	152
맛있다	おいしい	94, 95, 160
맞다	合っている	94
맞아요	その通りです、合ってます	44, 94, 122, 124, 188
매운 거	辛いもの	160
매장【賣場】	売り場	55
맥주【麥酒】	ビール	155, 170
맵다	からい(辛い)	103, 160
머리	髪、頭	7, 26, 102, 109, 124
먹다	食べる	57, 72, 88, 160, 166
멀다	遠い	95, 168
멋없다	かっこ悪い	96
멋있다	格好いい、すてき	95, 115, 162

索引 227

멋지다	すてきだ	190
메일	PCメール	83, 112
며칠	何日	52
명【名】	…人 ※人数	74
명동【明洞】	ミョンドン(地名)	152, 190
모델	モデル	49
모두	みんな、全ての人、全部	154, 194
모르다	知らない	162
목요일【木曜日】	木曜日	66
몰라요	わかりません	93
못하다	できない、苦手	124, 126, 129
무리하다【無理하다】	無理する	126
무슨 일	どんな用件、何の用	94
문법【文法】	文法	109
문의하다【問議하다】	問い合わせる	182
문자【文字】	メッセージ	83, 176
물냉면【물冷麵】	水冷麺	165
물론	もちろん	93
물론이죠	もちろんですよ	116
물어보다	尋ねる、尋ねてみる	81, 88, 89, 102
뭐, 그냥	ええ、まあ … ※言葉をにごす	80
뭐가	何が	94
뭐예요?	何ですか	11
뭘	何を ※무엇을의 縮約形	129
뭘로	何に ※뭐로의 会話形	154
미국【美國】	米国、アメリカ	23
미국 사람【美國 사람】	アメリカ人	23
미안해요【未安해요】	すみません、ごめんなさい	146
밑	下	75

ㅂ

바꾸다	換える	119, 140
바다	海	10, 32
바로	そのまま、すぐに	130
바빠요	忙しいです	9
바쁘다	忙しい	103
바지	ズボン	10
밖	外	15, 75
반【半】	半	188
반가워요	うれしいです	18
반갑습니다	うれしいです	18
반지	指輪	30
받다	もらう、受け取る	112, 152, 166
받침	パッチム	199
발음【發音】	発音	106, 109, 116, 122, 124, 199
발음하다【發音하다】	発音する	116, 118
밤	夜	59, 78, 174
밥	ご飯	15, 60, 82, 132
방【房】	部屋	118
방학【放學】	学校の長期の休み	130, 138
배	船/腹/梨	7, 117

배고프다	空腹だ	103
배우다	習う	57, 81, 119
백【百】	百	52
백원【百원】	…百ウォン	168
백화점【百貨店】	デパート	86, 100
버스	バス	7, 117, 134, 186, 193
번【番】	…番 ※番号	52, 88
번【番】	…回 ※回数	74
번째【番째】	…番目	74
벌다	稼ぐ	184
별로	それほど(…ない)	106, 160, 165
병【瓶】	…本 ※瓶の本数	74, 155
병원【病院】	病院	109
보내다	送る	119, 176
보다	見る	56, 57. 64, 80, 110
보다	受ける(試験を)	124
보다	会う	72
보리	麦	7
보이다	見せる	119
보통【普通】	普通	56, 63
볶음밥	チャーハン	160
뵙겠습니다	お目にかかります	18
부대찌개	プデチゲ	170
부모【父母】	両親	10
부모님【父母님】	両親 ※尊敬語	141
부산【釜山】	プサン(地名)	14, 19, 32, 133. 148, 194
부엌	台所	15
부인【夫人】	奥さん	46
분	方(かた)	38
분	…名様	74
분【分】	…分(ふん)	52, 72, 133
분위기【雰圍氣】	雰囲気	162
불고기	プルコギ	152
비	雨	162
비빔밥	ビビンバ	140, 155, 193
비싸다	高い(値段が)	95
비행기【飛行機】	飛行機	117, 130, 134
빠르다	早い・速い	184

ㅅ

사【四】	4	52
사과【沙果】	りんご	10
사다	買う	57, 140
사람	人	14, 23, 38, 49, 112, 133
사실은【事實은】	実は	160
사월【四月】	4月	52
사이다	サイダー	155
사진【寫眞】	写真	32, 44, 126

산【山】	山	122
살	…歳	74
살다	住む	57
삼【三】	3	52
삼겹살【三겹살】	豚の三枚肉	146, 154
삼계탕【蔘鷄湯】	サムゲタン	146
삼월【三月】	3月	52
샌드위치	サンドイッチ	144
생맥주【生麥酒】	生ビール	154, 155
생일 선물【生日膳物】	誕生日プレゼント	26
생일【生日】	誕生日	26
생활비【生活費】	生活費	119
서른	30 ※固有語	73
서울	ソウル	15, 16, 19, 32, 34, 44, 67, 147, 161, 194
서울 타워	ソウルタワー	140
서점【書店】	書店	55
선물【膳物】	プレゼント、おみやげ	24, 180, 188
선물하다【膳物하다】	プレゼントする	83
선생님【先生님】	先生	23, 141
성【城】	城	37
성함【姓銜】	お名前	40
세	三つの	74
세우다	立てる	138
셋	三つ	73
셋이	三人	82, 82
소주【燒酒】	焼酎	155, 170
속	内部	75
손님	お客さん、お客様	154
손수건【손手巾】	ハンカチ	30
쇼핑	買い物、ショッピング	137, 194
쇼핑몰	ショッピングモール	55
수고했어	ご苦労様	194
수업【授業】	授業	50, 78, 102, 133
수요일【水曜日】	水曜日	66
숙제【宿題】	宿題	90
술	お酒	67, 97
쉬는 날	休みの日	56, 63
쉬다	休む	57
쉬워요	簡単です	11
쉰	50 ※固有語	73
쉽다	簡単、易しい	102, 103, 105, 109
슈퍼	スーパー	186
스마트폰	スマートフォン	118, 140
스무 살	20歳	74
스물	20 ※固有語	73
스시	寿司 ※日本語	94, 116
스카이트리	スカイツリー	37
스토리	ストーリー	110
스포츠 센터	スポーツセンター	63
슬프다	悲しい	103
시【時】	…時(じ)	72, 74, 97, 133, 188
시간【時間】	時間	45, 64, 67, 72, 119, 132, 182
시계【時計】	時計	122
시내【市内】	市内	186
시원하다	涼しい	95
시월【十月】	10月	52
시작하다【始作하다】	始まる、始める	72, 78, 140, 167
시장【市場】	市場	161
시즈오카	静岡 ※日本語	37
시험【試験】	試験	102, 124, 195
시험공부【試験工夫】	試験勉強	86
식당【食堂】	食堂	46
식사【食事】	食事	180
신칸센	新幹線 ※日本語	117
십【十】	10	52
십이월【十二月】	12月	52
십일월【十一月】	11月	52
싸다	安い	95
싸요	安いです	9
쓰다	書く、使う	65
씨【氏】	…さん	9, 18
아	あ、ああ ※感嘆	44, 102, 124
아, 참!	あ、そうだ！ ※突然思い出した時	88
아까	さっき	9
아내	妻	40
아니	いや ※否定	130
아니에요	違いますよ、とんでもありません	44, 46, 89, 110
아니요	いいえ	38, 65, 89, 161
아들	息子	40
아래	下方	75
아르바이트	アルバイト	66, 78, 140, 184
아름답다	美しい	110, 174
아마	多分	182
아버지	父、お父さん	19, 33, 38, 40, 43
아이	子供	5, 26
아주	とても	32, 94, 110, 116, 161
아주머니	おばさん、おばちゃん	154
아직	まだ(…ない)	88, 106, 109, 124, 138, 144
아침	朝	59, 70
아침	朝ご飯	70
아침밥	朝ご飯	70
아파트	マンション	8
아프다	痛い	102, 103, 124
아홉	九つ	73

索引 229

아흔	90 ※固有語	73
안	中	75
안경【眼鏡】	メガネ	190
안내【案內】	案内	14, 55
안내하다【案內하다】	案内する	146
안녕하세요【安寧하세요】	こんにちは	18
안녕히 가세요	お気をつけて	166
안녕히 계세요	お元気で	166
앉다	すわる	196
알겠습니다	かしこまりました	154
알다	知る、分かる	44, 57, 64, 88, 102, 110, 168
알바	バイト ※아르바이트の略	118
알아보다	調べる	182
알아요	知っています	44, 64, 88, 93
알았어요	わかりました	102, 110
앞	前(まえ)	15, 72, 75, 94, 190
야경【夜景】	夜景	162, 174, 194
야구시합【野球試合】	野球試合	193
야채【野菜】	野菜	33
야쿠시마	屋久島 ※日本語	37
약【藥】	薬	109
약사【藥師】	薬剤師	49
약속【約束】	約束 ※会う約束	72, 88, 93, 94
어깨	肩	9
어렵다	難しい	102, 103, 116, 124
어머니	母、お母さん	7, 19, 33, 40, 43
어울리다	似合う	109, 110, 190
어제	昨日	109
어학【語學】	語学	102
언니	姉(妹から見て)	26, 40, 43
언제나	いつも	63
엄청	ものすごく	115
없다	ない、いない	44
없어요	ありません/いません	44, 45, 138
엔	円	184
여기	ここ	32, 34, 44, 133, 154, 166, 190
여기요	はい、どうぞ ※物を差し出して	44
여기요	すみません ※人を呼び寄せる	154
여덟	八つ	73
여동생【女同生】	妹	40, 43, 137
여든	80 ※固有語	73
여러분	みなさん	182
여름	夏	130, 148, 182
여름 방학【여름 放學】	夏休み	133
여보세요	もしもし ※電話で	50, 94
여섯	六つ	73
여우	キツネ	5
여유【餘裕】	余裕	5

여자【女子】	女	44
여자 친구【女子親舊】	彼女	46, 83
여행【旅行】	旅行	137, 146, 194
여행가다【旅行가다】	旅行する	132, 138
역【驛】	駅	100
역시【亦是】	やはり	116
연휴【連休】	連休	132
열	十(とお)	73
열심히【熱心히】	熱心に、一生懸命	124, 199
영상【映像】	映像	110
영어【英語】	英語	50, 125, 129, 137
영화【映畵】	映画	56, 64, 72, 80, 82, 110, 112
영화관【映畵館】	映画館	55, 72, 86, 100
옆	横	75
예쁘다	かわいい、きれい	24, 32, 103, 190
예순	60 ※固有語	73
오【五】	5	52
오늘	今日	50, 66, 132, 165, 182, 188
오다	来る	57, 64, 112, 119
오다	降る(雨)	162
오래오래	末長く、いつまでも	188
오렌지주스	オレンジジュース	154
오른쪽	右側	75
오빠	兄(妹から見て)	9, 40, 43, 162
오빠	女性が目上の男性に親しみを込めて	110, 130
오사카성【오사카城】	大阪城 ※大阪は日本語	37
오세요	お越しください	166
오월【五月】	5月	52
오이	きゅうり	5
오전【午前】	午前	59, 75
오토바이	オートバイ	117
오후【午後】	午後	59, 75
온천【溫泉】	温泉	37, 144
옷	服	15, 26, 60, 86, 109
와!	わあ ※感嘆	24, 32, 56, 138, 160
와요	来ます	10
왜요?	なぜですか	10
외국인【外國人】	外国人	49
외할머니【外할머니】	祖母(母方)	40
외할아버지【外할아버지】	祖父(母方)	40
왼쪽	左側	75
요금【料金】	料金	182
요리【料理】	料理	56, 60, 63, 100, 129
요리사【料理師】	調理師	23
요즘	最近	102, 132, 144,

우리	うちの、私たちの	38, 144, 162
우리	私たち	64, 102, 138, 188
우와!	うわあ! ※感嘆	138
우유【牛乳】	牛乳	5
운동【運動】	運動	63, 129
운전【運轉】	運転	126
원	ウォン ※韓国の貨幣単位	166
월【月】	月	52
월요일【月曜日】	月曜日	66
웨이터	ウェイター	11
위	上	11, 75
유람선【遊覽船】	遊覽船	174, 182, 188
유월【六月】	6月	52
육【六】	6	52
은행【銀行】	銀行	46, 55
음료【飲料】	飲み物	154, 155
음료수【飲料水】	ソフトドリンク	170
음식【飲食】	食べ物、料理	152, 194
응	うん	132, 154
의	…の 助詞	12
의사【醫師】	医者	12, 49
의자【椅子】	椅子	12
이	この	25, 38, 46, 133, 160, 162
이【二】	2	52
이거	これ ※이것의 縮約形	24, 25
이것	これ	25
이것도	これも	196
이게	これが	24, 27, 32, 133
이따가	後で、後ほど	9, 160
이름	名前	23, 38, 40
이번 주【週】	今週	64, 70
이번【이番】	今度、今回	64, 146, 194
이월【二月】	2月	52
이유【理由】	理由	5
이쪽	こちら	18, 38
이탈리아	イタリア	49
인기【人氣】	人気	174
인분【人分】	人分、人前	154, 155
인사【人事】	あいさつ	18
인사동【仁寺洞】	インサドン(地名)	44, 188, 194
인천【仁川】	インチョン(地名)	130
인터넷	インターネット	78
일	仕事、用件、事	78, 94
일【一】	1	52
일【日】	日	52
일곱	七つ ※固有語	73
일년【一年】	1年	116, 119
일박【一泊】	1泊	184
일본 사람【日本사람】	日本人	23
일본【日本】	日本	15, 16, 23, 116, 174, 177
일본어【日本語】	日本語	16, 116, 124
일어나다	起きる	78
일요일【日曜日】	日曜日	64, 66, 72, 80, 97
일월【一月】	1月	52
일흔	70 ※固有語	73
읽다	読む	57, 140
입다	着る	118, 149
있다	ある、いる	15, 44, 138
있습니다	あります	166, 167
있어?	ある?	138
있어요	あります、います	44, 45, 50, 64, 80, 116, 124, 138

ス

자다	寝る	57
자전거【自轉車】	自転車	117, 186
자주	よく、頻繁に	56, 63
작가【作家】	作家	49
작년【昨年】	去年	182
작다	小さい	95
작문【作文】	作文	124, 129
잔【盞】	…杯	74, 155
잘	気を付けて	66
잘	よく	109, 110, 129, 160, 190, 199
잘 먹었습니다	ごちそうさまでした	166
잘 먹었어요	ごちそうさまでした	116
잘 보다	(試験が)よくできる	124, 195
잘됐네요	よかったですね	138
잘됐다!	よかった!	130, 138
잘하다	よくできる	124, 125
잘하다	楽しくする	194
잘하세요	楽しくしてください	194
잠깐	しばらくの間、少しの間	88
잠깐만	しばらくの間だけ	88
잠깐만요	ちょっと待ってください	88, 93, 182
잠시【暫時】	しばらくの間	154
잠실【蠶室】	チャムシル(地名)	182
잡채【雜菜】	チャプチェ	56, 115
장【張】	枚	74
장소【場所】	場所	93
재미없다	面白くない	95
재미있다	面白い	95, 102, 110
저	私、わたくし	18
저	あの	25
저거	あれ ※저것의 縮約形	25
저것	あれ	25
저기	あそこ	34
저기	あの〜 ※呼びかけ	50
저녁	晩	59, 70, 132
저녁	晩ご飯	90, 100, 176

저녁밥	晩ご飯	70
적다	少ない	95
전부【全部】	全部、全部で	166
전철【電鐵】	電車、地下鉄	117
전통공예품【傳統工藝品】	伝統工芸品	180
전통차【傳統茶】	伝統茶	180
전혀	全然(…ない)	129
전화【電話】	電話	94, 112, 182
전화번호【電話番號】	電話番号	88, 102
전화하다【電話하다】	電話する	81, 89
점심【點心】	昼ご飯、ランチ	72, 88, 94, 100, 102, 116, 141
점심때【點心때】	昼時	70, 184
점심밥【點心밥】	昼ご飯、ランチ	70
정도【程度】	程度、くらい	116, 130
정말	本当に、本当	24, 56, 102, 110, 116, 124, 146, 160, 174, 182, 188, 194
제	私の ※저의(私の)の縮約形	32, 34, 102
제가	私が	34, 146, 182
제육볶음	豚肉炒め	170
제일【第一】	最も、一番	124
제주도【濟州島】	済州島	149
조금	少し	82, 129
조심하다【操心하다】	気をつける、注意する	196
좀	ちょっと	106
좋다	よい	94, 95, 110, 116, 162, 174, 182, 188
좋아요	いいですよ ※同意	64, 138, 154, 190
좋아하다	好む	56, 57, 67, 160
죄송하다	申し訳ない	167
죄송합니다	申し訳ありません	167
주【週】	週	64, 67
주로【主로】	主に	56
주말【週末】	週末	56, 63, 80, 110, 132, 148
주문【注文】	注文	154
주문하다【注文하다】	注文する	155
주부【主婦】	主婦	10, 23
주세요	ください	8, 82, 154
주의【注意】	注意	12
중국 사람【中國사람】	中国人	23
중국【中國】	中国	23
중국어【中國語】	中国語	126
중국요리	中華料理	100
즐겁다	楽しい	194
지금【只今】	今	50, 64, 94, 112, 132, 176
지도【地圖】	地図	10
지하철【地下鐵】	地下鉄	117, 184, 193

직업【職業】	職業	23
질문【質問】	質問	45, 122
집	家	15, 16, 34, 51, 56, 64, 132, 134, 144, 148, 177, 186
집	店、…店	100, 106, 160
짜요	塩辛いです	9
쪽	…ページ(本の)	52
쫄면	チョルミョン(甘辛いビビン麺)	159
쯤	頃	184
찌개	チゲ(鍋物)	9
찍다	撮る(写真を)	119, 126, 140

え

차【車】	車	8, 117, 122, 140, 161
차【茶】	お茶	8
책【冊】	本	15, 30, 60, 63, 86
처음	初めて	18, 174
천【千】	千	52
천원【千圓】	…千ウォン	168
첫번째【첫番째】	1回目、1番目	74
초밥【醋밥】	寿司	94, 116
초콜릿	チョコレート	26
최고【最高】	最高	116
추억【追憶】	思い出	194
축하하다【祝賀하다】	祝う	167
축하합니다【祝賀합니다】	おめでとうございます	167, 195
출발【出發】	出発	182
출신【出身】	出身	32
춤	ダンス、踊り	115
춥다	寒い	103
취직설명회【就職說明會】	就職説明会	193
취직활동【就職活動】	就職活動	137
층【層】	…階	50, 52, 55
치마	スカート	8, 26, 190
친구【親舊】	友達	34, 44, 49, 60, 112, 132, 148
칠【七】	7	52
칠월【七月】	7月	52

ヨ

카레	カレー	193
카페	カフェ	86, 162
칼국수	カルグクス(韓国風うどん)	159
캐나다	カナダ	49
커피	コーヒー	8, 86, 140, 177
커피숍	コーヒーショップ	55
컨디션	体調、コンディション	106, 109
컴퓨터	パソコン	129
컵	カップ	30

케이크	ケーキ	8
코스	コース	174
콘서트	コンサート	115
콜라	コーラ	154, 155
크다	大きい	103

ㅌ

타다	乗る	174
택시	タクシー	117, 193
토요일【土曜日】	土曜日	64, 66, 100
티비	テレビ	60, 63, 78

ㅍ

파스타	パスタ	86
파전	ネギチヂミ	115
팔【八】	8	52
팔월【八月】	8月	52
펜	ペン	30
편의점【便宜店】	コンビニ	46, 55, 118, 184
표【票】	チケット	8
프랑스	フランス	49
피아노	ピアノ	8
피자	ピザ	86, 193
필통【筆筒】	ペンケース、筆箱	24, 30

ㅎ

하나	一つ	8, 73, 73, 154
하다	する	56, 64, 57, 64, 80, 88
하세요	してください	18, 124
하시겠어요?	なさいますか?	154, 166
하하하!	ハハハ!※笑い声	44
학교【學校】	学校	51, 67, 78, 94, 102, 134, 186
학생【學生】	学生	23, 49
학생식당【學生食堂】	学生食堂	190
한	約	116
한	一つの	74
한 달	ひと月	184
한 번【한番】	1回 ※回数	182
한 사람	一人	182
한강【漢江】	漢江(河川名)	174, 182, 194
한국【韓國】	韓国	15, 16, 19, 23, 56, 112, 116, 130, 132, 148
한국 드라마【韓國드라마】	韓国ドラマ	165
한국 사람【韓國사람】	韓国人	23
한국 음식【韓國飮食】	韓国料理	70, 152
한국어【韓國語】	韓国語	16, 78, 102, 106, 116, 124, 126, 133, 161, 195
한국인【韓國人】	韓国人	44

한번【한番】	一度 ※試み	116, 160, 177, 188, 196, 199
한복【韓服】	韓服	149, 152
한식【韓食】	韓国料理	100
한식집【韓食집】	韓国料理店	70, 100
한자【漢字】	漢字	116, 124, 129
한정식【韓定食】	韓定食	149, 152, 180
할머니	祖母	40, 43
할아버지	祖父	40, 43
해물파전【海物파전】	海鮮チヂミ	170
해외【海外】	海外	11
해운대【海雲臺】	ヘウンデ(地名)	32
핸드폰	携帯電話	26
형【兄】	兄(弟から見て)	40, 43
호【號】	号	50, 52
호텔	ホテル	46, 184, 188
혹시【或是】	もしかして	44, 146
혼자	一人	82
화내다【火내다】	怒る	126
화요일【火曜日】	火曜日	66
화이팅!	ファイト、頑張ってね!	124, 199
화장실【化粧室】	お手洗い	34, 147
화장품【化粧品】	化粧品	30, 176
환영하다【歡迎하다】	歓迎する	167
활용하다【活用하다】	活用する	199
회【膾】	刺身	122
회사【會社】	会社	11, 51, 67, 97, 134, 141, 186
회사원【會社員】	会社員	23
회식【會食】	飲み会	193
회전【回轉】	回転	94
후【後】	後(あと)	86, 102, 180
후지산【후지山】	富士山 ※日本語	37
휴가【休暇】	休暇	10
휴우	ふぅ〜 ※ため息	102
히읗	ㅎの名称	15

単語帳（日本語⇒韓国語）

あ

あ、ああ	아
あ、そうだ！	아,참!
あいさつ	인사【人事】
会う	만나다,보다
会えて	만나서
朝	아침
朝ご飯	아침,아침밥
脚(あし)	다리
明日	내일【來日】
あそこ	저기
遊ぶ	놀다
暖かい	따뜻하다
暑い	덥다
合っている	맞다
後(あと)	후【後】
後で	이따가
兄(妹から)	오빠
兄(弟から)	형【兄】
姉(弟から)	누나
姉(妹から)	언니
あの	저, 그
あの	저기
あまりにも	너무
雨	비
アメリカ	미국【美國】
アメリカ人	미국 사람【美國 사람】
ありがたい	고맙다
ありがとう	고마워요
ありがとうございます	감사합니다【感謝합니다】
あります	있어요, 있습니다
ありません	없어요, 없습니다
ある	있다
歩いて	걸어서
アルバイト	아르바이트
あれ	저것, 저거(縮約形)
案内	안내【案內】
案内する	안내하다【案內하다】

い

いいえ	아니요
いいですよ ※同意	좋아요
言う	말하다
家	집
行き方	가는 법【가는 法】
行く	가다
いくら ※値段	얼마
医者	의사【醫師】
椅子	의자【椅子】
忙しい	바쁘다
痛い	아프다
イタリア	이탈리아
1	일【一】
1月	일월【一月】
一度 (～してみる)	한번【한番】
1年	일년【一年】
市場	시장【市場】
いつ	언제
いつか	언제
1回 ※回数	한 번【한番】
1回目, 1番目	첫번째【첫番째】
一生懸命に	열심히【熱心히】
一緒に	같이
五つ	다섯
行ってくる	갔다 오다
1泊	일박【一泊】
いつまでも	오래오래
いつも	언제나
いない	없다
犬	개
今	지금【只今】
います	있어요, 있습니다
いません	없어요, 없습니다
妹	여동생【女同生】, 동생【同生】
いや ※否定	아니
いる	있다
祝う	축하하다【祝賀하다】
インサドン(地名)	인사동【仁寺洞】
インターネット	인터넷
インチョン(地名)	인천【仁川】

う

上	위
ウェイター	웨이터
ウォン ※貨幣単位	원
受け取る	받다
受ける(マッサージを)	받다
受ける(試験を)	보다
後ろ	뒤
歌	노래
うちの	우리
美しい	아름답다
海	바다
売り場	매장【賣場】
うれしい	기쁘다
うれしいです	반가워요, 반갑습니다
うわあ！	우와!
うん ※肯定	응
運転	운전【運轉】
運動	운동【運動】

え

え？ ※聞き返し	네?
映画	영화【映畵】
映画館	영화관【映畵館】
英語	영어【英語】
映像	영상【映像】
ええ、まあ…	뭐, 그냥
駅	역【驛】
円	엔

お

おいしい	맛있다
おいしいもの	맛있는 거
おいしく	맛있게
おいしそう	맛있겠다
多い	많다
大きい	크다
大阪城	오사카성【오사카城】
オートバイ	오토바이
お母さん	어머니
お菓子	과자【菓子】
お金	돈
お客さん(様)	손님
起きる	일어나다
お気をつけて	안녕히 가세요
奥さん	부인【夫人】
送る	보내다
お元気で	안녕히 계세요
お越しください	오세요
怒る	화내다【火내다】
お酒	술
教える	가르치다
お茶	차【茶】
夫	남편【男便】
お釣り	거스름돈
お手洗い	화장실【化粧室】
お父さん	아버지
弟	남동생【男同生】, 동생【同生】
男	남자【男子】
お名前	성함【姓銜】
おばさん	아주머니
お前	너

おみやげ	선물【膳物】	【活用하다】		期末	기말【期末】
おめでとうございます	축하합니다【祝賀합니다】	悲しい	슬프다	君	너
		カナダ	캐나다	キムチ	김치
お目にかかります	뵙겠습니다	彼女	여자 친구【女子親舊】	キムチチヂミ	김치전
思い出	추억【追憶】			9	구【九】
面白い	재미있다	カバン	가방	休暇	휴가【休暇】
面白くない	재미없다	カフェ	카페	90 ※固有語	아흔
主に	주로【主로】	下方	아래	牛乳	우유【牛乳】
オレンジジュース	오렌지주스	髪、頭	머리	きゅうり	오이
終わり	끝	火曜日	화요일【火曜日】	今日	오늘
終わる	끝나다	辛い(からい)	맵다	教師	교사【教師】
温泉	온천【溫泉】	辛いもの	매운 거	興味、関心	관심【關心】
女	여자【女子】	カラオケ	노래방【노래房】	去年	작년【昨年】
		カルグクス	칼국수	着る	입다
か		カルビ	갈비	きれい、かわいい	예쁘다
…階	층【層】	カレー	카레	きれい、清潔	깨끗하다
…回	번【番】	彼氏	남자 친구【男子親舊】	気を付けて	잘
海外	해외【海外】			気をつける	조심하다【操心하다】
外国人	외국인【外國人】	かわいい	예쁘다		
改札口	개찰구【改札口】	歓迎する	환영하다【歡迎하다】	金閣寺 ※日本語	긴카쿠지
会社	회사【會社】			銀行	은행【銀行】
会社員	회사원【會社員】	韓国	한국【韓國】	キンパップ(のり巻き)	김밥
海鮮チヂミ	해물파전【海物파전】	韓国語	한국어【韓國語】	金曜日	금요일【金曜日】
		韓国人	한국 사람【韓國사람】		
回転	회전【回轉】	韓国人	한국인【韓國人】	**く**	
買い物	쇼핑	韓国料理	한국 음식【韓國飲食】	空港	공항【空港】
買う	사다			空港バス	공항버스【空港버스】
帰る	돌아가다	韓国料理	한식【韓食】	空腹だ	배고프다
換える	바꾸다	韓国料理店	한식집【韓食집】	9月	구월【九月】
かかる(病気に)	걸리다	看護師	간호사【看護師】	薬	약【藥】
かかる(時間が)	걸리다	漢字	한자【漢字】	ください	주세요
かかる(費用が)	들다	勘定、計算	계산【計算】	国	나라
書く	쓰다	簡単、易しい	쉽다	来る	오다
学生	학생【學生】	韓定食	한정식【韓定食】	車	차【車】
学生食堂	학생식당【學生食堂】	頑張ってね!	화이팅!	黒川温泉	구로카와온천【구로카와溫泉】
鹿児島	가고시마	韓服	한복【韓服】		
かしこまりました	알겠습니다			**け**	
歌手	가수【歌手】	**き**		計画、予定	계획【計劃】
風邪	감기【感氣】	記憶	기억【記憶】	計算、勘定	계산【計算】
稼ぐ	벌다	記憶する	기억하다【記憶하다】	慶州 ※地名	경주【慶州】
家族	가족【家族】	聞き取り	듣기	携帯電話	핸드폰
方(かた)	분	聞く	듣다	ケーキ	케이크
肩	어깨	期待される	기대되다【期待되다】	ゲーム	게임
月	월【月】			ケジャン(かにの醤油漬け)	게장
格好いい	멋있다	期待する	기대하다【期待하다】	化粧品	화장품【化粧品】
学校	학교【學校】			結婚する	결혼하다【結婚하다】
かっこ悪い	멋없다	キツネ	여우	月曜日	월요일【月曜日】
活動	활동【活動】	昨日	어제	兼六園 ※日本語	겐로쿠엔
カップ	컵	来ます	와요		
活用する	활용하다				

索引 **235**

こ

個	개【箇】
5	오【五】
号	호【號】
公園	공원【公園】
高校	고등학교【高等學校】
高校生	고등학생【高等學生】
公務員	공무원【公務員】
コース	코스
コーヒー	커피
コーヒーショップ	커피숍
コーラ	콜라
語学	어학【語學】
5月	오월【五月】
故郷	고향【故郷】
国籍	국적【國籍】
ご苦労様	수고했어
ここ	여기
午後	오후【午後】
九つ	아홉
50 ※固有語	쉰
午前	오전【午前】
ごちそうさまでした	잘 먹었습니다, 잘 먹었어요
こちら	이쪽
子供	아이
この	이
好む	좋아하다
ご飯(茶碗に盛った)	공기밥【空器밥】
ご飯	밥
ごめんなさい	미안해요【未安해요】
これ	이것, 이거(縮約形)
これが	이게
これも	이것도
頃	쯤
コンサート	콘서트
今週	이번 주【週】
今度, 今回	이번【이番】
こんにちは	안녕하세요【安寧하세요】
コンビニ	편의점【便宜店】

さ

…歳	살
最近	요즘
最高	최고【最高】
済州島	제주도【濟州島】
サイダー	사이다
作文	작문【作文】
刺身	회【膾】
冊 ※冊数	권【券】
作家	작가【作家】
さっき	아까
寒い	춥다
サムゲタン	삼계탕【蔘鷄湯】
…さん	씨【氏】
3	삼【三】
3月	삼월【三月】
30 ※固有語	서른
サンドイッチ	샌드위치
三人	셋이

し

4	사【四】
…時(じ)	시【時】
試合	시합【試合】
塩辛いです	짜요
4月	사월【四月】
時間	시간【時間】
試験	시험【試驗】
試験勉強	시험공부【試驗工夫】
仕事	일
静岡 ※日本語	시즈오카
下	밑
7	칠【七】
7月	칠월【七月】
知っています	알아요
実は	사실은【事實은】
質問	질문【質問】
してください	하세요
自転車	자전거【自轉車】
市内	시내【市內】
しばらくの間	잠시【暫時】
しばらくの間	잠깐
しばらくの間だけ	잠깐만
自分	나
じゃ	그럼
写真	사진【寫眞】
週	주【週】
11月	십일월【十一月】
10月	시월【十月】
10	십【十】
就職	취직【就職】
12月	십이월【十二月】
週末	주말【週末】
授業	수업【授業】
宿題	숙제【宿題】
出身	출신【出身】
出発	출발【出發】
主婦	주부【主婦】
上達する	늘다
焼酎	소주【燒酒】
職業	직업【職業】
食事	식사【食事】
食堂	식당【食堂】
ショッピング	쇼핑
ショッピングモール	쇼핑몰
書店	서점【書店】
知らない	모르다
調べる	알아보다
知る	알다
城	성【城】
新幹線 ※日本語	신칸센
心配	걱정
心配する	걱정하다

す

水曜日	수요일【水曜日】
スーパー	슈퍼
末長く	오래오래
スカート	치마
スカイツリー	스카이트리
少ない	적다
すぐに	곧
すぐに	바로
すごい	대단하다
すごく	너무
少し	조금
寿司 ※日本語	스시
寿司	초밥【醋밥】
涼しい	시원하다
すてき	멋있다
すてきだ	멋지다
ストーリー	스토리
スピーチ大会	말하기 대회【大會】
スポーツセンター	스포츠 센터
ズボン	바지
スマートフォン	스마트폰
すみません ※すまない気持ち	미안해요【未安해요】
すみません ※人を呼び寄せる	여기요
住む	살다
する	하다
すわる	앉다

せ

生活費	생활비【生活費】
清潔	깨끗하다

説明会	설명회【說明會】	たくさん	많이	次、次の	다음
説明会	설명회【說明會】	たくさん	많이	次、次の	다음
ぜひ	꼭	タクシー	택시	作る	만들다
ゼロ	공【空】	だけど [接続詞]	하지만	(誰々)ったらまったく	도 참
千	천【千】	タコ炒め	낙지볶음	妻	아내
…千ウォン	천원【千원】	尋ねる	물어보다		
先生	선생님【先生님】	立てる	세우다	**て**	
全然(…ない)	전혀	楽しい	즐겁다	ディズニーランド	디즈니랜드
全部	다	楽しみだ	기대되다【期待되다】	程度、くらい	정도【程度】
全部	모두			デート	데이트
全部、全部で	전부【全部】	多分	아마	できない	못하다
		食べ物、料理	음식【飲食】	出てくる	나오다
そ		食べる	먹다, 들다	では	그럼
そうか?	그래?	玉子焼き	계란말이【鷄卵말이】	デパート	백화점【百貨店】
そうしましょう	그래요			でも [接続詞]	그런데
そうする	그러다	たまに	가끔	でも [接続詞]	하지만
そうだ	그렇다	誰(だれ)	누구	テレビ	티비
そうだったんですね	그랬군요	誰の	누구	天気	날씨
そうですか?	그래요?	誕生日	생일【生日】	電車、地下鉄	전철【電鐵】
そうですね… ※返事をためらう	글쎄요	ダンス、踊り	춤	テンジャンチゲ	된장찌개
				伝統工芸品	전통공예품【傳統工藝品】
そうですよ	그래요	**ち**			
そうですよね? ※確認	그렇지요?	小さい	작다	伝統茶	전통차【傳統茶】
そうなんですか?	그래요?	近い	가깝다	電話	전화【電話】
そうなんですね	그래요?	違いますよ	아니에요	電話する	전화하다【電話하다】
ソウル	서울	近く	근처【近處】		
ソウルタワー	서울 타워	地下鉄	지하철【地下鐵】	電話番号	전화번호【電話番號】
そこ	거기	チゲ(鍋物)	찌개		
外	밖	チケット	표【票】	**と**	
その	그	地図	지도【地圖】		
そのまま	바로	父	아버지	問い合わせる	문의하다【問議하다】
祖父	할아버지	チャーハン	볶음밥		
祖父(母方)	외할아버지【外할아버지】	チャプチェ	잡채【雜菜】	どう?	어때?
		チャムシル(地名)	잠실【蠶室】	唐辛子	고추
ソフトドリンク	음료수【飲料水】	注意	주의【注意】	東京シネマ	도쿄시네마
祖母	할머니	注意する ※用心	조심하다【操心하다】	どうして	왜
祖母(母方)	외할머니【外할머니】			どうだ	어떻다
		中華料理	중국요리	東大寺 ※日本語	도다이지
それ	그것, 그거(縮約形)	中国語	중국어【中國語】	どうでしたか	어땠어요?
それから	그리고	中国人	중국 사람【中國사람】	どうですか?	어때요?
それで	그래서			豆腐キムチ	두부김치【豆腐김치】
それほど(…ない)	별로	中国	중국【中國】		
そんなの	그런 거	注文	주문【注文】	同僚	동료【同僚】
		注文する	주문하다【注文하다】	道路	도로【道路】
た				十(とお)	열
大学	대학교【大學校】	調理師	요리사【料理師】	遠い	멀다
大学生	대학생【大學生】	チョコレート	초콜릿	時(とき)	때
大丈夫	괜찮다	ちょっと	좀	時計	시계【時計】
体調	컨디션	ちょっと待ってください	잠깐만요	どこ	어디
台所	부엌	チョルミョン	쫄면	どこか	어딘가
大満足	대만족【大滿足】			ところで	그런데, 근데(縮約形)
高い(値段が)	비싸다	**つ**		登山	등산【登山】
だから	그러니까	使う	쓰다	図書館	도서관【圖書館】

索引 237

トッポッキ	떡볶이	日本	일본【日本】	母	어머니
とても	아주	日本語	일본어【日本語】	ハハハ! ※笑い声	하하하!
どの	어느	日本人	일본 사람	早い・速い	빠르다
どのくらい	얼마나		【日本사람】	腹	배
どのように, どのようにして	어떻게	ニュース	뉴스	半	반【半】
友達	친구【親舊】	…人	명【名】	晩	저녁
土曜日	토요일【土曜日】	人気	인기【人氣】	…番	번【番】
ドライブ	드라이브	人分, 人前	인분【人分】	ハンカチ	손수건【손手巾】
ドラマ	드라마			漢江(河川名)	한강【漢江】
撮る(写真を)	찍다			晩ご飯	저녁, 저녁밥
トンカツ	돈가스	**ね**		…番目	번째
どんな	어떤	ネギチヂミ	파전		
どんな, 何か	무슨	猫	고양이		
どんな用件, 何の用	무슨 일	熱心に	열심히【熱心히】	**ひ**	
		寝る	자다	ピアノ	피아노
な		年	년【年】	ビール	맥주【麥酒】
ない	없다			匹	마리
ナイトクルーズ	나이트크루즈	**の**		飛行機	비행기【飛行機】
内部	속	…のおかげで	덕분에【德分에】	ピザ	피자
中	안	ノート	노트	左側	왼쪽
長い	길다	残る	남다	人	사람
なかなかいい	괜찮다	…のせいで	때문에	ひと月	한 달
なさいますか?	하시겠어요?	伸びる(実力が)	늘다	一つ	하나
梨	배	飲み会	회식【會食】	一つの	한
なぜ	왜	飲み物	음료【飲料】	一人	한 사람, 혼자
夏	여름	飲む	마시다	ビビンバ	비빔밥
夏休み	여름 방학	のり(海苔)	김	百	백【百】
	【여름放學】	乗る	타다	…百ウォン	백원【百원】
70 ※固有語	일흔			病院	병원【病院】
七つ ※固有語	일곱	**は**		昼	낮
何(なに)	뭐	はい ※返事	네	昼ご飯	점심【點心】,
何が	뭐가	…杯	잔【盞】		점심밥【點心밥】
名前	이름	はい, どうぞ	여기요	昼時	점심때【點心때】
生ビール	생맥주【生麥酒】	バイト	알바		
習う	배우다	橋	다리	**ふ**	
なられますか	되세요	始まる	시작하다	ファイト!	화이팅!
何(+助数詞)	몇		【始作하다】	ふぅ〜 ※ため息	휴우
何ですか	뭐예요?	初めて	처음	服	옷
何に ※뭐로の会話形	뭘로	始める	시작하다	プサン(地名)	부산【釜山】
何日	며칠		【始作하다】	富士山 ※日本語	후지산【후지山】
何の	무슨	場所	장소【場所】	豚	돼지
		バス	버스	再び	다시
に		パスタ	파스타	二つ	둘
2	이【二】	パソコン	컴퓨터	二つの	두
似合う	어울리다	20歳	스무 살	豚肉炒め	제육볶음
2月	이월【二月】	8	팔【八】	豚の三枚肉	삼겹살【三겹살】
苦手だ	못하다	8月	팔월【八月】	二人	두 사람, 둘이
肉	고기	80 ※固有語	여든	普通	보통【普通】
2時	두 시【두 時】	発音	발음【發音】	プデチゲ	부대찌개
20 ※固有語	스물	発音する	발음하다	筆箱	필통【筆筒】
日	일【日】		【發音하다】	船	배
日曜日	일요일【日曜日】	パッチム	받침	冬休み	겨울 방학【겨울放學】
		花	꽃	フランス	프랑스

238 索引

降る(雨)	오다
プルコギ	불고기
プレゼント	선물【膳物】
プレゼントする	선물하다【膳物하다】
…分(ふん)	분【分】
雰囲気	분위기【雰圍氣】
文法	문법【文法】

へ

ヘウンデ(地名)	해운대【海雲臺】
…ページ(本の)	쪽
部屋	방【房】
ペン	펜
勉強	공부【工夫】
勉強する	공부하다【工夫하다】
ペンケース	필통【筆筒】
弁当	도시락

ほ

僕	나
僕の	내
ホテル	호텔
本	책【冊】
…本 ※瓶の本数	병【瓶】
本当に, 本当	정말

ま

マート ※ショッピングセンター	마트
枚	장【張】
前(まえ)	앞
まける(値段を)	깎다
まずい	맛없다
まだ(…ない)	아직
また, 再び	또
待つ	기다리다
マッコリ	막걸리
マッサージ	마사지
万	만【萬】
…万ウォン	만원【萬원】
満喫する	만끽하다【滿喫하다】
マンション	아파트

み

右側	오른쪽
水冷麺	물냉면【물冷麵】
店	가게
店, …店	집
見せる	보이다
道	길
三つ	셋
三つの	세
みなさん	여러분
耳	귀
ミョンドン(地名)	명동【明洞】
見る	보다
みんな	모두

む

麦	보리
難しい	어렵다
息子	아들
娘	딸
六つ	여섯
無理する	무리하다【無理하다】

め

目	눈
…名様	분
メール(PC)	메일
メガネ	안경【眼鏡】
召し上がってください	드세요
召し上がる ※尊敬語	드시다
メッセージ	문자【文字】

も

もう一度	다시 한번
申し訳ありません	죄송합니다
申し訳ない	죄송하다
木曜日	목요일【木曜日】
もしかして	혹시【或是】
もしもし	여보세요
もちろん	물론
もちろんですよ	그럼요
もちろんですよ	물론이죠
最も, 一番	제일【第一】
モデル	모델
もの	것
ものすごく	엄청
もらう	받다

や

野球	야구【野球】
約	한
薬剤師	약사【藥師】
屋久島 ※日本語	야쿠시마
約束 ※会う約束	약속【約束】
夜景	야경【夜景】
野菜	야채【野菜】
安い	싸다
休み(夏休み、冬休み)	방학【放學】
休みの日	쉬는 날
休む	쉬다
八つ	여덟
やはり	역시【亦是】
山	산【山】

ゆ

遊覧船	유람선【遊覽船】
指輪	반지

よ

よい	좋다
用件	일
よかった!	잘됐다!
よかったですね	잘됐네요
よく, うまく	잘
よく, 頻繁に	자주
(試験が)よくできる	잘 보다
よくできる	잘하다
横	옆
四つの	네
四つ	넷
予定, 計画	계획【計劃】
四人	넷이
読む	읽다
余裕	여유【餘裕】
夜	밤
40 ※固有語	마흔

ら

ラーメン	라면
来週	다음 주【週】
来年	내년【來年】
ラブストーリー	러브스토리
ランチ	점심【點心】, 점심밥【點心밥】

り

理由	이유【理由】
料金	요금【料金】
両親	부모【父母】
両親	부모님【父母님】
料理	요리【料理】
旅行	여행【旅行】
旅行する	여행가다【旅行가다】
りんご	사과【沙果】

れ

冷麺	냉면
レストラン	레스토랑
連休	연휴【連休】

ろ

6	육【六】
6月	유월【六月】
60 ※固有語	예순
ロッテワールド	롯데월드
ロビー ※ホテルの	로비

わ

わあ!	와!
わかりました	알았어요
わかりません	몰라요
分かる	알다
私(わたくし)	저
私(わたし)	나, 저
私が	제가
私たち	우리
私たちの	우리
私の	내, 제
悪い	나쁘다

著者

入佐信宏（いりさのぶひろ）

一橋大学法学部卒業
ソウル大学校師範大学国語教育学科卒業
同大学校大学院国語教育科修士課程単位取得
元 梨花女子大学校言語教育院講師
鹿児島韓国語スクール代表
志學館大学人間関係学部教授

金孝珍（キムヒョジン）

韓国誠信女子大学校卒業
琉球大学大学院人文社会科学研究科博士課程修了 博士(学術)
元 志學館大学・鹿児島女子短期大学・鹿児島純心女子短期大学非常勤講師

これで話せる韓国語 STEP1

2015 年 4 月 8 日 初版発行
2025 年 3 月 25 日 6 刷発行

著　者	入佐信宏・金孝珍
発行者	佐藤和幸
発行所	株式会社 白帝社
	〒171-0014 東京都豊島区池袋 2-65-1
	電話 03-3986-3271　FAX 03-3986-3272
	https://www.hakuteisha.co.jp
組版	世正企劃
印刷	平河工業社　製本　ティーケー出版印刷

表紙デザイン　トミタ制作室
本文イラスト　池田英里

Printed in Japan〈検印省略〉　　ISBN978-4-86398-181-2

＊定価は表紙に表示してあります。
＊本書は著作権法で保護されています。
　無断で複製 (写真撮影、コピー、スキャンを含む) することは禁止されています。

韓国語の主な助詞

	助詞	機能			例文	
は	는/은	主題			저는 이미나입니다. 이 사람은 누구예요?	私はイミナです。 この人は誰ですか。
が	가/이	新情報			한국인 친구가 있어요. 발음이 어려워요.	韓国人の友達がいます。 発音が難しいです。
を	를/을	対象			영화를 봐요. 책을 읽어요.	映画を見ます。 本を読みます。
に	에	存在の場所 時 到着点			어디에 있어요? 토요일에 뭐 해요? 친구 집에 가요.	どこにいますか。 土曜日に何しますか。 友達の家に行きます。
も	도	追加			한국 요리도 만들어요.	韓国料理も作ります。
で	에서	動作の場所			집에서 영화를 봐요.	家で映画を見ます。
から	에서	出発地点			서울에서 부산까지	ソウルから釜山まで
まで	까지	終点 終了時点			서울에서 부산까지 7일부터 16일까지	ソウルから釜山まで 7日から16日まで
から	부터	始まりの基点			7일부터 16일까지	7日から16日まで
で	로/으로	手段・道具			비행기로 가요. 신칸센으로 가요.	飛行機で行きます。 新幹線で行きます。
へ/に	로/으로	方向			어디로 갈까요? 일본으로 갈까요?	どこへ行きましょうか。 日本へ行きましょうか。
に	로/으로	選択			뭘로 하시겠어요? 한정식으로 하시겠어요?	何になさいますか。 韓定食になさいますか。
の	의	所在、所有			한강의 야경	漢江の夜景
に	한테 에게	着点	会話 会話/文章		리사한테 관심이 있어요? 리사에게 관심이 있어요?	理沙に関心があるんですか。
から	한테서 에게서	起点	会話 会話/文章		리사한테서 들었어요. 리사에게서 들었어요.	理沙から聞きました。
だけ	만	限定			둘이서만 봤어요?	二人だけで見たんですか。
と	하고	列挙 協同者	会話		잡채하고 김밥 친구하고 갔어요.	チャプチェとのり巻き 友達と行きました。
と	랑/이랑	列挙 協同者	会話		잡채랑 김밥 선생님이랑 갔어요.	チャプチェとのり巻き 先生と行きました。
と	와/과	列挙 協同者	文章		야채와 과일이 비싸다. 가족과 같이 여행갔다.	野菜と果物が高い。 家族と一緒に旅行した。
より	보다	比較の基準			부산보다 서울이 더 춥다.	釜山よりソウルの方が寒い。
や	나/이나	一部の例を列挙			맥주나 소주를 마셔요. 물이나 녹차를 마셔요.	ビールや焼酎を飲みます。 水や緑茶を飲みます。

※ 는/은のように、二つあるものは、左は「母音で終わる名詞」に、右は「子音で終わる名詞」につきます。但し、로は「母音で終わる名詞」と「ㄹで終わる名詞」につきます。

韓国語のあいさつ

27-01

	韓	日	備考
1	안녕하세요.	こんにちは	朝、昼、晩いつでも
2	안녕히 가세요.	お気をつけて	その場を去っていく人に
3	안녕히 계세요.	お元気で	その場に残る人に
4	감사합니다./고맙습니다.	ありがとうございます	감사합니다は「感謝します」
5	아니에요.	とんでもありません	とてもそのまま受け入れられない
6	처음 뵙겠습니다.	はじめまして	「初めてお会いします」
7	죄송합니다.	申し訳ありません	丁寧な謝罪
8	미안합니다.	ごめんなさい	目上の人には使わない
9	잘 부탁합니다.	よろしくお願いします	お世話になる人に
10	오랜만입니다.	お久しぶりです	久しぶりに会った時
11	축하합니다.	おめでとうございます	「祝賀します」
12	새해 복 많이 받으세요.	明けましておめでとうございます	「新年に多くの福を授かりますように」
13	많이 드세요.	たくさん召し上がってください	食事を勧める時
14	잘 먹겠습니다.	いただきます	ご馳走になる時
15	잘 먹었습니다.	ごちそうさまでした	ご馳走になった時
16	수고하세요.	お疲れ様です。	仕事や勉強をしている人に
17	수고하셨습니다.	お疲れ様でした	仕事や勉強が終わって
18	열심히 하세요.	頑張ってください。	仕事や勉強を
19	화이팅!	がんばって！	試験や試合の前に
20	여보세요.	もしもし	電話で
21	어서 오세요.	ようこそ、いらっしゃいませ	人を迎え入れる時、家/店等で
22	다녀오겠습니다.	行ってきます	出かける人が
23	다녀오세요.	行ってらっしゃい	出かける人に
24	다녀왔습니다.	ただいま帰りました	帰ってきた人が
25	안녕히 주무세요.	お休みなさい	祖父母等に対して
26	건배!	乾杯！	お酒の席で

教室で使われる言葉

27-02

	韓	日	備考
1	하세요.	やってください	練習等を
2	보세요.	見てください	ホワイトボード、黒板を
3	해 보세요	やってみてください	練習等を
4	말해 보세요.	言ってみてください	声に出して
5	들어 보세요.	聞いてみてください	CDや先生の音声を
6	써 보세요.	書いてみてください	テキストやノートに
7	읽어 보세요.	読んでみてください	単語や文章を
8	물어 보세요.	尋ねてみてください	友人や、先生に
9	다시 한번.	もう一度	繰り返して言わせる時に

これで話せる韓国語
STEP1
解答集

白帝社

文字と発音

練習7

1. あいうえお
2. なにぬねの
3. まみむめも
4. らりるれろ
5. はひふへほ

練習8

1. 山梨
2. 青森
3. 埼玉
4. 富山
5. 福岡
6. 熊本
7. 愛知
8. 三重
9. 福島
10. 島根
11. 和歌山
12. 石川

練習9

1. 長野
2. 滋賀
3. 山口
4. 佐賀
5. 鹿児島

第1課

文法と表現をチェック

作ってみよう 1

준수 씨는	이쪽은 [이쪼근]
리사 씨는	부산은 [부사는]
어머니는	서울은 [서우른]
아버지는	한국은 [한구근]

作ってみよう 2

박준수입니다	이유진입니다 [이유지님니다]
최현우입니다	김서연입니다 [김서여님니다]
정민서입니다	강민준입니다 [강민주님니다]
조윤서입니다	윤지훈입니다 [윤지후님니다]

作ってみよう 3

박준수예요	이유진이에요 [이유지니에요]
최현우예요	김서연이에요 [김서여니에요]
정민서예요	강민준이에요 [강민주니에요]
조윤서예요	윤지훈이에요 [윤지후니에요]

Practice 1

1.
(1)
① 안녕하세요. 저는 김소연입니다. 저는 선생님이에요. 한국 사람이에요. 만나서 반갑습니다.
② 안녕하세요. 저는 수잔입니다. 간호사예요. 미국 사람이에요. 만나서 반습니다.
③ 안녕하세요. 저는 차오양입니다. 요리사예요. 중국 사람이에요. 만나서 반갑습니다.

第2課

文法と表現をチェック

作ってみよう 1

(1) 이거 선물이에요.
(2) 그거 선물이에요.
(3) 저거 선물이에요.

作ってみよう 2

(1) 이거 과자예요.
(2) 이거 초콜릿이에요.
(3) 이거 생일 선물이에요.

作ってみよう 3

치마가	옷이 [오시]
머리가	눈이 [누니]
언니가	핸드폰이 [핸드포니]
아이가	가방이 [가방이]

作ってみよう 4

(1) 이게 뭐예요?
(2) 그게 뭐예요?
(3) 저게 뭐예요?

Practice 2

1.
① 김이에요 ② 김치예요 ③ 펜이에요 ④ 컵이에요 ⑤ 과자예요 ⑥ 손수건이에요 ⑦ 필통이에요 ⑧ 화장품이에요 ⑨ 반지예요

2.
(1)
A：이거 선물이에요.
B：와! 감사합니다. 그런데 이게 뭐예요?
A：책이에요.
B：고마워요.

第3課

文法と表現をチェック

作ってみよう 1

| 리사 씨하고 하야토 씨 |
| 어머니하고 아버지 |
| 고기하고 야채 |

作ってみよう 2

(1) 어디 출신이에요? / 서울이에요.
(2) 여기는 어디예요? / 롯데월드예요.

作ってみよう 3

(1) 고등학교 친구예요.
(2) 대학교 친구예요.
(3) 유진 씨 친구예요.

Practice 3

1.
① 긴카쿠지예요 / 교토
② 겐로쿠엔이에요 / 이시카와
③ 구로카와 온천이에요 / 구마모토
④ 야쿠시마예요 / 가고시마
⑤ 스카이트리예요 / 도쿄
⑥ 오사카성이에요 / 오사카
⑦ 도다이지예요 / 나라

2.
(1)
A：B씨는 어디 출신이에요?

B:저는 시즈오카예요. 이게 제 고향 사진이에요.
A:여기는 어디예요?
B:후지산이에요.

第4課

文法と表現をチェック

作ってみよう 1

(1) 이 사람은 누구예요? / 우리 언니예요 (누나예요).
(2) 이 사람은 누구예요? / 우리 형이에요 (오빠예요).
(3) 이 분은 누구예요? / 우리 어머니예요.

作ってみよう 3

(1) 이 분은 우리 할아버지, 그리고 이쪽은 어머니예요.
(2) 이쪽은 우리 남동생, 그리고 이쪽은 여동생이에요.

作ってみよう 4

(1) 이름이 뭐예요? / 우에노 리사예요.
(2) 이름이 뭐예요? / 기무라 하야토예요.

Practice 4

1.
(1)
①

祖父	父	兄	犬
할아버지	아버지	오빠/형	개

②

祖母	姉	妹	猫
할머니	언니/누나	여동생	고양이

(2)
A:이 사람은 누구예요?
B:이 분은 어머니, 이쪽은 언니(누나), 이쪽은 남동생이에요.
A:이 개 이름이 뭐예요?
B:모모예요.

(3)
①
A:이 사람은 누구예요?
B:이 분은 할아버지, 이쪽은 아버지, 이쪽은 형이에요(오빠예요).
A:이 개 이름이 뭐예요?
B:_____ 예요.

②
A:이 사람은 누구예요?
B:이 분은 할머니, 이쪽은 언니(누나), 이쪽은 여동생이에요.
A:이 고양이 이름이 뭐예요?
B:_____ 예요.

第5課

文法と表現をチェック

作ってみよう 1

(1) 시간 있어요? / 네, 있어요.
(2) 남자 친구 있어요? / 아니요, 없어요.
(3) 질문 있어요? / 아니요, 없어요.

作ってみよう 2

(1) 근처에 편의점이 있어요? / 네, 있어요.

(2) 호텔 근처에 은행이 있어요? / 아니요, 없어요.
(3) 이 근처에 식당이 있어요? / 네, 있어요.

作ってみよう 3

(1) 감사합니다. / 아니에요.
(2) 여자 친구예요? / 아니에요.
(3) 부인이에요? / 아니에요.

Practice 5

1.
(1)
A：이 사람은 누구예요?
B：제 친구예요.
A：외국인 친구가 있어요?
B：네.
A：어느 나라 사람이에요?
B：프랑스 사람이에요.
A：학생이에요?
B：아니요. 모델이에요.

(2)
①
A：이 사람은 누구예요?
B：제 친구예요.
A：외국인 친구가 있어요?
B：네.
A：어느 나라 사람이에요?
B：캐나다 사람이에요.
A：학생이에요?
B：아니요. 의사예요.

②
A：이 사람은 누구예요?
B：제 친구예요.
A：외국인 친구가 있어요?
B：네.
A：어느 나라 사람이에요?
B：싱가포르 사람이에요.
A：학생이에요?
B：아니요. 약사예요.

③
A：이 사람은 누구예요?
B：제 친구예요.
A：외국인 친구가 있어요?
B：네.
A：어느 나라 사람이에요?
B：이탈리아 사람이에요.
A：학생이에요?
B：아니요. 작가예요.

第6課

文法と表現をチェック

作ってみよう 1

(1) 지금 어디예요? / 저는 집에 있어요.
(2) 지금 어디예요? / 저는 학교에 있어요.
(3) 지금 어디예요? / 저는 회사에 있어요.

作ってみよう 3

(1) 몇 층에 있어요? / 5층에 있어요.
(2) 몇 번이에요? / 3번이에요.
(3) 오늘은 몇 월 며칠이에요? / 5월 8일이에요.

Practice 6

1.
(1)
A：여보세요. 하야토 씨 지금 어디예요?
B：저는 서점에 있어요.

A：서점은 몇 층이에요?
B：4층이에요. 유진 씨는 지금 어디예요?
A：저는 1층 편의점에 있어요.

(2)
①
A：여보세요. B씨 지금 어디예요?
B：저는 레스토랑에 있어요.
A：레스토랑은 몇 층이에요?
B：5층이에요. A씨는 지금 어디예요?
A：저는 2층 은행에 있어요.

②
A：여보세요. B씨 지금 어디예요?
B：저는 커피숍에 있어요.
A：커피숍은 몇 층이에요?
B：3층이에요. A씨는 지금 어디예요?
A：저는 4층 서점에 있어요.

③
A：여보세요. B씨 지금 어디예요?
B：저는 편의점에 있어요.
A：편의점은 몇 층이에요?
B：1층이에요. A씨는 지금 어디예요?
A：저는 6층 영화관에 있어요.

第7課

文法と表現をチェック

作ってみよう 4
(1) 주말에 뭐 해요?
(2) 오전에 뭐 해요?
(3) 저녁에 뭐 해요?

作ってみよう 5

친구를 만나요	옷을 사요
티비를 봐요	책을 읽어요
요리를 좋아해요	삼계탕을 먹어요

作ってみよう 6
(1) 어디에서 놀아요? / 시부야에서 놀아요.
(2) 어디에서 사요? / 백화점에서 사요.
(3) 어디에서 공부해요? / 도서관에서 공부해요.

作ってみよう 7
(1) 유진 씨도 가요?
(2) 준수 씨도 만나요?
(3) 한국 드라마도 봐요?

Practice 7

1.
(1)
①
❶ 도서관에서　❷ 책을 읽어요
②
❶ 스포츠 센터에서　❷ 운동을 해요
③
❶ 집에서　❷ 티비를 봐요

(2)
A：보통 쉬는 날에 뭐 해요?
B：집에서 요리를 해요.
A：자주 요리를 해요?
B：네, 주말에는 언제나 요리를 해요.

(3)
①
A：보통 쉬는 날에 뭐 해요?

B : 도서관에서 책을 읽어요.
A : 자주 책을 읽어요?
B : 네, 주말에는 언제나 책을 읽어요.

②
A : 보통 쉬는 날에 뭐 해요?
B : 스포츠 센터에서 운동을 해요.
A : 자주 운동을 해요?
B : 네, 주말에는 언제나 운동을 해요.

③
A : 보통 쉬는 날에 뭐 해요?
B : 집에서 티비를 봐요.
A : 자주 티비를 봐요?
B : 네, 주말에는 언제나 티비를 봐요.

第8課

文法と表現をチェック

■ 作ってみよう 3

(1) 하야토 씨도 가요? / 아니요, 저는 안 가요.
(2) 개 좋아해요? / 아니요, 개는 안 좋아해요.
(3) 오늘도 아르바이트 해요? / 아니요, 오늘은 안 해요.

■ 作ってみよう 4

(1) 내일 학교에 가요? / 아니요. 내일은 안 가요.
(2) 토요일에 회사에 가요? / 아니요. 토요일에는 안 가요.
(3) 저는 다음 주에 서울에 가요.

■ 作ってみよう 5

(1) 왜 안 가요? / 시간이 없어요.
(2) 왜 안 마셔요? / 술은 안 좋아해요.
(3) 왜 안 먹어요? / 김치는 안 좋아해요

Practice 8

1.
(1)
①
❶ 이번 주 일요일 ❷ 한국음식 ❸ 한식집에서 점심(밥) 먹어요

②
❶ 이번 주 토요일 ❷ 등산 ❸ 다카오산에 가요

(2)
A : 내일 저녁에 시간 있어요?
B : 네. 있어요. 왜요?
A : B씨는 노래방 좋아해요?
B : 네. 노래방 좋아해요.
A : 그럼, 같이 노래방에 가요.
B : 좋아요. 같이 가요.

(3)
①
A : 이번 주 일요일에 시간 있어요?
B : 네. 있어요. 왜요?
A : B씨는 한국음식 좋아해요?
B : 네. 한국음식 좋아해요.
A : 그럼, 같이 한식집에서 점심 먹어요.
B : 좋아요. 같이 가요.

②
A : 이번 주 토요일에 시간 있어요?
B : 네. 있어요. 왜요?
A : B씨는 등산 좋아해요?
B : 네. 등산 좋아해요.
A : 그럼, 같이 다카오산에 가요.
B : 좋아요. 같이 가요.

動詞の해요体 練習用プリント

第 9 課

グループ 1

	辞書形	語幹+아요		해요体
1	살다	살 + 아요		살아요
2	알다	알 + 아요		알아요
3	놀다	놀 + 아요		놀아요
4	가다	가 + 아요	아脱落	가요
5	사다	사 + 아요	아脱落	사요
6	자다	자 + 아요	아脱落	자요
7	만나다	만나 + 아요	아脱落	만나요
8	오다	오 + 아요	縮約	와요
9	보다	보 + 아요	縮約	봐요

グループ 2

	辞書形	語幹+어요		해요体
1	먹다	먹 + 어요		먹어요
2	읽다	읽 + 어요		읽어요
3	쉬다	쉬 + 어요		쉬어요
4	만들다	만들+어요		만들어요
5	마시다	마시+어요	縮約	마셔요
6	배우다	배우+어요	縮約	배워요
7	보내다	보내+어요	縮約	보내요
8	지내다	지내+어요	縮約	지내요

グループ 3

	辞書形	해요体
1	하다	해요
2	공부하다	공부해요
3	좋아하다	좋아해요

グループ 4

	辞書形	해요体
1	쓰다	써요

不規則動詞

	辞書形	해요体
1	듣다	들어요

文法と表現をチェック

作ってみよう 3

(1) 지금 몇 시예요? / 10시(열 시)예요.
(2) 몇 개 있어요? / 5개(다섯 개)있어요.
(3) 몇 살이에요? / 19살(열아홉 살)이에요.

作ってみよう 4

1:20	한 시 이십 분	7時半	일곱 시 반
2:30	두 시 삼십 분	8:40	여덟 시 사십 분
3:40	세 시 사십 분	9:50	아홉 시 오십 분
4:50	네 시 오십 분	10:00	열 시
5:00	다섯 시	11:10	열한 시 십 분
6:10	여섯 시 십 분	12:20	열두 시 이십 분

作ってみよう 5

(1) 지금 어디에 있어요? / 영화관 앞에 있어요.
(2) 지금 어디에 있어요? 영화관 안에 있어요.
(3) 4시(네 시)에 영화관 앞에서 만나요.

Practice 9

1. 한국어 수업은 몇 시에 시작해요?
1시(한 시)에 시작해요.

아르바이트는 몇 시에 끝나요?
밤 9시(아홉 시)에 끝나요.

하야토 씨는 밤 10시(열 시)에 뭐 해요?
인터넷을 해요.

하야토 씨는 몇 시에 자요?
12시(열두 시)에 자요.

8 解答集

第10課

文法と表現をチェック

作ってみよう 1

	辞書形	해요体	해形	過去形
行く	가다	가요	가	갔어요
会う	만나다	만나요	만나	만났어요
見る	보다	봐요	봐	봤어요
尋ねる	물어보다	물어봐요	물어봐	물어봤어요
食べる	먹다	먹어요	먹어	먹었어요
習う	배우다	배워요	배워	배웠어요
する	하다	해요	해	했어요
電話する	전화하다	전화해요	전화해	전화했어요

作ってみよう 2

人数+서	
一人で	혼자서
二人で	둘이서
三人で	셋이서
四人で	넷이서

(1) 혼자서 다 먹어요?
(2) 둘이서 영화 봤어요.
(3) 셋이서 밥 먹었어요.

作ってみよう 3

(1) 하야토 씨만 왔어요?
(2) 하나만 주세요.
(3) 조금만 주세요.

作ってみよう 4

(1) 은정이는 왔어요?
(2) 지훈이를 만났어요.
(3) 수연이하고 밥 먹었어요.

作ってみよう 5

(1) 준수 씨한테 문자 보냈어요?
(2) 여자 친구한테 선물했어요.
(3) 리사 씨한테 관심이 있어요.

Practice 10

1.
① 백화점에서 / 옷을 샀어요.
② 집에서 / 책을 읽었어요.
③ 신주쿠에서 친구를 만났어요.

2.
① 일요일에 유진 씨하고 데이트를 했어요.
② 12시(열두 시)에 영화관 앞에서 만났어요.
③ 영화관 근처에서 점심을 먹었어요.
④ 저는 피자, 유진 씨는 파스타를 먹었어요.
⑤ 그 후 영화를 봤어요.
⑥ 영화는 4시(네 시)에 끝났어요.
⑦ 그리고 카페에서 커피를 마셨어요.
⑧ 7시 30분(일곱 시 삼십 분)에 집에 돌아 갔어요.

動詞の過去形　練習用プリント

	辞書形	해요体	해形	過去形 해形+ㅆ어요
1	살다	살아요	살아	살았어요
2	알다	알아요	알아	알았어요
3	놀다	놀아요	놀아	놀았어요
4	가다	가요	가	갔어요
5	사다	사요	사	샀어요
6	자다	자요	자	잤어요
7	만나다	만나요	만나	만났어요
8	오다	와요	와	왔어요
9	보다	봐요	봐	봤어요
10	물어보다	물어봐요	물어봐	물어봤어요

11	먹다	먹어요	먹어	먹었어요
12	읽다	읽어요	읽어	읽었어요
13	쉬다	쉬어요	쉬어	쉬었어요
14	만들다	만들어요	만들어	만들었어요
15	마시다	마셔요	마셔	마셨어요
16	배우다	배워요	배워	배웠어요
17	보내다	보내요	보내	보냈어요
18	지내다	지내요	지내	지냈어요
19	하다	해요	해	했어요
20	공부하다	공부해요	공부해	공부했어요
21	전화하다	전화해요	전화해	전화했어요
22	좋아하다	좋아해요	좋아해	좋아했어요
23	쓰다	써요	써	썼어요
24	듣다	들어요	들어	들었어요

第11課

文法と表現をチェック

作ってみよう 1

갔어요	안 갔어요
왔어요	안 왔어요
물어봤어요	안 물어봤어요
먹었어요	안 먹었어요
했어요	안 했어요
전화했어요	전화 안 했어요
결혼했어요	결혼 안 했어요

(1) 저녁 먹었어요? / 아직 안 먹었어요.
(2) 준수 씨 왔어요? / 아직 안 왔어요.
(3) 숙제 했어요? / 아직 안 했어요.

作ってみよう 2

(1) 전화 번호가 몇 번이에요? / 공구공 – 이삼사오 – 육칠팔구예요.
(2) 전화 번호가 몇 번이에요? / 공일공 – 삼사오륙 – 칠팔구공이에요.
(3) 전화 번호가 몇 번이에요? / 공이 – 오륙칠팔 – 구공일이예요.

Practice 11

1.

例 2×3=6 이 삼 육	4×3=12 사 삼 십이	7×5=35 칠 오 삼십오	5×5=25 오 오 이십오
3×9=27 삼 구 이십칠	5×8=40 오 팔 사십	6×4=24 육 사 이십사	8×7=56 팔 칠 오십육	2×7=14 이 칠 십사
4×7=28 사 칠 이십팔	6×9=54 육 구 오십사	7×6=42 칠 육 사십이	9×9=81 구 구 팔십일	8×9=72 팔 구 칠십이

2.
A : 내일 약속 기억해요?
B : 물론 기억해요.
A : 장소는 알아요?
B : 네. 하지만 길을 몰라요. A씨는 가는 법을 알아요?
A : 저도 몰라요.
B : 그래요? 가게 전화번호 알아요?
A : 네, 잠깐만요. 050-9876-5432(공 오공-구팔칠륙-오사삼이)예요.
B : 고마워요.

第12課

文法と表現をチェック

作ってみよう 4

가다	가지요	오다	오지요
알다	알지요	만나다	만나지요
맞다	맞지요	먹다	먹지요
좋아하다	좋아하지요	마시다	마시지요

(1) 일요일에 회사 앞에서 열시, 맞지요?
(2) 유진 씨도 가지요?
(3) 술 마시지요?

Practice 12

1.
(1)
①
❶ 내일　❷ 점심　❸ 영화관　❹ 열두 시　❺ 돈가스

②
❶ 금요일　❷ 저녁　❸ 역　❹ 일곱 시　❺ 중국요리

(2)
A：여보세요. B 씨? A예요.
B：네, A 씨. 무슨 일이에요?
A：지금 전화 괜찮아요?
B：네. 괜찮아요. 왜요?
A：토요일 저녁 약속 기억해요?
B：그럼요. 백화점 앞에서 6시, 맞지요?
A：네. 맞아요. 저녁은 뭐가 좋아요?
B：한식 어때요? 백화점 근처 한식집이 아주 맛있어요.

(3)
①
A：여보세요. B씨? A예요.
B：네, A씨. 무슨 일이에요?
A：지금 전화 괜찮아요?
B：네. 괜찮아요. 왜요?
A：내일 점심 약속 기억해요?
B：그럼요. 영화관 앞에서 12시, 맞지요?
A：네. 맞아요. 점심은 뭐가 좋아요?
B：돈가스 어때요? 영화관 근처 돈가스집이 아주 맛있어요.

②
A：여보세요. B씨? A예요.
B：네, A씨. 무슨 일이에요?
A：지금 전화 괜찮아요?
B：네. 괜찮아요. 왜요?
A：금요일 저녁 약속 기억해요?
B：그럼요. 역 앞에서 7시, 맞지요?
A：네. 맞아요. 저녁은 뭐가 좋아요?
B：중국요리 어때요? 역 근처 중국요리집이 아주 맛있어요.

形容詞の해요体　　練習用プリント

グループ1

	辞書形	語幹+아요		해요体
1	많다	많 +아요	→	많아요
2	작다	작 +아요	→	작아요
3	괜찮다	괜찮+아요	→	괜찮아요
4	좋다	좋 +아요	→	좋아요
5	싸다	싸 +아요	아脱落	싸요
6	비싸다	비싸+아요	아脱落	비싸요

グループ2

	辞書形	語幹+어요	해요体
1	멀다	멀 +어요	멀어요
2	적다	적 +어요	적어요
3	길다	길 +어요	길어요
4	맛있다	맛있 +어요	맛있어요
5	맛없다	맛없 +어요	맛없어요
6	멋있다	멋있 +어요	멋있어요
7	재미있다	재미있+어요	재미있어요
8	재미없다	재미없+어요	재미없어요

グループ3

	辞書形	해요体
1	깨끗하다	깨끗해요
2	따뜻하다	따뜻해요
3	시원하다	시원해요
4	대단하다	대단해요

第13課

文法と表現をチェック

作ってみよう 4

(1) 한국어 어렵지 않아요? / 네, 발음이 어려워요?
(2) 김치 맵지 않아요? / 네, 좀 매워요.
(3) 배고프지 않아요? / 네, 배고파요.

作ってみよう 5

(1) 그 집 안 비싸요? / 아니요, 별로 안 비싸요.
(2) 안 더워요? / 아니요, 저는 괜찮아요.
(3) 컨디션 어때요? / 아직 안 좋아요.

Practice 13

1.
(1)
A : 왜 그래요?
B : 감기에 걸렸어요.
A : 괜찮아요?
B : 머리가 아파요.
A : 병원에 갔어요?
B : 아직 안 갔어요.
A : 약은 먹었어요?
B : 네. 하지만 아직 컨디션이 안 좋아요.

(2)
A : 이 옷 어디에서 샀어요?
B : 어제 백화점에서 샀어요.
　　 어때요? 어울려요?

A : 너무 예뻐요. 잘 어울려요.
B : 정말이요? 고마워요.

(3)
A : 한국어 공부 어때요?
B : 재미있어요.
A : 어렵지 않아요?
B : 문법은 쉬워요. 하지만 발음이 어려워요.

第14課

文法と表現をチェック

作ってみよう 1

多い	많아	많았어요
よい	좋아	좋았어요
高い	비싸	비쌌어요
おいしい	맛있어	맛있었어요
おもしろい	재미있어	재미있었어요
忙しい	바빠	바빴어요
かわいい	예뻐	예뻤어요
暑い	더워	더웠어요
寒い	추워	추웠어요
どうだ	어때	어땠어요

作ってみよう 2

(1) 친구한테서 메일이 왔어요.
(2) 리사 씨한테서 전화가 왔어요.
(3) 준수 씨한테서 받았어요.

作ってみよう 3

(1) 그 영화 저도 봤어요.
(2) 그 사람 결혼했어요.
(3) 그 사람 지금 한국에 있어요.

Practice 14

1.
(1)
A：주말에 뭐 했어요?
B：가족하고 한국 식당에 갔어요.
A：뭐 먹었어요?
B：떡볶이하고 잡채하고 파전을 먹었어요. 막걸리도 마셨어요.
A：맛있었어요?
B：네. 아주 맛있었어요. 하지만 떡볶이가 너무 매웠어요.

(2)
A：주말에 뭐 했어요?
B：친구하고 콘서트에 갔어요.
A：누구 콘서트예요?
B：○○○ 콘서트예요.
A：어땠어요? 재미있었어요?
B：네. 너무 좋았어요. 노래도 춤도 엄청 멋있었어요.

第15課

文法と表現をチェック

作ってみよう 1

한국어로	신칸센으로
일본어로	
버스로	
지하철로	

作ってみよう 2

뭐라고 해요?	노래방이라고 해요
알바라고 해요	스마트폰이라고 해요
남자 친구라고 해요	편의점이라고 해요

(1)「バイト」는 한국어로 뭐예요? / 알바라고 해요.
(2)「カラオケ」는 한국어로 뭐예요? / 노래방이라고 해요.
(3)「コンビニ」는 한국어로 뭐예요? 편의점이라고 해요.

作ってみよう 3

行く	가요	가 보세요
食べる	먹어요	먹어 보세요
する	해요	해 보세요
言う	말해요	말해 보세요
電話する	전화해요	전화해 보세요
聞く	들어요	들어 보세요
書く	써요	써 보세요

作ってみよう 4

行く	가요	가 주세요
買う	사요	사 주세요
来る	와요	와 주세요
まける	깎아요	깎아 주세요
送る	보내요	보내 주세요
教える	가르쳐요	가르쳐 주세요
待つ	기다려요	기다려 주세요
見せる	보여요	보여 주세요
換える	바꿔요	바꿔 주세요
撮る	찍어요	찍어 주세요
する	해요	해 주세요
電話する	전화해요	전화해 주세요

作ってみよう 5

(1) 한국어 얼마나 배웠어요? / 1년[일 년] 배웠어요.
(2) 시간이 얼마나 걸려요? / 30분[삼십 분] 걸려요.
(3) 생활비가 얼마나 들어요? / 7만엔[칠 만 엔] 들어요.

Practice 15

1.

①
Q: 도케이는 한국어로 뭐예요.
A: 도케이는 한국어로 시계라고 해요.

②
Q: 벤토는 한국어로 뭐예요.
A: 벤토는 한국어로 도시락이라고 해요.

③
Q: 구루마는 한국어로 뭐예요.
A: 구루마는 한국어로 차라고 해요.

④
Q: 오카네는 한국어로 뭐예요.
A: 오카네는 한국어로 돈이라고 해요.

2.
A: 선생님 질문이 있어요.
B: 네, 뭐예요.
A: 한국에서도 사시미 먹어요.
B: 네, 먹어요.
A: 사시미는 한국어로 뭐예요.
B: 사시미는 한국어로 [회]라고 해요. [회], 한번 발음해 보세요.
A: [회], 어때요? 맞아요?
B: 네. 발음이 아주 좋아요.

形容詞の해요体　練習用プリント

グループ4　陽母音タイプ

	辞書形	으脱落+아요	해요体
1	바쁘다	바ㅃ +아요	바빠요
2	나쁘다	나ㅃ +아요	나빠요
3	아프다	아ㅍ +아요	아파요
4	배고프다	배고ㅍ+아요	배고파요

グループ4　陰母音タイプ

	辞書形	으脱落+어요	해요体
1	기쁘다	기ㅃ +어요	기뻐요
2	예쁘다	예ㅃ +어요	예뻐요
3	슬프다	슬ㅍ +어요	슬퍼요
4	크다	ㅋ +어요	커요

不規則形容詞　ㅂ不規則

	辞書形	ㅂ→우+어요	해요体
1	덥다	더우 +어요	더워요
2	춥다	추우 +어요	추워요
3	어렵다	어려우+어요	어려워요
4	쉽다	쉬우 +어요	쉬워요
5	가깝다	가까우+어요	가까워요
6	맵다	매우 +어요	매워요

第16課

文法と表現をチェック

作ってみよう 1

(1) 하야토 씨는 공부 정말 잘해요.
(2) 유진 씨는 노래 정말 잘해요.
(3) 준수 씨는 영어 정말 잘해요.

作ってみよう 2

(1) 저는 운전 못해요.
(2) 저는 중국어 못해요.
(3) 저는 한국어 듣기를 제일 못해요.

作ってみよう 3

(1) 사진 찍지 마세요.
(2) 너무 무리하지 마세요.
(3) 화내지 마세요.

Practice 16

1.
(1)
Q:하야토 씨는 뭘 잘해요?
A:요리를 잘해요.
Q:하야토 씨는 뭘 못해요?
A:작문을 못해요.

(2)
①
Q:리사 씨는 뭘 잘해요?
A:운동을 잘해요.
Q:리사 씨는 뭘 못해요?
A:영어를 못해요.

②
Q:준수 씨는 뭘 잘해요?
A:컴퓨터를 잘해요.
Q:준수 씨는 뭘 못해요?
A:한자를 못해요.

③
Q:유진 씨는 뭘 잘해요?
A:노래를 잘해요.
Q:유진 씨는 뭘 못해요?
A:운동을 못해요.

第17課

文法と表現をチェック

作ってみよう 1

가다	갈 거예요	읽다	읽을 거예요
만나다	만날 거예요	있다	있을 거예요
놀다	놀 거예요		
만들다	만들 거예요		

(1) 주말에 뭐 할 거예요? / 집에 있을 거예요.
(2) 겨울방학 때 뭐 할 거예요? / 한국에 여행갈 거예요.
(3) 연휴 때 뭐 할 거예요? / 친구를 만날 거예요.

作ってみよう 2

가요	가	있어요	있어
만나요	만나	없어요	없어
돌아가요	돌아가	많아요	많아
봐요	봐	좋아요	좋아
맞아요	맞아	깨끗해요	깨끗해

먹어요	먹어	바빠요	바빠
마셔요	마셔	예뻐요	예뻐
걸려요	걸려	고마워요	고마워

(1) 지금 뭐 해? / 친구하고 밥 먹어.
(2) 오늘 저녁 시간 있어? / 응, 있어. 왜?
(3) 요즘 바빠? / 너무 바빠.

作ってみよう 3

뭐야	필통이야
누구야	남동생이야
어디야	부산이야

(1) 이게 뭐야? / 필통이야.
(2) 이 사람은 누구야? / 내 남동생이야.
(3) 여기는 어디야? / 부산이야.

作ってみよう 4

(1) 여름 방학은 8월 6일부터 9월 24일까지예요.
(2) 한국어 수업은 10시 40분부터 12시 10분까지예요.

作ってみよう 5

| 현우야 | 서연아 | [서여나] |
| 윤서야 | 지훈아 | [지후나] |

作ってみよう 6

| 가자 | 가다 | 먹다 | 먹자 |
| 보다 | 보자 | 찍다 | 찍자 |

作ってみよう 7

(1) 오사카에서 서울까지 비행기로 1시간 [한 시간] 반 걸려요.
(2) 집에서 학교(회사)까지 버스로 40분 [사십 분] 걸려요.

Practice 17

1.
① 여행을 할 거예요.
② 취직활동을 할 거예요.
③ 아르바이트를 할 거예요.

2.
① 친구를 만날 거야.
② 여동생하고 영화를 볼 거야.
③ 어머니하고 쇼핑을 할 거야.

3.
A : 주말에 뭐 할 거예요?
B : 여동생하고 영화를 볼 거야.
A : 무슨 영화예요?
B : 러브 스토리야.
A : 아! 그 영화, 저도 봤어요.
B : 그래? 어땠어? 재미있었어?
A : 네, 아주 좋았어요.

第18課

文法と表現をチェック

作ってみよう 1

가다	갈래요?	먹다	먹을래요?
마시다	마실래요?	찍다	찍을래요?
놀래다	놀래요?		
만들다	만들래요?		

(1) 뭐 마실래요? / 저는 커피 마실래요.

(2) 뭐 먹을래요? / 저는 비빔밥 먹을래요.
(3) 어디에 갈래요? / 우리 서울 타워에 가요.

作ってみよう 2

사다	사려고 해요	읽다	읽으려고 해요
시작하다	시작하려고 해요	찍다	찍으려고 해요
바꾸다	바꾸려고 해요		
만들다	만들려고 해요		

(1) 차를 사려고 해요.
(2) 아르바이트를 시작하려고 해요.
(3) 스마트폰을 바꾸려고 해요.

作ってみよう 3

누구랑	선생님이랑
친구랑	부모님이랑
동료랑	여동생이랑

(1) 누구랑 갈 거예요? / 친구랑 갈 거예요.
(2) 누구랑 갔어요? / 여동생이랑 갔어요.
(3) 점심은 누구랑 먹어요? / 회사 동료랑 먹어요.

Practice 18

1.
① 우리 집에서 영화 보자.
② 온천에 가자.
③ 드라이브 하자.

2.
A:토요일에 무슨 계획 있어?
B:아직 없어요. 왜요?
A:그럼, 같이 공원에 안 갈래?
B:공원이요? 좋아요. 가요.
A:점심은 공원에서 도시락 먹자.
B:좋아요. 도시락은 살 거예요?

A:아니. 샌드위치 만들거야.
B:그럼, 저는 김밥을 만들게요.

形容詞の過去形 [練習用プリント]

	辞書形	해요体	해形	過去形 해形+ㅆ어요
1	많다	많아요	많아	많았어요
2	작다	작아요	작아	작았어요
3	괜찮다	괜찮아요	괜찮아	괜찮았어요
4	좋다	좋아요	좋아	좋았어요
5	싸다	싸요	싸	쌌어요
6	비싸다	비싸요	비싸	비쌌어요
7	멀다	멀어요	멀어	멀었어요
8	적다	적어요	적어	적었어요
9	길다	길어요	길어	길었어요
10	맛있다	맛있어요	맛있어	맛있었어요
11	재미있다	재미있어요	재미있어	재미있었어요
12	재미없다	재미없어요	재미없어	재미없었어요
13	멋있다	멋있어요	멋있어	멋있었어요
14	깨끗하다	깨끗해요	깨끗해	깨끗했어요
15	따뜻하다	따뜻해요	따뜻해	따뜻했어요
16	시원하다	시원해요	시원해	시원했어요
17	바쁘다	바빠요	바빠	바빴어요
18	나쁘다	나빠요	나빠	나빴어요
19	아프다	아파요	아파	아팠어요
20	배고프다	배고파요	배고파	배고팠어요
21	기쁘다	기뻐요	기뻐	기뻤어요
22	예쁘다	예뻐요	예뻐	예뻤어요
23	슬프다	슬퍼요	슬퍼	슬펐어요
24	크다	커요	커	컸어요
25	덥다	더워요	더워	더웠어요
26	춥다	추워요	추워	추웠어요
27	어렵다	어려워요	어려워	어려웠어요
28	쉽다	쉬워요	쉬워	쉬웠어요
29	가깝다	가까워요	가까워	가까웠어요
30	맵다	매워요	매워	매웠어요

第19課

文法と表現をチェック

作ってみよう 1

(1) 뭐 먹고 싶어요? / 갈비를 먹고 싶어요.
(2) 어디에 가고 싶어요? / 서울에 가고 싶어요.
(3) 화장실에 가고 싶어요.

作ってみよう 2

가다	갈게요	먹다	먹을게요
쓰다	쓸게요	찍다	찍을게요
만들다	만들게요		

作ってみよう 3

(1) 내년엔 한국에 가고 싶어요.
(2) 여름엔 친구하고(친구랑) 부산에 갈 거예요.
(3) 주말엔 집에서 쉬고 싶어요.

作ってみよう 4

| 먹다 食べる | 먹어요 | 먹어 | 먹어 보다 |
| 입다 着る | 입어요 | 입어 | 입어 보다 |

(1) 어디에 가고 싶어요? / 제주도에 가 보고 싶어요.
(2) 뭐 먹고 싶어요? / 한정식을 먹어 보고 싶어요.
(3) 한복을 입어 보고 싶어요.

Practice 19

1.
① 마사지를 받고 싶어요.
② 한복을 입어보고 싶어요.
③ 명동에서 쇼핑하고 싶어요.

2.
A : 한국에서 뭐 하고 싶어요?
B : 저는 한국 음식을 만끽하고 싶어요.
A : 어떤 음식을 먹고 싶어요?
B : 삼계탕하고 불고기하고 게장을 먹고 싶어요.
A : 저는 한정식도 먹고 싶어요.
B : 우리 한국에서 맛있는 거 많이 먹어요.

第20課

文法と表現をチェック

作ってみよう 2

| 커피요 | 삼겹살 3인분이요 |
| 비빔밥 하나요 | 맥주 두 병이요 |

Practice 20

1.
A : 여기요.
B : 네. 손님, 주문하시겠어요?
A : 메뉴 보여주시겠어요?
B : 네. 메뉴 여기 있습니다.
A : 김밥 둘, 떡볶이 2인분[이인분] 주세요.
B : 네. 알겠습니다. 음료는 뭘로 하시겠어요?

A : 콜라하고 사이다 주세요.
B : 네. 콜라 한 병, 사이다 한 병이요. 잠시만 기다려 주세요.

第21課

文法と表現をチェック

作ってみよう 1

싸다	싸지요?	맛있다	맛있지요?
많다	많지요?	재미있다	재미있지요?

(1) 시장은 싸지요? / 네, 아주 싸요.
(2) 서울은 차가 많지요? / 네, 너무 많아요.
(3) 한국어 공부 재미있지요? / 네, 재미있어요.

作ってみよう 2

(1) 이 카페 분위기가 좋지요? / 좋네요.
(2) 우리 오빠 멋있지요? / 멋있네요.
(3) 야경이 멋있지요? / 멋있네요.

作ってみよう 3

오다	올 거예요	있다	있을 거예요
모르다	모를 거예요	없다	없을 거예요

(1) 내일은 비가 올 거예요.
(2) 유진 씨는 모를 거예요.
(3) 준수 씨는 도서관에 있을 거예요.

Practice 21

1.
① A : 이 꽃 예쁘지요? B : 예쁘네요.
② A : 오늘 날씨 춥지요? B : 춥네요.
③ A : 한국 드라마 재미있지요? B : 재미있네요.

2.
A : 이 집 갈비는 정말 맛있어요.
B : 그래요? 와! 맛있겠다. 잘 먹겠습니다.
A : 어때요? 맛있지요?
B : 정말 맛있네요.
A : 이 물냉면도 한번 먹어 보세요.
B : 안 매워요?
A : 네, 물냉면은 안 매워요.
B : 정말 별로 안 맵네요. 아주 맛있어요.

Practice 22

1.
A : 여기요.
B : 네, 손님. 주문하시겠어요?
A : 네. 여기 해물파전 하나, 두부김치 하나, 부대찌개 2인분[이인분] 주세요.
B : 네, 알겠습니다. 음료는 뭘로 하시겠어요?
A : 소주 두 병하고 콜라 하나 주세요.
B : 소주 두 병, 콜라 한 병이요. 잠시만 기다려 주세요.

3.
A : 여기요. 여기 계산이요.
B : 네. 감사합니다. 같이 계산하시겠어요?
A : 네. 전부 얼마예요?
B : 46,500원(사만 육천 오백 원)입니다.
A : 여기 있습니다.
B : 50,000원(오만 원) 받았습니다.
  3,500원(삼천 오백 원) 거스름돈입니다.

A: 맛있게 먹었습니다.
B: 감사합니다. 또 오세요.
A: 안녕히 계세요.

第23課

文法と表現をチェック

作ってみよう 1

가다	갈 수 있어요
보다	볼 수 있어요
보내다	보낼 수 있어요
만들다	만들 수 있어요
먹다	먹을 수 있어요
받다	받을 수 있어요

(1) 같이 갈 수 있어요? / 네, 같이 가요.
(2) 문자 보낼 수 있어요? / 지금 보낼게요.
(3) 저녁 같이 먹을 수 있어요? / 네, 괜찮아요.

作ってみよう 2

관광지로
온천지로
선물로
간식으로

(1) 가고시마는 관광지로 인기가 많아요.
(2) 화장품이 선물로 인기가 많아요.
(3) 한국에서는 떡볶이가 간식으로 인기가 많아요.

作ってみよう 3

보다	보러 가다
마시다	마시러 가다

식사하다	식사하러 가다
놀다	놀러 가다
먹다	먹으러 가다

(1) 커피 마시러 가요. / 네, 그래요.
(2) 식사하러 안 갈래요? / 네, 가요.
(3) 우리 집에 놀러 올래요? / 네, 가고 싶어요.

Practice 23

1.
① 한국 전통차를 마실 수 있어요. / 한국 전통차 마시러 가요.
② 한정식을 먹을 수 있어요. / 한정식 먹으러 가요.
③ 전통공예품을 볼 수 있어요. / 전통공예품 보러 가요.

2.
A: B씨, 내일 인사동에 안 갈래요? 인사동에 선물 사러 가요.
B: 인사동, 좋네요. 그래요.
A: 그 후에 한정식 먹으러 가요.
B: 와! 한정식 먹고 싶어요.
A: 인사동에서는 전통공예품도 볼 수 있어요.
B: 그럼, 식사 후에 전통공예품 보러 가요.

第24課

文法と表現をチェック

作ってみよう 1

가다	가 봤어요	먹다	먹어 봤어요
마시다	마셔 봤어요	타다	타 봤어요

⑴ 한국에 가 봤어요? / 네, 두 번 가봤어요.
⑵ 삼계탕 먹어 봤어요? / 아니요. 안 먹어 봤어요.

作ってみよう 2

⑴ 호텔은 일박에 얼마예요? / 80,000원이에요.
⑵ 편의점 아르바이트는 한 시간에 얼마예요? / 900엔이에요.
⑶ 한달에 얼마 벌어요? / 4만엔 벌어요.

作ってみよう 3

싸다	쌀 거예요	많다	많을 거예요
빠르다	빠를 거예요	괜찮다	괜찮을 거예요

⑴ 마트가 쌀 거예요. 마트에 가요.
⑵ 지하철이 빠를 거예요. 지하철로 가요.
⑶ 점심때는 사람이 많을 거예요. 1시 쯤에 가요.

Practice 24

2.
⑵
① 공항에서 시내까지 얼마나 걸려요?
공항버스로 1시간 10분 걸려요.
② 집에서 학교까지 얼마나 걸려요?
버스로 40분 걸려요.
③ 집에서 회사까지 얼마나 걸려요?
자전거로 15분 걸려요.
④ 집에서 슈퍼까지 얼마나 걸려요.
걸어서 7분 걸려요.

第25課

文法と表現をチェック

作ってみよう 1

⑴ 어디서 만날까요?
⑵ 몇 시에 만날까요?
⑶ 뭐 만들까요?
⑷ 뭐 먹을까요?
⑸ 어디서 먹을까요?

作ってみよう 2

⑴ 명동 어때요? / 좋아요.
⑵ 개찰구 앞에서 11시 어때요? / 좋아요.
⑶ 학생식당에서 12시 반 어때요? / 1시가 좋아요.

作ってみよう 3

예쁘다	예쁜데요	좋다	좋은데요
멋지다	멋진데요	괜찮다	괜찮은데요

⑴ 치마 너무 예쁜데요. / 그래요? 고마워요.
⑵ 안경 너무 멋진데요. 잘 어울려요.
⑶ 여기 분위기 괜찮은데요.

Practice 25

1.
⑴
A : 오늘 점심 뭐 먹을까?
B : 피자 어때?
A : 좋아. 나도 피자 먹고 싶어.
B : 그럼, 오늘은 피자 먹으러 가자.

(2)
①
A: 오늘 점심 뭐 먹을까?
B: 라면 어때?
A: 좋아. 나도 라면 먹고 싶어.
B: 그럼, 오늘은 라면 먹으러 가자.

②
A: 오늘 점심 뭐 먹을까?
B: 카레 어때?
A: 좋아. 나도 카레 먹고 싶어.
B: 그럼, 오늘은 카레 먹으러 가자.

③
A: 오늘 점심 뭐 먹을까?
B: 비빔밥 어때?
A: 좋아. 나도 비빔밥 먹고 싶어.
B: 그럼, 오늘은 비빔밥 먹으러 가자.

④
A: 오늘 점심 뭐 먹을까?
B: 돈가스 어때?
A: 좋아. 나도 돈가스 먹고 싶어.
B: 그럼, 오늘은 돈가스 먹으러 가자.

2.
(1)
A: 토요일에 취직설명회가 있지요?
B: 네. A씨는 어떻게 갈 거예요?
A: 저는 버스로 가요. B씨는 어떻게 갈 거예요?
B: 저도 버스로 갈 거예요.
A: 그럼, 같이 갈까요?
B: 그래요. 어디에서 몇 시에 만날까요?
A: 학교 앞에서 8시 50분 어때요?
B: 좋아요. 그럼, 토요일에 만나요.

2.

①
A: 토요일에 야구시합이 있지요?
B: 네. A씨는 어떻게 갈 거예요?
A: 저는 지하철로 가요. B씨는 어떻게 갈 거예요?
B: 저도 지하철로 갈 거예요.
A: 그럼, 같이 갈까요?
B: 그래요. 어디에서 몇 시에 만날까요?
A: 개찰구 앞에서 12시 어때요?
B: 좋아요. 그럼, 토요일에 만나요.

②
A: 토요일에 회식이 있지요?
B: 네. A씨는 어떻게 갈 거예요?
A: 저는 택시로 가요. B씨는 어떻게 갈 거예요?
B: 저도 택시로 갈 거예요.
A: 그럼, 같이 갈까요?
B: 그래요. 어디에서 몇 시에 만날까요?
A: 회사 앞에서 6시 20분 어때요?
B: 좋아요. 그럼, 토요일에 만나요.

③
A: 토요일에 한국어 말하기 대회가 있지요?
B: 네. A씨는 어떻게 갈 거예요?
A: 저는 걸어서 가요. B씨는 어떻게 갈 거예요?
B: 저도 걸어서 갈 거예요.
A: 그럼, 같이 갈까요?
B: 그래요. 어디에서 몇 시에 만날까요?
A: 학교 앞에서 9시 15분 어때요?
B: 좋아요. 그럼, 토요일에 만나요.

第26課

文法と表現をチェック

作ってみよう 1

(1) 리사 씨 덕분에 시험 잘 봤어요.
(2) 유진 씨 덕분에 한국어가 늘었어요.
(3) 축하합니다. / 준수 씨 덕분이에요.

作ってみよう 2

조심하다	조심하세요
가 보다	가 보세요
먹어 보다	먹어 보세요
놀러 오다	놀러 오세요
들다	드세요
앉다	앉으세요

(1) 감기 조심하세요.
(2) 경주에도 한번 가 보세요.
(3) 이것도 먹어 보세요.
(4) 일본에도 놀러 오세요.
(5) 많이 드세요.

Practice 26

1.
① 잘 들어 보세요.
② 다시 한번 말해 보세요.
③ 읽어 보세요.
④ 써 보세요.

2.
A : 한국어 공부는 어때요?
B : 재미있어요. 하지만, 한국어는 발음이 너무 어려워요.
A : 받침이 어렵지요?
B : 네. 하지만 열심히 할 거예요.
A : 한국어를 어떻게 활용하고 싶어요?
B : 한국 드라마를 한국어로 보고 싶어요. 그리고 한국에 여행가고 싶어요.
A : 그렇군요. 열심히 하세요. 화이팅!